Karl Wilhelm

GESTALTEN MIT JUNGHOLZ

Stocker
StV

Karl Wilhelm

Alte Volkskunst

GESTALTEN MIT JUNGHOLZ

Ein Werkbuch

LEOPOLD STOCKER VERLAG
GRAZ–STUTTGART

Umschlaggestaltung: Atelier Geyer, Gleisdorf
Umschlagfoto: Foto Melbinger, Graz
Sämtliche Fotos und Zeichnungen wurden dem Verlag vom Autor freundlicherweise zur Verfügung gestellt.

CIP-Titelaufnahme der Deutschen Bibliothek

Wilhelm, Karl:
Gestalten mit Jungholz / Karl Wilhelm. – Graz ; Stuttgart :
Stocker, 1989
ISBN 3-7020-0557-9

ISBN 3-7020-0557-9

Printed in Austria
Druck: M. Theiss, Wolfsberg

Inhalt

Inhalt

Vorwort

Ein altes Sprichwort sagt: „Wenn die Not am größten, ist Gottes Hilfe am nächsten". Oder anders herum: Wenn eine Entwicklung in ihr Extrem drängt, dann regen sich auch die Kräfte des Widerstandes und versuchen ihrerseits den Ausgleich, die Ausgewogenheit, die Harmonie wieder herzustellen. Wir leben in einem Zeitalter der Extreme. Die Drillinge Naturwissenschaft, Technik und Industrie führen den Menschen auf nie gekannte Höhen. Doch wehe, wenn er abstürzt – und er ist längst nicht mehr schwindelfrei! Was ihm vor allem fehlt, ist ein Gefühl für das richtige Maß, ist die Erkenntnis, daß er „auf der Erde bleiben" muß. Er darf durch die Schreibmaschine nicht das Schreiben, durch den Taschenrechner nicht das Rechnen, durch das Auto nicht das Gehen und durch die zahlreichen industriell hergestellten Geräte, mögen diese noch so billig sein, nicht den Sinn und die Fähigkeit für das Schaffen mit den eigenen Händen verlieren.

Der Mensch ist, generaliter gesehen, ein Wesen, das nur in der Gesellschaft mit anderen existieren kann. Daher muß sich der einzelne zu seinem eigenen Besten auch in die Gemeinschaft einfügen und sich ihren Ordnungen, ihren Gesetzen, ihren „Bräuchen" unterordnen. Da jede Gemeinschaft schon während ihres Entstehens ihre eigenen Verhaltensweisen bildet, die sofort zur Tradition werden, trägt dieses „Sich-Einfügen" auch die Notwendigkeit zur Pflege dieser gemeinsamen Überlieferungen in sich, denn – Karl Wilhelm weist in seinem Buch eindringlich darauf hin – „Tradition ist die Lebendigerhaltung einer sich ständig erneuernden Flamme, nicht aber das Weiterreichen verbrannter Asche!"

In diesem Sinne verstehen die Heimatwerke ihre Arbeit und ihren Dienst an der Volkskultur. Es ist dabei notwendig den ganzen Menschen von seiner geistig-seelischen Seite und von seinem handfesten Werken aus zu sehen. Denn beides gehört zusammen.

In unserer von Industrie und Technik und gesellschaftlich von der Stadt her geprägten Zeit wird oft die Wichtigkeit der Handarbeit zur Bildung des gesamten Menschen unterschätzt. Die Handarbeit wird manchesmal als unwürdig, als „verbürgerlicht" oder gar als Rückschritt angesehen. Welch ein Irrtum! Vielleicht ist es die Polarisierung der Begriffe, die solche einseitige Urteile bewirkt. Es sei daher mit Nachdruck darauf verwiesen, daß niemand, der ernsthaft für die Handarbeit eintritt, den Wert der Industrie und ihrer Produkte für den Menschen schmälern möchte. Ohne Waschmaschine, ohne Schreibmaschine und ohne Auto würde unser Leben wahrscheinlich nicht mehr funktionieren; es ist also mehr eine Frage der Anwendung, des Gebrauches, die den Gegensatz prägt. Dieses Problem konnte der Mensch noch nicht zufriedenstellend lösen.

In einem Dilemma scheinen auch die Pädagogen zu stehen, von denen man „zeitgemäße" Lehrpläne verlangt. Eine solide Allgemeinbildung, die den Menschen ein Leben hindurch begleitet, wird, je „fortschrittlicher" man sein will oder muß, zugunsten einer vom Verlangen des jeweiligen Tages geprägten, aber zwangsläufig kurzlebigeren, angepaßteren Schulbildung zurückgedrängt. Nur langsam kommt wieder die alte Erfahrung durch, daß solide Kenntnisse der Muttersprache, der grundlegenden Rechenarten, der Geschichte, der Geographie und der Naturgeschichte das feste Fundament jeder Grundausbildung sein müssen und daß auf diesem die Fachdisziplinen umso nachhaltiger und rascher aufbauen können. Zu dieser soliden Grundlage zählen auch der alte Handarbeitsunterricht in den Volks- und Hauptschulen und der Werkunterricht in den Mittelschulen. Unser Autor, der pensionierte Mittelschullehrer Professor Karl Wilhelm, sagt dazu: „Werken ist ein hervorragendes Erziehungsfach, das meist nur mit Geringschätzung gesehen wird. Welches andere Lehrfach könnte aber besser die für das Leben so nötigen folgenden Werte zur Entfaltung bringen: scharfes Beobachten, Einfühlen, Findigkeit, Geschicklichkeit, Exaktheit, Pünktlichkeit und Sauberkeit, Ordnung und Sparsamkeit, Zweckmäßigkeit, Unterscheidungskraft, objektive und gerechte Beurteilung, Verständnis für manuelle Arbeit und Achtung vor einem Werkstück, Schöpfer- und Geberfreude und lebendige, schemafreie Intelligenz?"

Die Heimatwerke in Österreich freuen sich darüber, daß es gelungen ist, zwei ganz bedeutende Fachleute und Pädagogen für die Abfassung von grundlegenden Arbeiten auf dem Gebiete der tradierten Handarbeit zu gewinnen: Davon erscheint im Frühjahr 1989 im Leopold Stocker Verlag nun das „Gestalten mit Jungholz" von Karl Wilhlem, ein Werkbuch, das für die Erwachsenen- wie für die Jugendbildung gleichermaßen wertvoll ist.

Der Leopold Stocker Verlag fühlt sich seit Jahren der Pflege österreichischer Volkskultur verpflichtet. Dafür sei ihm herzlicher Dank gesagt.

Prof. Dr. Helmuth Huemer
Kuratorium Österreichisches Heimatwerk

Linz, Frühjahr 1989

Einführung

Jungholz, ein naturgegebener Werkstoff

Jungholz ist ein Werkstoff, der am Wege wächst! Voll Leben sind noch die geschnittenen Zweiglein und Äste. Kein Werkstoff ist aber auch in seinem Wesen so zwingend wie Jungholz. Jeder Ast wächst anders; in jedem Zweig, in jede Zwiesel muß das Erzeugnis „hineingesehen" werden. Ein gekrümmtes Ästchen, ein Wachstumsfehler, kann schon Anregung für eine neue Lösung sein. Dem weichen Mark in der Mitte des Jungholzes ist oft auszuweichen, oder aber es ist besonders zu benützen. Gehen wir auf das Wesen des Jungholzes ein – ohne die Führung in der Gestaltung aufzugeben –, so wird es uns immer wieder neue Möglichkeiten gewähren, immer wieder gibt es freudige Überraschungen. Wir haben dann die Vorbedingung für jedes weitere Werken begriffen und werden auch leichter jeden anderen Werkstoff in seiner Eigenart verstehen. Besonders das naturbelassene Jungholz führt uns im Gegensatz zum Brett – dem Denken in der beschränkten und beschränkenden Ebene – hin zum Körper, zu seinem Erkennen, seinem Erfassen, seinem Erleben: Wir lernen den Raum in seiner dreifachen Richtung verstehen, im weitesten Sinn steht er ja für das allseitige große Leben!

Es handelt sich hier, bei der Behandlung des Jungholzes, um den Anfang eines richtigen Werkens – nicht Bastelns! Basteln ist meist nur ein Improvisieren mit nicht handwerklichen Mitteln. Ein Werk vollbringen – so klein es auch sei – ist nicht lebensfern. „Werken" gehört in seinen gekonnten „Griffen des Alltags" zum Leben wie der Ton zur Sprache, die Bewegung zum Sein. Die erste und letzte Forderung an den Menschen wird immer bleiben: Setze dich mit dem „Stoff" auseinander und meistere ihn: Wie dies geschieht, wie weit dieses Geschehen von der Seele durchdrungen und vom Geiste durchtränkt ist, dieses „Wie" allein bestimmt die Kulturstufe eines Volkes.

Wir bewundern die Werke der alten Kulturen, die ägyptischen Pyramiden bis hin zu den Großwerken der Renaissance. All diese wurden allein durch *Händearbeit* geschaffen!

Es handelt sich in diesem Buche aber auch um den richtigen Anfang des Werkens für das Kind im sechsten Jahre, ja auch noch früher. Die Aufgabenstellung geht jeweils vom sehr Einfachen zum Schwierigen. Sie begleitet uns auf unseren verschiedenen Entwicklungsstufen. Da aber die Menschen unseres Zeitalters in dieser Richtung viel versäumten, ist es ratsam, daß auch einmal der Vater, der Erzieher, der Werklehrer in praktischer Selbsterprobung von vorne anfange. Meist wird er dann schnell die einzelnen Stufen durchschreiten. Dabei mag es ihm wie Schuppen von den Augen fallen, wie einfach und schön das Leben wieder ist, wenn man nur die höchsten Freuden – die Schöpferfreude und die Geberfreude – nicht ausschließt. Wir besitzen zum Beispiel für die Erlernung eines Musikinstrumentes, einer Fremdsprache, einzelner Sportzweige eine sog. „Systematik", eine „Methode". Machen wir doch einmal einen Versuch, um zu erlernen, was jedermann werklich wissen und können sollte, um innerlich sicherer und gefestigter zu sein. Mehr denn je brauchen wir den ganzen Menschen und seinen Blick für das Ganze! So sollten schon des Kindes Körpergefühl, sein Instinkt, seine Sinne, seine Geschicklichkeit richtig und ursprungsnäher gelenkt werden. Es werden Unbilder von Zeit und Ort zu

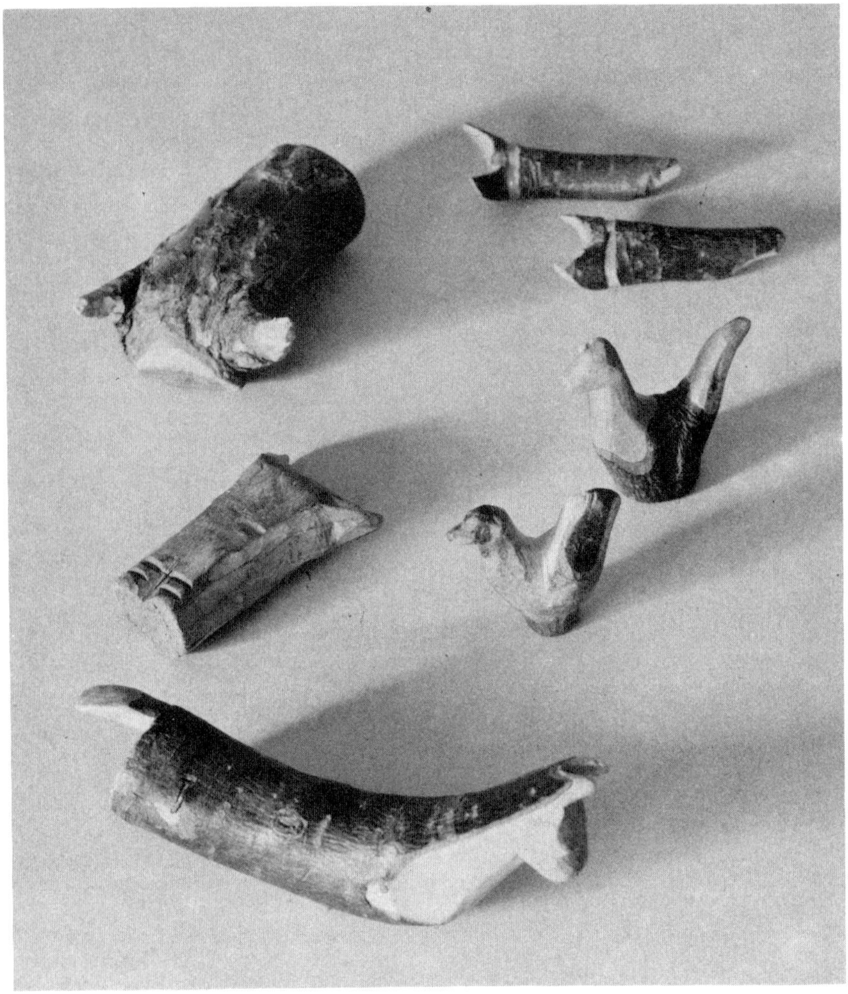

Alte Hirtenschnitzereien aus Jungholz (Pferd, 2 Kühe, 2 Kälber, 2 Hühner), weit weg vom Naturalismus! Doch die Wesenszeichen der Kuh sind da, die Hörner und das eingeschnitzte Euter.

ertragen sein, in jeder Lage soll man sich selbst helfen können. Wie könnte dies nun besser und früher erlernt und ständig geübt werden, als bei einem richtigen Einführen und Einfühlenlassen des Kindes in Werkstoff und Werkgerät mit dem Ziel all unser schönes, altes, oft vergessenes Volksgut zu verstehen und so manches einfache Hausgerät zu gestalten? Auge und Geistesgegenwart, Herz und Frohsinn, Ohr und Bewegung, Überlegung und Gründlichkeit, Ordnung und Gemeinsamkeit werden dann nicht weniger geübt werden als die Hand.

Dieses Buch zeigt Hunderte kleiner und kleinster Werke. Diese wurden in ihrer Mehrzahl von meinen Schülern der 1. und 2. Klasse Mittelschule hergestellt, also von 10- bis 12jährigen Kindern. Einiges stammt aus meinen Werkkursen, wovon einer besonders erwähnenswert wäre. Ärztekinder wurden mir anvertraut, damit schon früh die Kinderhände Geschicklichkeit üben und Feingefühl entwickeln, um einmal die bereits geplanten Berufe „Arzt und Operateur" besser ausüben zu können. Einige der Werkbeispiele stammen von meinem Sohn und andere wieder von seinen Schülern und meinen Enkeln.

Ich, nahe dem neunzigsten Lebensjahre, sehe zurück – sehe weit zurück: Ich sehe noch die Hirtenknaben, wie sie ihr einziges Spielzeug selber schnitzen: Kühe, Pferde, Hahn und Henne. Ich sehe aus meiner Kindheit die Vorabende der Feste, an denen ein Palmbesen in schöner Rindenschnitzerei entstand, der Prügel für die „Scheitelweihe“ gestaltet wurde. Ich sehe am Bachrand den Vater sitzen, wie er seinen Kindern ein Weidenpfeifchen anfertigt, und ich höre das Zaubersprüchlein zum Gleichklang des Beklopfens der Rinde, damit sie sich leichter löse. Ich sehe aber auch das Schönste von allem: wie eine zarte Kinderhand das erstemal zaghaft das Messer führt – das erste eigene Werk gestaltend! Ich sehe den Glanz der Freude im Kinderauge! Ich sehe, wie sich Hunderte meiner Schüler eifrig im Werken erproben, wie sie Arbeitsfreude und Genugtuung – entspannt nach dem Lernen – als den so nötigen Ausgleich erleben. Was habe ich nicht alles selbst dabei verstehen gelernt, wie viele glückliche Stunden habe ich meinen Schülern zu danken!

Mein warmer Dank gehört aber auch dem Österreichischen Heimatwerk, das es mir nun ermöglicht, die vielen kleinen Werke, geboren in einer unvergleichlich schönen Heimat – also wahre „Heimatwerke“! –, den Familien und Schulen ans Herz zu legen.

Väter, Mütter, Erzieher, Werklehrer!

Wir leben in einer ernsten Zeit, in der nicht nur die Natur, sondern auch andere Lebensbereiche bedroht sind. Wer Ohr und Auge offen hält, wessen Herz mit den Verfolgten und Hungernden, mit jeder bedrängten Kreatur und der geschändeten Natur empfindet und leidet, wer sich der Gefahren für Herz und Menschlichkeit durch die Auswüchse der Zivilisation bewußt ist, wird die Gefahren einer kommenden Krise erkennen und nicht beschönigen. Jedes Erkennen, jede Erkenntnis aber verpflichtet!

In einem winzigen Splitterchen Zeit – gemessen an der Schöpfung und Menschwerdung – wird der Mensch der Hände Arbeit entwöhnt. Es begann mit der Erfindung der Maschine und es wird mit dem Computer enden; denn der Mensch verliert durch seinen Fortschrittsglauben und seine Vergötzung des Technologischen den Blick und Sinn für das Ganze. So kann sich auch die *wahre* Hilfe der Maschine und wohl auch die des Computers nicht segensvoll auswirken.

Bauernhof, Gewerbe und Fabrik, all diese Stätten, in denen noch erzeugt wird, werden immer mehr Arbeitskräfte abstoßen müssen. Dagegen werden sich die bewegungsarm machenden Sitze am Schreibtisch weiter füllen. Der Mensch wird infolge der einseitigen Entwicklung seiner geistigen Fähigkeiten seine Hände Arbeit immer mehr vernachlässigen.

Jede Veränderung der Natur ist immer erst lange Zeit nach ihrem Beginn festzustellen. Ihre Schritte setzt sie langsam, doch immer nach dem Kausalgesetz. Nun springt der angeheizte Fortschritt über die Händearbeit hinweg! Der Mensch wird als naturgebundenes Wesen zu schnell aus der ihm bestimmten Entwicklungsbahn gerissen. Seine grandiosen Erfindungen blenden ihn und vernebeln seinen Blick für das Ganze.

Hand in Hand mit dem Verfall der Handarbeit geht der Verfall seiner sittlichen und kulturellen Kräfte, der wahren Schöpferfreude, der Selbständigkeit und Unabhängigkeit, und zwar sowohl im Denken als auch im Handeln. Die Spezialisierung zwingt zum beengenden Schemadenken, die äußere und innere Versklavung an ein Muster und an aufgezwungene Vorbilder und Vorstellungen wächst. Die Naturverbundenheit geht im Großstadtgetriebe, im programmierten Massenbetrieb auf der Piste, am Strand und auf den verschiedenen Rekordplätzen verloren. Erfolgdenken, Vorteilsdenken und alles Tun um Geld, Ansehen und Aufsehen zu erreichen, herrschen vor. Reizüberflutet wird nicht nur das Kind, mehr noch der Erwachsene auf all seinen so klug erdachten Fluchtwegen. Es gibt keinen Platz und keine Zeit mehr für die Stille des besinnlichen Alleinseins, für das Zarte, Unmeßbare.

Was geben wir schon unseren Kindern zu Bewältigung der Weltkrise mit? Wecken wir in unserer Jugend das Verständnis, die Verderblichkeit der Gier nach Erfolg und Rekord zu erkennen? Warnen wir sie vor der Abstumpfung der Sinne und des Fühlens durch das Frönen der Genuß-

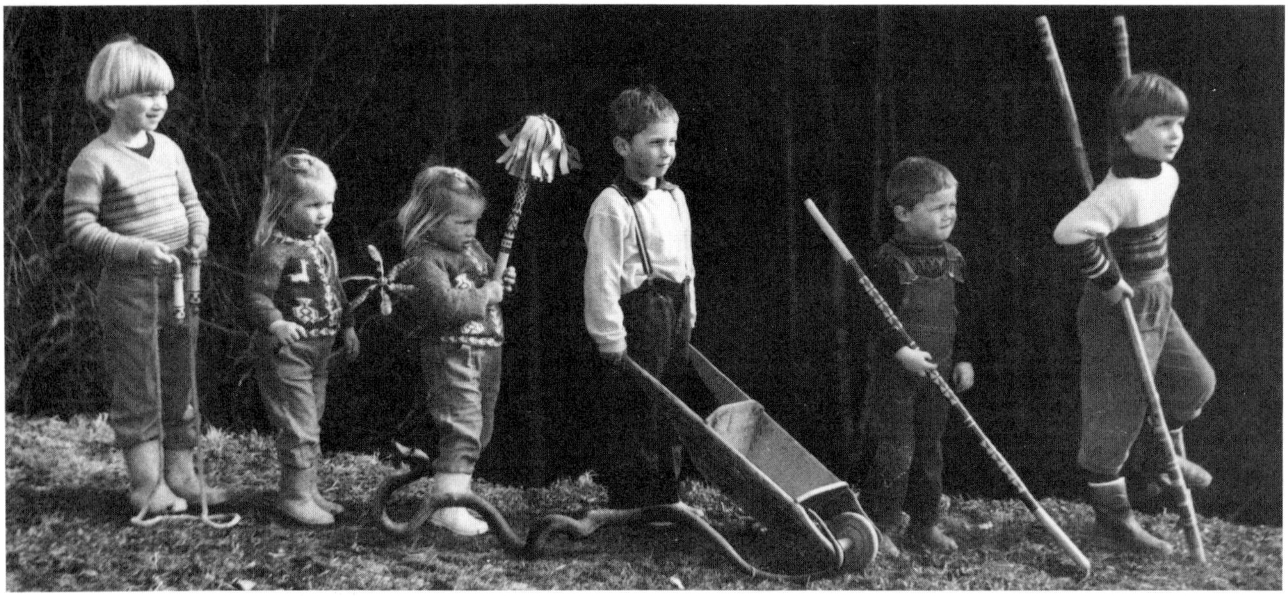

süchte? Wofür sind wir selber Vorbild?

Wäre z. B. ein geruhsamer Sommerurlaub in einem Bauernhof, nahe an einem von Jungholz umrandeten Bach, wo ein eindringliches Beobachten im Alleinsein noch möglich ist, dem bunten, lärmenden Strandleben am Meere nicht vorzuziehen? Eine Wonne, wieder das stille Glück der Familie in der eigenen Heimat zu erleben, in Besinnlichkeit tätig zu sein, durch den Werkstoff, der am Wege wächst, und statt käuflich erworbener „Trophäen“ etwas Selbstgewerktes zur frohen bleibenden Erinnerung heimzubringen!

Alles, was der Mensch in der Kindheit erfährt – sowohl das Gute als auch das Böse –, wirkt weiter, bleibt erhalten und bildet den Nährboden für Lebensglück oder für Oberflächlichkeit, Genußsucht und tiefe menschliche Unerfülltheit.

Der überbewertete Intellekt, immer mehr in Denk-Schemata gepreßt, verliert das, was man den „Hausverstand“ nennt, der schon den Primitiven auszeichnet. Diese durch scharfes Beobachten und eigener Wahrnehmung geborenen Denkvorgänge verbürgen Selbstsicherheit, Selbständigkeit und Freiheit. Durch ein richtiges Werken regeneriert sich der Hausverstand. Arbeitslust und Arbeitsfreude werden geweckt: welch nötiges Gegengewicht für den Computer, damit nicht das Mechanische das Menschliche gänzlich verschlinge.

Wahres Werken entwickelt das Gefühl für Proportion, für den Fluß der Linie, die Harmonie der Farbe – für das Schöne! Wie wichtig ist dies für das Erkennen und Verstehen wahrer Kunstwerke, für die Wahl eigener Kleidung, für die vernünftige Einrichtung einer Wohnung, für die Gestaltung eines Gartens. Wahres Werken schafft mit knappen Mitteln das Werk, es ist der Feind des Zuviel! Es löscht jede Langeweile, verhindert das Totschlagen der Zeit und löst das Freizeitproblem bis ins höchste Alter.

Wer sein Kind wahrhaft liebt, wer Erzieher sein will und nicht nur Einpauker, wird diesen Überlegungen entsprechen.

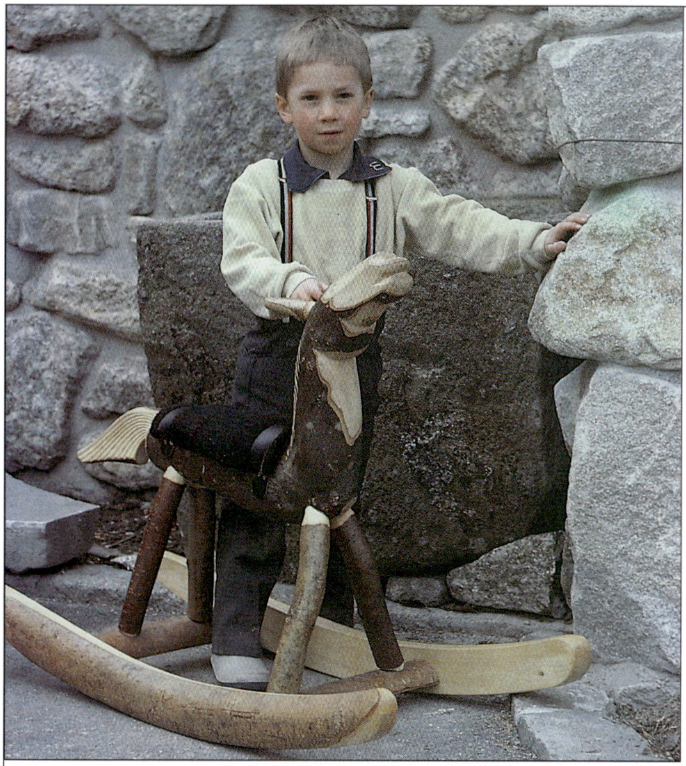

Gunar mit dem Schaukelpferd

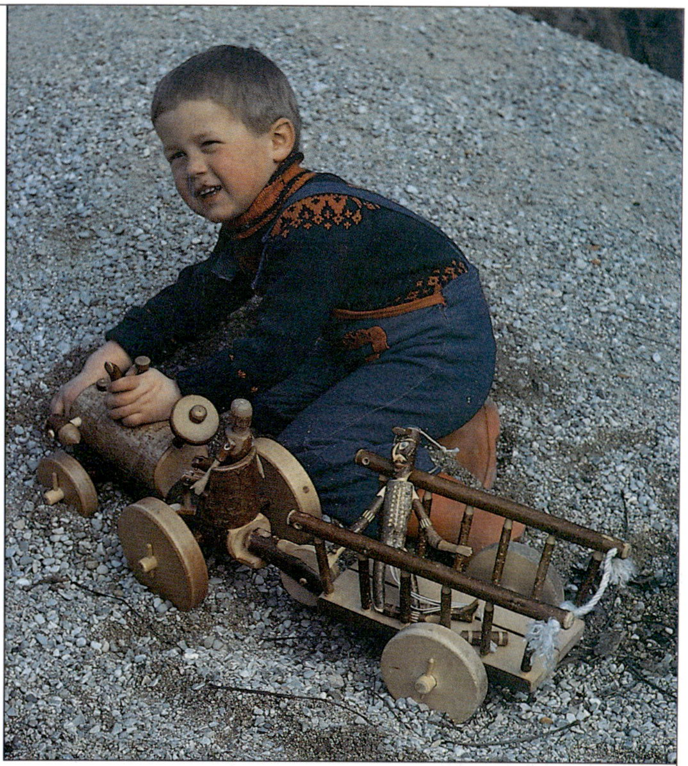

Arnulf mit Traktor und Anhänger

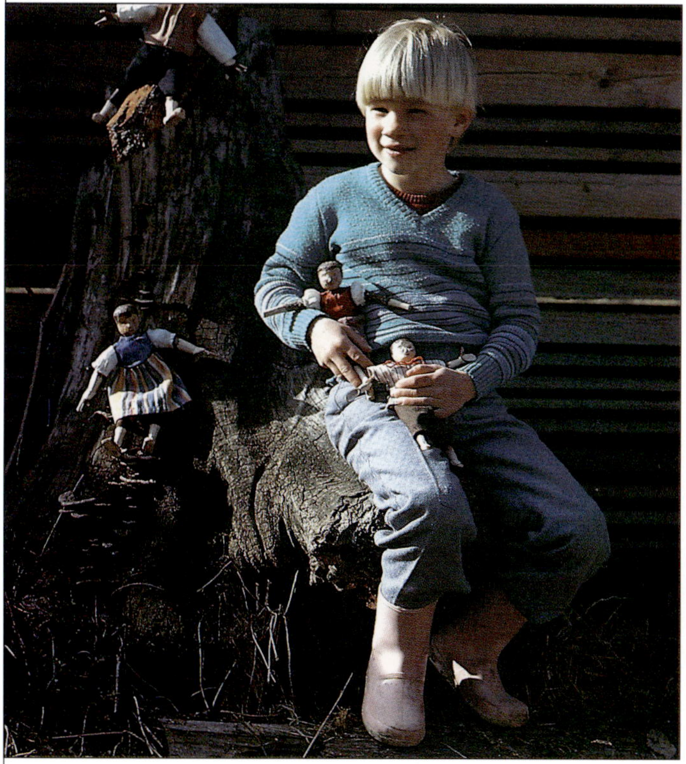

Ina mit ihren Puppen

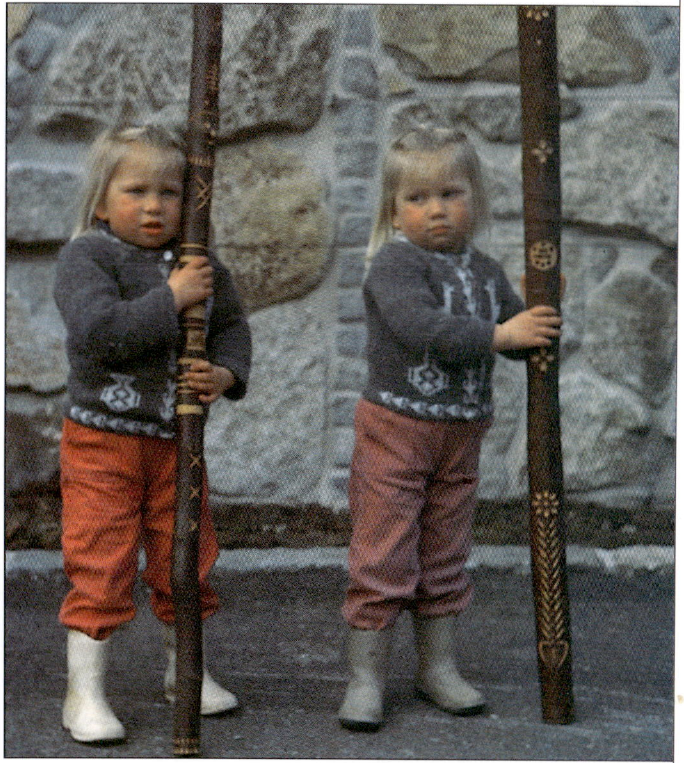

Zwillinge mit Meßlatten: „Wer ist größer?“

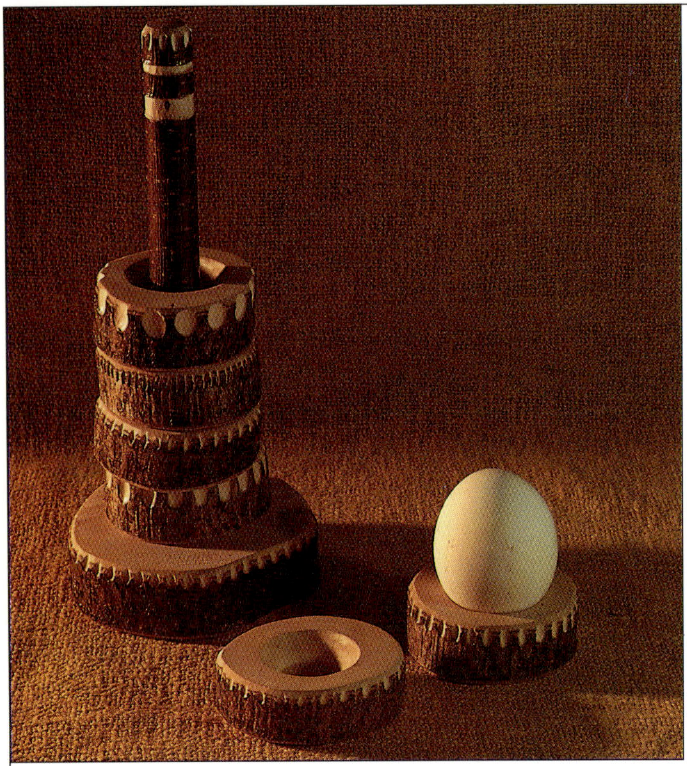
Eierwülste

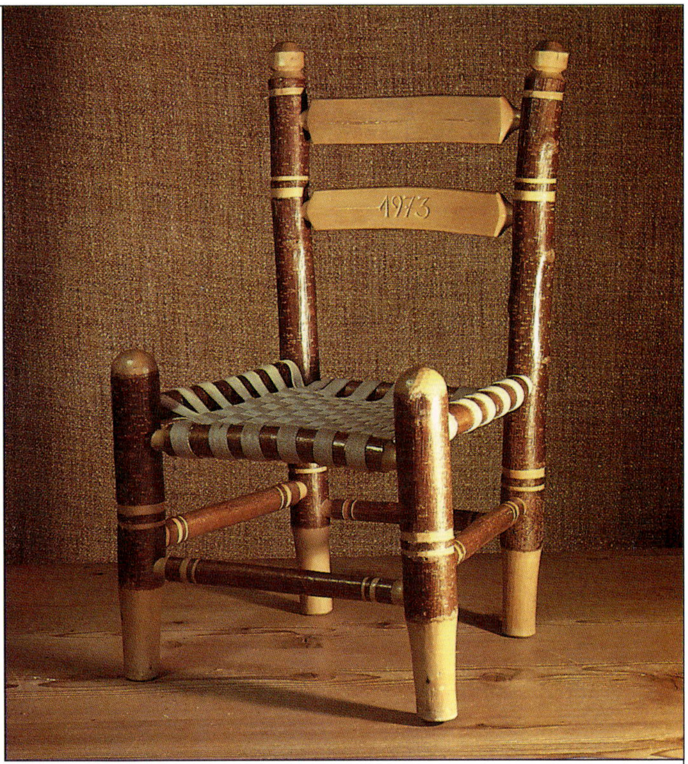

Sessel

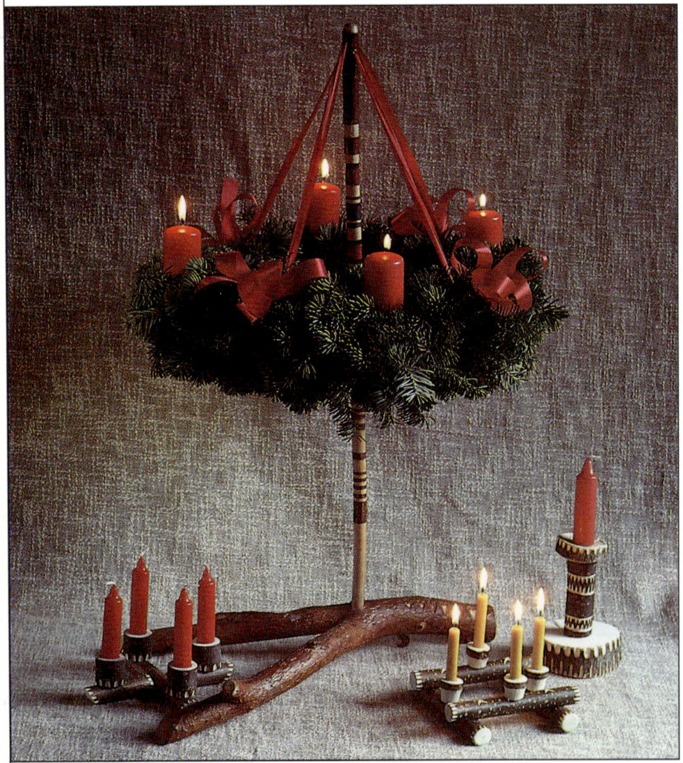
Adventkranz und Adventkreuze

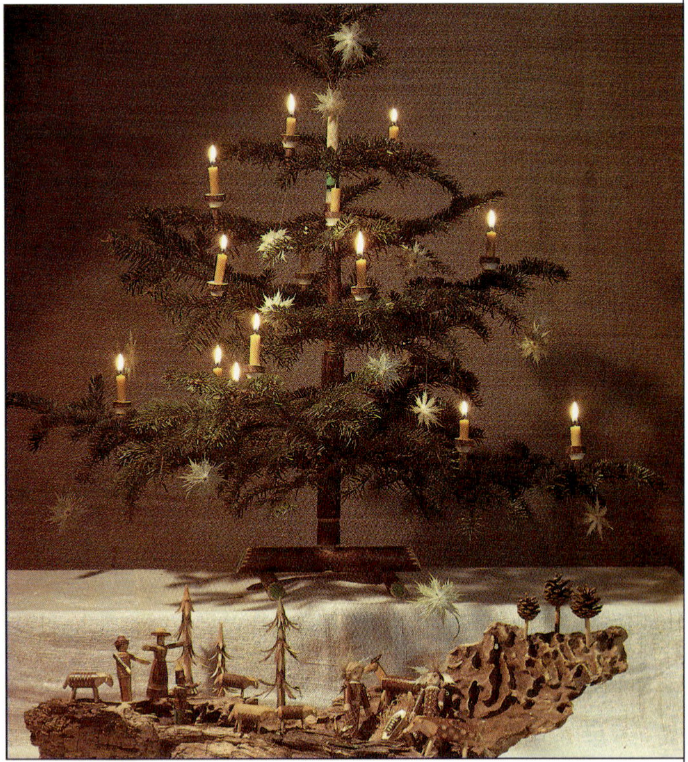
Christbaum

Auf zur Jungholzernte!

Was verstehen wir unter Jungholz?

Noch junges Holz, Astholz mit Rinde, also nicht nur die rutigen Einjahrstriebe. Da ist noch nichts vom Menschen vorgeformt und auf ein Gleichmaß gebracht wie beim Brett. Die Rundungen, Dicken und Biegungen, die Rindenstrukturen, Farbabstufungen und die Verästelungen stehen ständig im Wechsel. Die Lebendigkeit dieses Umweltwerkstoffs regt zum phantasievollen Gestalten an. Immer gibt's neue Entdeckungen und unerwartete Werkerlebnisse.

Wem dient Jungholz als Werkstoff?

Jedem Buben und auch *Mädchen*, jeder Familie auf ihren Spaziergängen im Wald, am Bach und in der Au, weiters der Jugend in den Feldlagern, in Camps und auf den Schullandwochen sowie jeder anderen Werkgruppe. In unserem Computer-Zeitalter müßte gerade das Werken mit einem solch natürlichen Werkstoff erneut in die Lehrpläne und den Werkunterricht einbezogen werden, damit die Hand des Menschen geübt und sein Geist frisch bleibt. Wie ernst weist doch die Verhaltensforschung auf diese Wechselbeziehung von Hand und Geist! Bedingt die Maschine und der Computer immer mehr die Verkümmerung der Arbeit der Hände, so wirkt dies auch auf das Gehirn zurück. Es führt zu gestautem, mechanischem Denken, zum Schemadenken, das immer mehr das Menschliche untergräbt.

Wo ist Jungholz zu finden?

An Waldrändern, in Hecken, am Bach, in Auen, bei Mistablagerungen und im eigenen Garten, wenn im Spätherbst und Winter, der Zeit der Saftruhe, Sträucher und Bäume zu ihrem eigenen Vorteil beschnitten werden. Auch in der Stadt gibt es reichlich Jungholz. Die Stadtgärtnereien sind froh, wenn die Asthaufen nach dem Beschnitt der Alleen und Parkbäume gelichtet werden. Tritt nur rechtzeitig an Gärtnereien und Besitzer von Gärten heran! Für den Werkstoff, der nichts kostet, bezahle mit Höflichkeit und Rücksichtnahme!

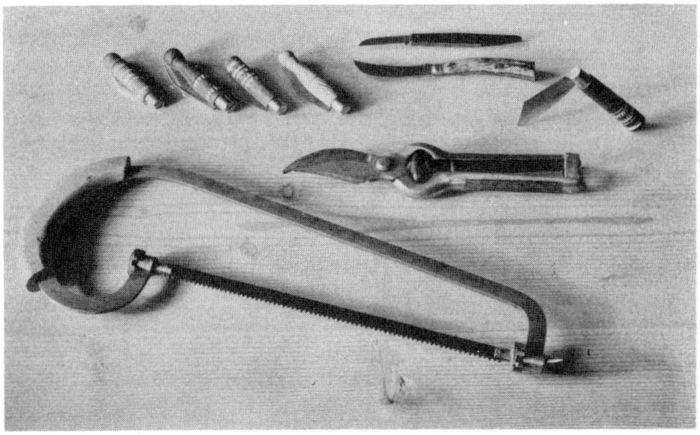

Welches Jungholz verwenden wir?

Es gibt wohl kaum eine Jungholzart unserer Laubhölzer und Sträucher, die nicht verwendet werden könnte. Für weiches, leichtschnittiges Holz kommen Linde, Kastanie und Erle in Frage. Die geeignetsten Harthölzer sind Hasel, Ahorn und Esche. Aus diesen sind die schönsten Werkstücke zu formen. Aber auch die Wasserschöße unserer Obstbäume, alle Ruten und Gabeln der verschiedensten Parksträucher und Wildhecken sind gut zu verwenden, nicht zuletzt die biegsame Weide und Waldrebe.

Welches Gerät brauchen wir zunächst?

Die *Handbaumsäge,* bestimmt zum Schneiden von frischem, saftigem Jungholz, weist stärkere Schränkung ihrer Zähne auf als der Fuchsschwanz. Ihr kräftiger Spannbogen läßt auch eine Drehung des Sägeblattes zu, wenn der Sägebogen zwischen eng gewachsenen Ästen nicht senkrecht zum abzuschneidenden Stämmchen geführt werden kann. Die *Baumschere* kann nicht groß und kräftig genug gewählt werden, damit auch dickere Ruten und Äste geschnitten werden können. Beim Schneiden kann man die Baumschere zur Erleichterung auch etwas in der Ebene des Schnittes drehen. Das *Gärtnermesser* hat guten Stahl. Sein Griff fügt sich fest in die Hand. Die hohl gekrümmte Schneide erlaubt einen kräftigen Schnitt bis zur Spitze des Messers. Doch auch der billige *Feitel* ist nicht zu verachten. Er muß aber ständig scharf gehalten werden.

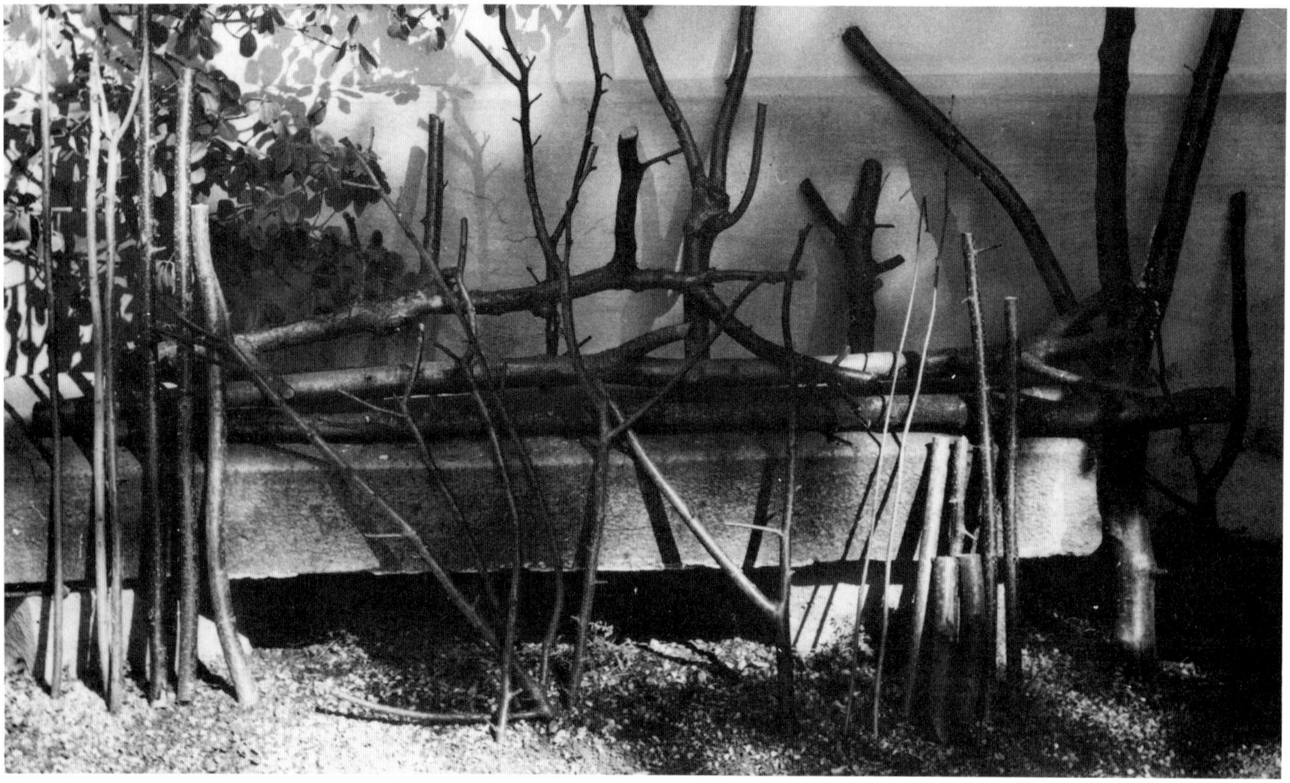

Jungholzernte

Was ist bei der Jungholzernte zu beachten?

1. Strengste Einhaltung der Gesetze des Naturschutzes, fachgemäßes Beschneiden und feinstes Einfühlen in die Schönheit des Wachstums eines Strauches, eines Baumes. Keine Verstümmelungen!
2. Wenn nötig, Erlaubnis zum Jungholzschnitt bei dem Besitzer des Grundstückes, auf welchem geerntet werden soll, einholen.

Beste Zeit für den Jungholzschnitt ist der Herbst-, aber auch der Winter und das erste Frühjahr! Wenn dann im Frühsommer die jungen Triebe emporschießen, ist „Schonzeit", doch können auch da und dort Äste, die dicht stehen oder sich reiben, herausgeholt werden. Starker Beschnitt der Sträucher schadet keineswegs. Die kommenden Triebe werden umso kräftiger. Störe aber ja nicht die Gesamtform des Strauches – lerne, ein Auge für seinen schönen Wuchs zu haben. Abgeschnitten wird immer zuunterst am Boden oder bei Seitenästen knapp am Hauptaste. Die Schnittwunde soll glatt sein, nicht eingerissen. Es wird ruhig, ohne zu drücken, gesägt und langsam geschnitten. Dem Säger hilft ein Zweiter, hält den zu schneidenden Ast (mit leichtem, beherrschtem Druck abwärts!) fest, um ein Klemmen des Sägeblattes zu verhindern. Andere übernehmen das Aufarbeiten der geschnittenen Äste. Schwache Spitzen und Laubwerk werden mit der Baumschere fein säuberlich weggeputzt. Seitenäste schneidet man aber lieber nicht zu knapp ab. Vielleicht kommt daheim bei der Verarbeitung ein Gedanke, wie ein solcher Stumpf werkgerecht eingefügt werden kann (wie zum Beispiel beim Nußknacker und der Nasen der Figürchen). Alle Abfälle werden gesammelt und für ein späteres Verbrennen gelagert oder gleich auf die Abfallstätte gebracht. Es dürfen keineswegs unsaubere Spuren hinterbleiben, ja selbst die Schnittwunden an den Stämmchen sollen mit Erde oder Lehm eingerieben werden. Ruhe und Schönheit der Natur wollen wir doch nicht stören!

Aufarbeiten und Lagern des Jungholzes

Daheim wird die Ausbeute sorgfältig gesichtet, in die verschiedenen Werkziele wird „hineingesehen“ und darnach die Äste und Ruten weiter zugeschnitten und geordnet. *Merke:* Naturholzvorrat muß immer reichlich vorhanden sein. Man muß genügend Auswahl für das benötigte Werkstück haben. Gewöhne dich, kräftige Äste zu verarbeiten, dann wird auch dein Erzeugnis gut und von Dauer sein. Frisches Holz ist leichter zu schnitzen als ausgetrocknetes. Auch die Rinde löst sich leichter. Also verhindere allzu schnelles Austrocknen! Kühle Vorräume oder Keller geben geeignete Lagerräume ab, nicht aber ein Schrank, der die Luftzufuhr drosselt; in ihm wird Naturholz leicht schimmelig und fleckig.

Nötigste Werkgeräte und erstes Üben

Für einen guten Werksbeginn sind keineswegs alle abgebildeten Geräte nötig. Doch fortschreitendes Arbeiten erfordert größere Auswahl. Erwecke das Verständnis für die angeführten Geräte, was jedes von ihnen gibt und welche Handhabung und Pflege es verlangt.

Messer: Wie schon beschrieben, ist ein zwei- bis dreiklingiges Gärtnermesser aus bestem Stahl auch das beste Taschenmesser, das so wenig wie ein Bleistift in der Rocktasche eines Mannes fehlen sollte. Seine gepflegte Schärfe und Qualität zeichnet schon den Besitzer! Von Zeit zu Zeit ist das geschliffene Messer auf einem Abziehstein abzuziehen – nachzuschärfen. Die schon frühe Übergabe eines solchen Messers an ein Kind mag von folgenden Gedanken getragen sein: „Mein liebes Kind, nun bist du so weit, ich vertraue dir dieses Messer an. Es wird deine Geschicklichkeit fördern, dich sicherer, selbständiger, unabhängiger machen. Viel Freude kannst du damit schenken und selbst erleben. Doch auch Gefahr steckt in diesem Messer! Es ist kein Spielzeug! Öffne es nur, wenn du's zum Schneiden oder Schnitzen brauchst.“

Weitere gar wertvolle Geschenke können Schnitzmesser (Abbildung!), einige Hohlmesser und alle folgenden Geräte sein.

Sägen: Die weitgeschränkte Bogensäge erleichtert besonders das Teilen noch nasser, armdicker Äste. Hiefür wäre wieder ein Sägebock dienlich. Der Fuchsschwanz mit seiner engeren Zahnung und geringeren Schränkung ist zum Sägen trockenen Holzes bestimmt, desgleichen die Feinsäge, die einen noch engeren und saubereren Schnitt zuläßt. Zu diesen zwei Sägen gehört zum exakten, rechtwinkeligen Schneiden von Scheiben, Rädern und dergleichen die

Schneidlade: Diese hat Einschnitte (90 und 45 Grad zur Längsrichtung) als Sägeführung. Das eingelegte Holzstück wird mit der linken Hand gegen die Ladenwand gedrückt und zersägt.

Feilen: Die Halbmondfeile dient der Glättung unsauberer Sägeschnitte, der Verjüngung von Zapfen, Dübeln u. a. m. Die Flachfeile erleichtert das Nachputzen in engen Schlitzen. Die Rundfeile gehört zur Vergrößerung gebohrter Löcher und der Glättung von Lagern. *Merke aber:* Feilen gehören nur in Ausnahmefällen zum Glätten geschnitzter Flächen; denn diese weisen doch die sich rhythmisch ergebenden, sauberen Schnittflächen des Messers auf – dessen Werkspur. Werkspuren der Geräte sprechen für sich, sie zeigen die Übung und Geschicklichkeit des Werkers und veredeln so das Werkstück! Sieh den gekonnten Schlag des Kugelhammers auf Kupferblech, den guten Mörtelwurf an einer Mauer oder die sicher geschlagene Meißelspur auf Granit. Werkspuren kommen der sauberen Tongabe eines Instrumentes gleich.

Bohrer: Der Schneckenbohrer gehört zum Jungholz! Bohrst du ein Werkstück nicht ganz durch, sondern nur ein, um einen Zapfen oder Dübel einzufügen, so ergibt diese Einbohrung ein konisches Loch, gemäß der Schnecke des Bohrers. Der dieser Einbohrung angepaßte, leicht konisch geformte Dübel hält dann um so fester. Der Spitzbohrer markiert schon mit kräftigem Druck die Vertiefung, in welcher der Bohrer anzusetzen ist. Der Spiralbohrer, bestimmt für Metallwerkstoffe, erleichert aber auch sehr ein schnelles und genaues Bohren in Holz. Zum Zentrumbohrkopf,

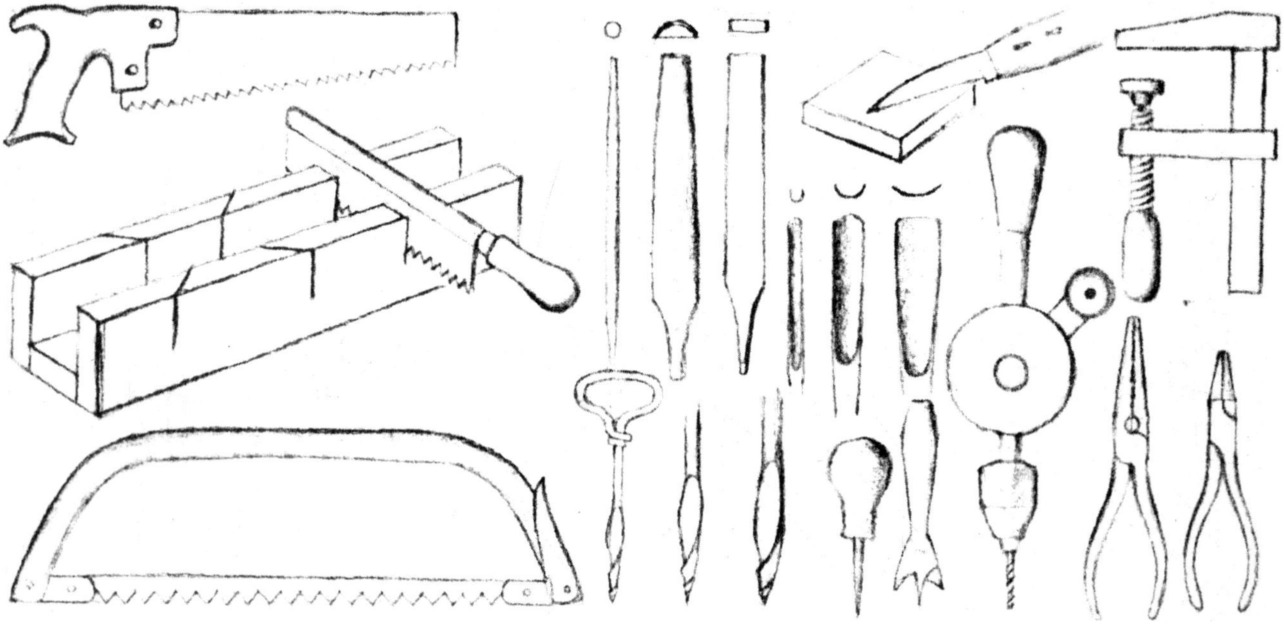

der große Löcher ermöglicht, gehört auch die Winde. Da aber an unseren Werkstücken nur selten große Löcher zu bohren sind, kannst du auch das Gerät hiefür sparen. Jeder Tischler wird dir gerne das erbetene Loch in dein Werkstück bohren.

Schraubzwinge und Schraubstock: Du sicherst mit diesen z. B. jene Stelle eines dünnen Stabes, in welche mit dem Schneckenbohrer zu bohren ist. Dessen konische Bohrspitze sprengt all zu leicht. Zwingen halten Werkstücke und Schneidlade am Werktisch fest und helfen beim Montieren u. a. m. Ein Schraubstock erleichtert schwachen Kinderhänden das Bohren und Sägen.

Zangen: Mit der Rundzange werden die Drahtgelenke für bewegliche Glieder und andere Rundungen geformt. Die Radiozange ermöglicht mit ihren flachen Greifern scharfe, winkelige Abbiegungen und mit ihren Schneiden das Zerlegen des Drahtes.

* * *

Handhabung und Pflege der verschiedenen Werkzeuge muß dem Kinde eindringlich verständlich gemacht und gekonnt vorgezeigt werden. Gute Werkzeuge sind Helfer, Arbeitsfreude zu wekken und zur Selbstsicherheit zu erziehen. Eine kleine Arbeitsecke für das Kind, sei diese im Kinderzimmer, im Vorhaus oder selbst im Wohnraum, soll nie fehlen. In einem kleinen Werkbänkchen mit verschiedenen Laden und Fächern kann das wenige Gerät ordnungsgemäß untergebracht werden. Die beim Arbeiten anfallenden Holzspäne verschmutzen nicht und sind bedeutsamer als jeder Perserteppich, auf den sie vielleicht fallen.

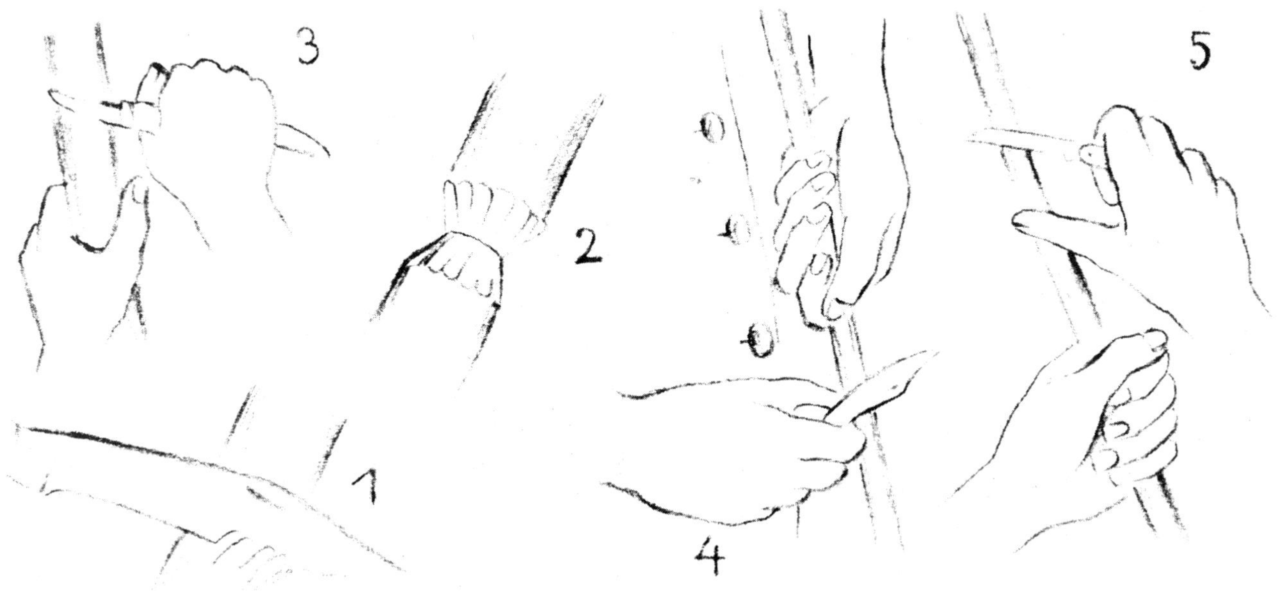

Keine Angst vorm Schneiden

1. Übe zuerst das Abschneiden und das Teilen der Stäbe: Die linke Hand hält den Stab, die rechte das Messer (Abb. 3) (bist du ein Linkshänder, so vertausche den „Faustgriff“). Von dir weg wird geschnitten – das ist für dich nicht gefährlich –, und der Nachbar hält entsprechend Abstand! Schneide langsam in kleinen, sauberen Spänen, drehe nach jedem Schnitt den Stab etwas – so bildet sich rundum ein Kranz abstehender Späne. Nun faßt du den Stab am anderen Ende und wiederholst ruhig und ohne Hast diesen Arbeitsgang gegen die schon aufgeschnittenen Späne, so daß diese herausfallen und eine Kerbe rund um den Stab entsteht. Diese Kerbe erweiterst und vertiefst du sauber, Span um Span. (Abb. 1 bis 3)

2. Mit etwas Übung wirst du beim Gegenschneiden nicht mehr von dir weg arbeiten müssen. Schnitzt du aber zu dir her, so besteht die Gefahr, daß du dich in den Finger schneidest. Deshalb schnitze mit folgendem Bremsgriff: Beide Hände sind leicht an den Bauch gedrückt. So wird ein Abgleiten in der Richtung zu dir verhindert – „abgebremst“. (Abb. 4)

3. Der Daumen gibt die Bremsstütze bei feinerer Durcharbeitung des Werkstückes (Abb. 5), besonders beim Schmücken eines Stabes mit Rindenmustern.

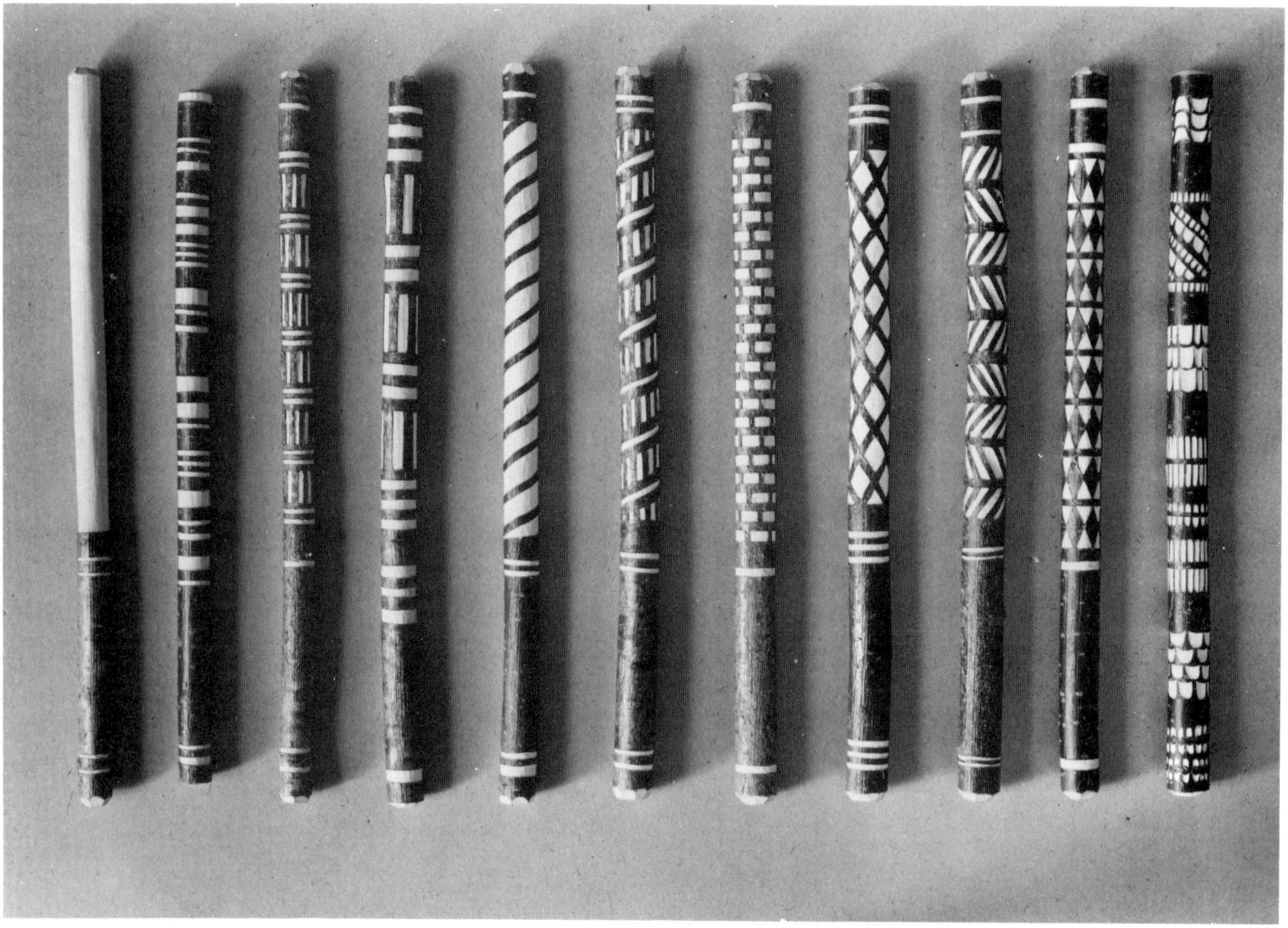

Über das Schmücken der Rinde

Sieh dir die elf Stäbe gut an! Am ersten Stab, der frisch geschnitten war, ist nur die Rinde abgeschabt, die Schneide des Messers wird dabei senkrecht quer zum Stab aufgesetzt und in dessen Längsrichtung gezogen. Die scharfe Spitze des Messers ist uns am wichtigsten, deshalb verwende beim Schaben, das die Schärfe verringert, das letzte Drittel der Schneide. Schaben kann schon ein fünfjähriger Knabe! Ja, er kann auch bald einige Ringe aus der Rinde herausschneiden (zweiter Stab). Erst stufenweise wird der Rinderschmuck zarter. Mehr Übung und Geschicklichkeit wird nötig. Nicht jedes Muster aber wird sich eignen. Jene, die netzartig sind, also in ihrem Gefüge Zusammenhang bewahren, werden auch die dauerhaftesten und somit die werkgerechtesten sein. Einzeln stehengelassene Rindenstücke fallen leicht ab. Denke an das Wesen des Scherenschnittes und ziehe den Vergleich! Löst du vorsichtig nur die Oberhaut der Rinde in Ringen, Drei- und Vierecken, so erhältst du zur Bereicherung des Musters einen dritten Farbton. Ordnung und Sauberkeit muß aus dem geschnittenen Muster sprechen. Das „Oben“ und „Unten“ soll stets durch Abschluß gekennzeichnet sein – wenn es auch nur je zwei Ringe wären. Den letzten Stab schmückten Hohlmesser.

Du mußt das Muster stets dem Zwecke des Werkstückes anpassen; außerdem muß es der Form gut entsprechen. Ein Aufhänger wird anders

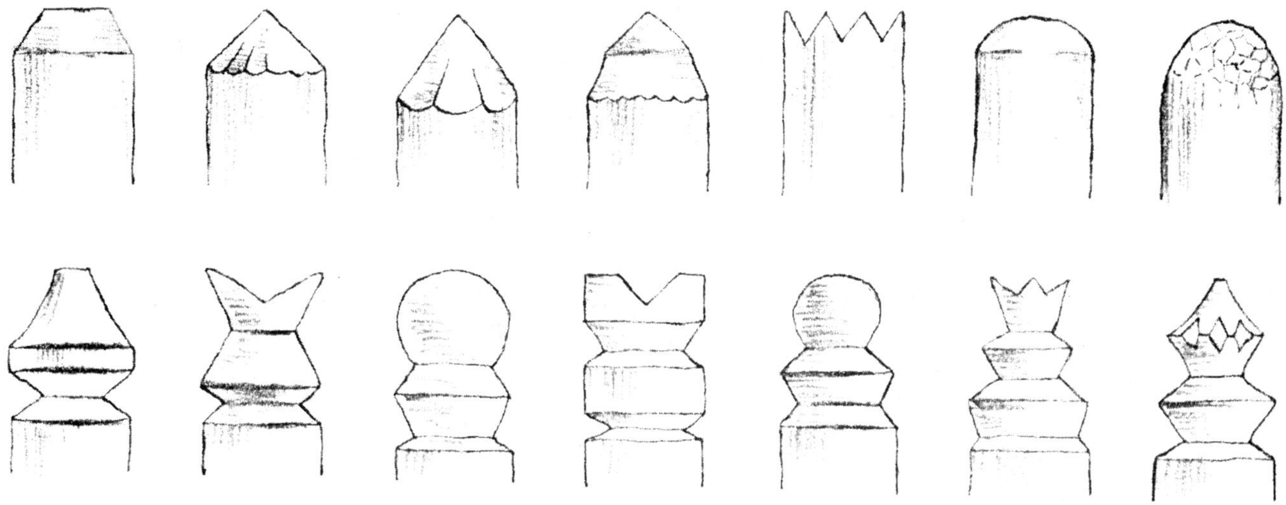

geschmückt als ein Blumenstock. Zuerst muß immer das Erzeugnis in seinem Zwecke, seiner Aufgabe restlos gelöst sein, dann erst kommt der Schmuck! Mit ihm lernst du die Grundgesetze des Flächenschmuckes verstehen und wirst dich später mit dem Kerb- und Flachschnitt sicherer auseinandersetzen. Sei sparsam beim Schmücken! In der Beschränkung zeigt sich auch da der Meister. Manche Arbeiten in diesem Buch sind *nur* aus Übereifer zu reichlich geschmückt.

Abformungen

Sichtbare Enden eines Stabes sind immer abzuformen, selbst wenn es nur das Brechen einer Kante wäre (1. Abb.). An scharfen Kanten reißt leicht die Rinde auf, sie stoßen sich ab. Runde Abformungen müssen ihre schöne Werkspur aufzeigen. Das zwingt zu einem gleichmäßigen und ruhigen Schneiden. Feile und Glaspapier sind also nicht am Platz. Kräftige, großflächige und rhythmisch gereihte Schnitte verschönern (3. Abb.). In der zweiten Reihe der Abformungen stecken schon Formen, die auf Spielsteine und Schachfiguren hinweisen.

Der Zweck steht immer voran

Der Zweck bestimmt schon die Gestaltung des einfachsten Stabes, wie lang, wie dick und wie schwer du ihn für dein Vorhaben wählen mußt. Vom Zweck aus ergibt sich, wo und wie du den Rindenschmuck einzuschnitzen hast. Dieser muß immer dem Zweck untergeordnet bleiben. Sieh z. B. den sechsten Stab der Abbildung: Könnte dieser ein Blumenstab sein? Da ist ja eine Handhabe durch Ringe angedeutet, und er ist an seinem dünnen Ende zugespitzt! Dieser Stab ist ein Knollenschleuderstock. Eine aufgespießte Kastanie oder ein unreifer Apfel kann damit weit geschleudert werden. Versuch es nur einmal und beobachte die schönen Wurflinien! Ein Blumenstab müßte ja seine Spitze an seinem dickeren Ende haben. Er wird in die Erde gestoßen, wächst gleichsam aus ihr heraus und muß somit unten das größere „Gewicht" haben! Diese Überlegungen sind keine Nichtigkeiten! An ihnen wächst das Empfinden für Werkgerechtigkeit und das Stilgefühl des jungen Menschen und die Sicherheit für späteres Urteil.

Hast du diese Grundfrage verstanden, so wird es dir ein leichtes sein, den für einen bestimmten Zweck gestalteten Stab in seiner Abbildung zu erkennen: Den Zeigestab, den Stock zum Reifen-

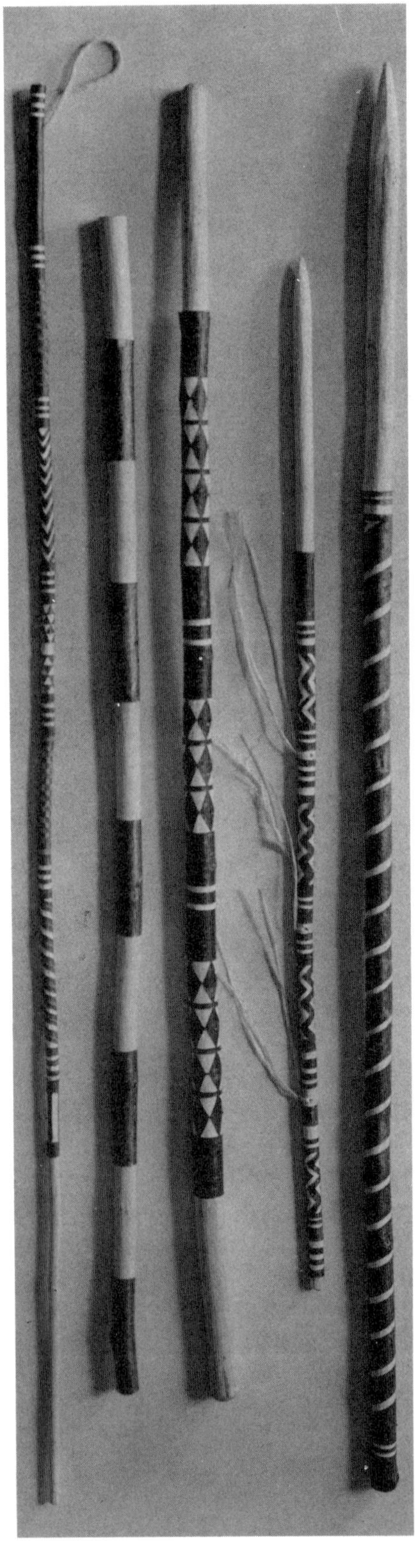

Jeder Stab zeigt seinen Zweck: Rosen- und Blumenstab, Turnstock, Metermaß, Zeigestab, Knollenschleuder, Peitsche, Taktstöckchen, Stafettenstab, Reifentreiber, Steinschleuder.

Stelzen: Ihre Stütznägel müssen leicht verstellbar sein. Übe: Jeden Tag eine Sprosse höher, über Stiegen gehen, auf einem Stelzbein hüpfen!

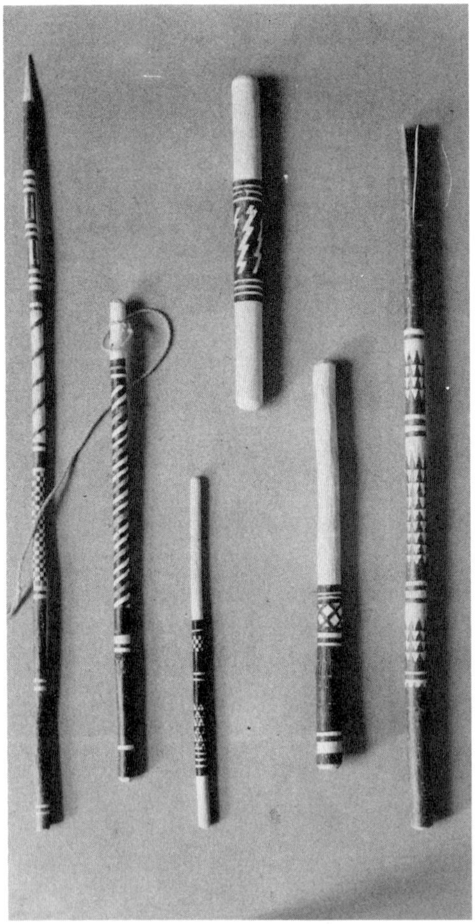

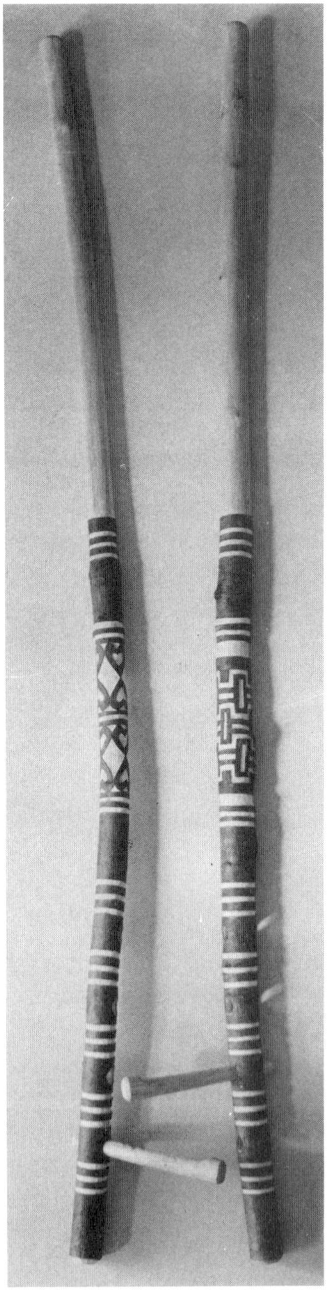

treiben oder den zum Turnen und Balancieren, die Steinschleuder, den Maßstock für die Gartenbeete oder den für das Rosenbäumchen, die Peitsche, das Taktstöckchen, den Blumen- und den Stafettenstab.

Jeder dieser von zehn bis zwölfjährigen Kindern geschnitzten Stäbe ist schon ein kleines, vollkommenes Werk, das brauchbar und kaum besser zu machen ist. Es ist nichts Improvisiertes, Gebasteltes. Manchmal werden in Werkschulungen Dinge gemacht, die keinem eigentlichen Zwecke dienen, oder auch solche, deren Zweck nie durch richtigen Gebrauch erfüllt wird. „Salonstücke" aus Naturholz wären aber sinn- und werkstoffwidrig.

Holzverbindungen

Schon in Urzeiten stellte sich die Aufgabe, zwei Holzstücke werkgerecht zu verbinden. Solche Verbindungen und alle weiteren Konstruktionen sollen sauber gemacht und so weit als möglich sichtbar bleiben; denn auch dies verschönert das Werkstück.

HZ = Zapfen: Das Ende eines Stabes wird zu einem Zapfen geformt, der genau der Lochgröße des dazu gehörenden Werkstückes anzupassen ist. Abb. 1 zeigt eine leicht konische, sich verjüngende Form, um dem Schwinden nassen Holzes vorzubeugen. Durch das Trocknen muß der Zapfen „schwinden", er wird kleiner und dadurch locker, so daß er nachgeschlagen werden muß. 2. Hier ist der Zapfen dem Bohrloch eines Schnckenbohrers angepaßt. Der dritte Stab sitzt auf einem Rundling nicht gut auf, so wähle das Einsenken (4.) 3 und 6 zeigen, wie ein Zapfen oder ein dünner Stab durch einen Einschnitt mit der Feinsäge gespalten wird. In diesen Einschnitt wird ein Keilchen geklopft, so daß die vereinten Stücke kaum mehr zu trennen sind.

HD = Dübel: Dieser wird am günstigsten aus aufgespaltenen Stabstücken (1) geformt. Dadurch ist der Dübel fester als ein dünner Zapfen, der durch seinen Markstrahl immer geschwächt ist. Halte stets solche gut ausgetrocknete Rundstäbchen als Dübel für die verschiedenen Bohrlöchergrößen bereit! Die Abbildungen HZ von 2 bis 5 gelten auch für den Dübel; denn dieser kann immer an Stelle eines Zapfens eingesetzt werden. Schräg eingesetzte Dübel (3, 4) verhindern das Zerfallen einer Blockwand.

HÜ = Überplattung: Lege den Stab in die Schneidlade und säge im Abstand der Dicke des zweiten zu überplattenden Stabes die zwei nötigen paralellen Schnitte bis zur Hälfte ein. Schneide mit einem schmalen Messer die Einkerbung. Wiederhole den gleichen Vorgang bei dem zweiten zu überplattenden Stab. Ein eingeklebter oder auf seinen beiden Enden gekeilter Dübel hält fest zusammen. Ü 2 zeigt, wie eine Überplattung zur Verlängerung eines Stabes Anwendung findet.

K = Keil: Er verhilft zu einer vortrefflichen Holzverbindung wie diese z. B. am gekeilten und zerlegbaren Bauerntisch zu sehen ist. K 1: Ein Stabende wird beiderseits nur so weit abgeflacht, daß das entstandene Flachstück noch die Bohrungen für seinen Keil zuläßt. Die nötigen Schlitze, sowohl im aufrecht stehenden Werkstück als auch im Flachstück, erreicht man durch knapp aneinander gereihtes Bohren (2). Mit dem Messer schneidest du die Wände der löchrigen Schlitze glatt. Der konische Keil preßt die zwei Werkteile fest aneinander. Durch Rückschlagen des Keiles löst sich wieder diese Holzverbindung.

HG = Gehrung: Diese erfordert der Bau eines Rahmens. Die meist 45gradigen Abschrägungen zweier zusammengehöriger Enden werden in der Schneidlade geschnitten. Zur festen Verbindung dient in (1) ein Dübel und in (2) ein dünner Span, der in einen schmalen Schlitz hinein geklopft wird, der mittels einer breit geschränkten Säge hergestellt wurde.

HR = Rad: Die Lochung der Radnarbe muß selbstverständlich etwas größer sein als der in das Ende der Achse geschnitzte Zapfen oder der eingepaßte Dübel. Das sich ergebende „Lager" kann mit Kernseife „geschmiert" werden. Das Abfallen des Rades wird entweder durch ein Keilchen oder durch einen mit einem Kopf versehenen Dübel verhindert.

HA = Kurbel: Diese wird mit einem Dübel als Griff gedreht. Ihr zweiter, der mit der Achse fest verbundene Dübel, (es kann auch ein Zapfen am Achsenende sein!), muß im Lager eines aufrech-

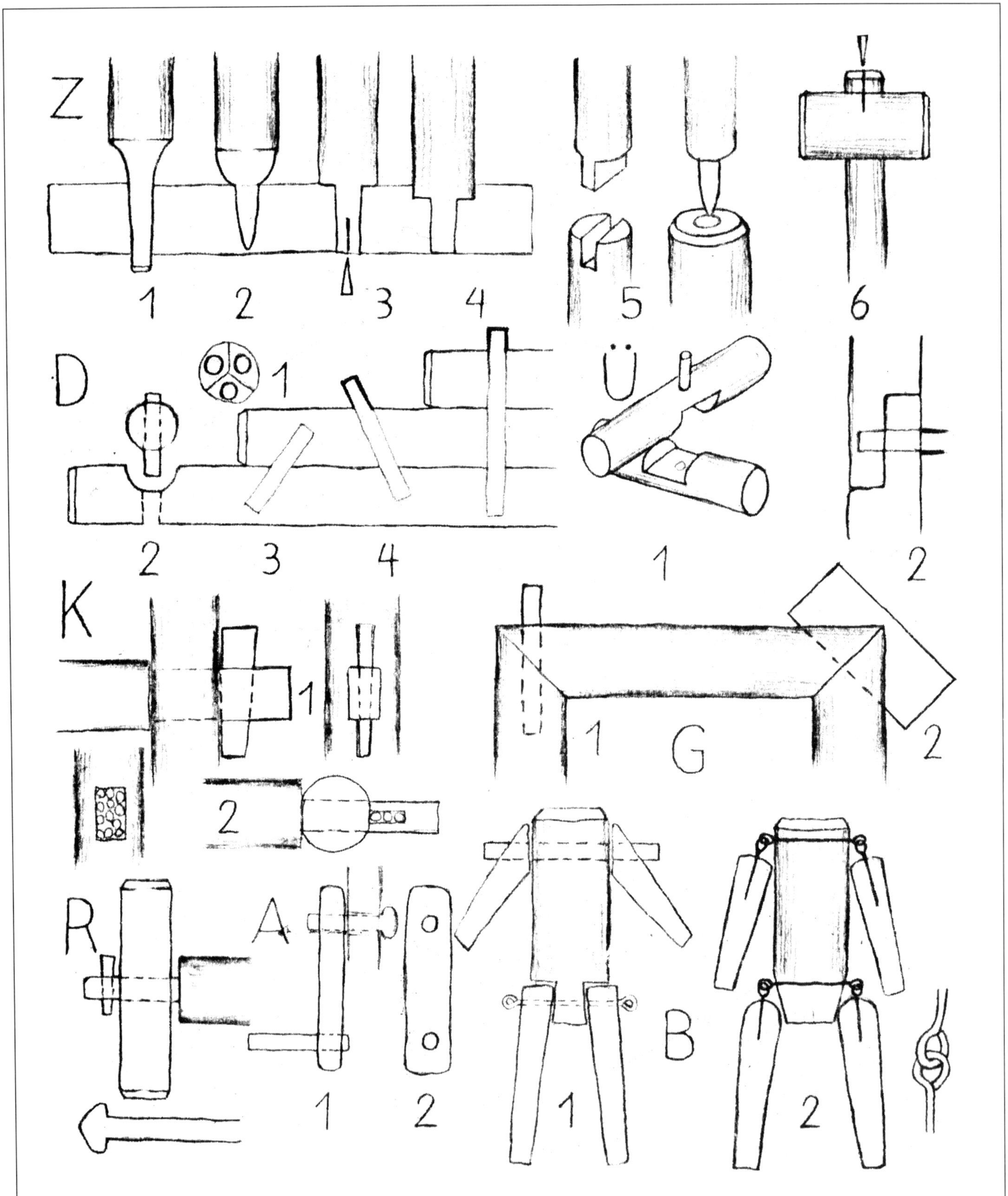
Z
1
2
3
4
5
6
D
1
2
3
4
Ü
1
2
K
1
2
G
1
2
R
A
1
2
B
1
2

ten Werkstückes leicht drehbar sein. Kurbeln sind für Antriebe von Hammerwerken, Aufzügen u. a. m. nötig.

HB = Bewegliche Gelenke (1): Lange, dünne Dübel, die im Körperteil locker sitzen, aber in die Gliedmaßen eingeleimt sind, erlauben nur gemeinsames Drehen der Glieder in einer Richtung. Zur Herstellung allseitig beweglicher Gelenke ist Draht nötig. Abb. 2: Forme mit der Rundzange je zwei Drahtaugen und hänge diese zusammen. Dann keile mit einem Zahnstocher die Drahtenden in die gebohrten Löcher der Gliedenden.

Zusätzliche Werkstoffe

Draht soll für Jungholzarbeiten nur selten Verwendung finden, so wie auch dem Nagel und der Schraube so weit als möglich auszuweichen ist. Doch gibt es Fälle – gleich der obigen Beschreibung beweglicher Glieder –, wo weicher Draht gebraucht wird. Harter, federnder Draht ist wieder für die Wipptiere unentbehrlich.

Bindfäden werden fallweise immer wieder benötigt. Wie gut fügt sich da der Bast zum Jungholz. Mit diesem oder auch mit grober Wolle können Haare und Bärte der Kasperlköpfe geformt werden.

Leim ist für Holz der beste Klebestoff! Für geringfügige Befestigungen genügt schon der Alleskleber „Uhu".

Farben sollen auch nur selten und sparsamst Verwendung finden. Sie helfen einen Gesichtsausdruck am Puppenkopf verdeutlichen und anderes Spielzeug anziehender zu machen.

Lack: Das Verschmutzen von Gebrauchsgegenständen hält eine Lackierung hintan. Doch verwende immer Mattlacke! – Hochglanz und Jungholz passen nicht zusammen.

Nützliche Dinge

Ein ernstes Wort zuvor

Werken heißt scharf beobachten, gut überlegen, es erfordert Entschlußkraft und *Tun!* Wird den bisher aufgezeigten Grundpfeilern jedes richtigen Werkens entsprochen werden? Oder bleibt es nur bei einem flüchtigen Überlesen? Wird vor- und fürsorglich vorbereitet? Sind Messer, Sägen und Bohrer scharf? Alles Werkgerät gepflegt und in Ordnung? Ist reicher Werkstoff zur Auswahl vorhanden und steht auch ein guter Werkplatz zur Verfügung? Hat das Kind schon geübt, und hast du dich selbst erprobt? Herrscht ehrliches Bemühen vor oder flaue Ausrede? Wird die Pflicht des Lehrers und Erziehers vorzudenken und gründlich vorzubereiten mißachtet?

* * *

Das Erlernen eines Musikinstrumentes sei Beispiel und Vergleich! Ohne Überzeugung, Geduld und Ausdauer wird man es nicht weit bringen. Wie schwerfällig mag noch der erste Fingergriff und der erste Bogenstrich sein – der erste Ton – welch ein Gekratze! Wieder und wieder muß vorgezeigt und geübt werden – zuhörends wird's besser. Zusehends besser und sicherer werden aber auch die Ringerl aus der Rinde geschnitten. So klappt auch im Werken die Fingerübung I, Fingerübung II. Weitere Rindenornamente werden geübt. III. Übung im Abformen. IV: Das Bohren wird erprobt. V. Holzverbindungen HZ VI, HD VII, HÜ.

Die Fingerübungen am Instrument fließen bald ohne Mühe und Anstrengung, ohne Denken. Ein Blick auf die Noten genügt, und die Hand tut das ihre. Die Übungen erreichen höhere Schwierigkeitsgrade, die erste Melodie klingt beglückend auf!

Nicht anders ergeht's beim Werken! Hast du, lieber Werker, schon bemerkt, daß du bereits mit sieben gekonnten „Fingerübungen“ in fast alle Werke, welche dieses Buch aufzeigt, eindringen kannst? Du kannst diese „spielen“, kannst sie vom Blatt ablesen und wiederholen. Die Mühe und Geduld, die du bisher aufgewendet hast, wird durch die Freude am Gestalten und Können belohnt! Also, nur sieben Übungen sind vorerst zu lernen, zu verstehen, zu überwinden. Dann bist du von diesen nicht mehr abhängig, sie sind in Fleisch und Blut übergegangen. Hilf auch dem Kinde dabei, entmutige es nicht, spare nicht mit deinem Lob! Und noch weniger mit deiner Zuneigung! Geduld und Vertrauen sind auf beiden Seiten nötig. Dieses „Tätigsein“ muß in Ruhe, freudvoll verkostet werden, erst dann wird solches Tun zum Genuß.

Man horcht auf den verbesserten Ton einer gestrichenen Seite und empfindet sein Verschwingen. Dein Schnitt im Holz verfeinert sich und verschönert die Werkspur – bald geschieht dies automatisch. Du wirst ein Werk nicht mehr kopieren, du beginnst zu variieren, zu improvisieren. Das Jungholz leitet dich in seiner Mannigfaltigkeit. Du lernst mit scharf beobachtenden Augen sehen –, dein Hausverstand schärft sich.

Nun wähle aus den dargestellten Beispielen, gestalte neu, erfinde, entdecke – entdecke dich selbst!

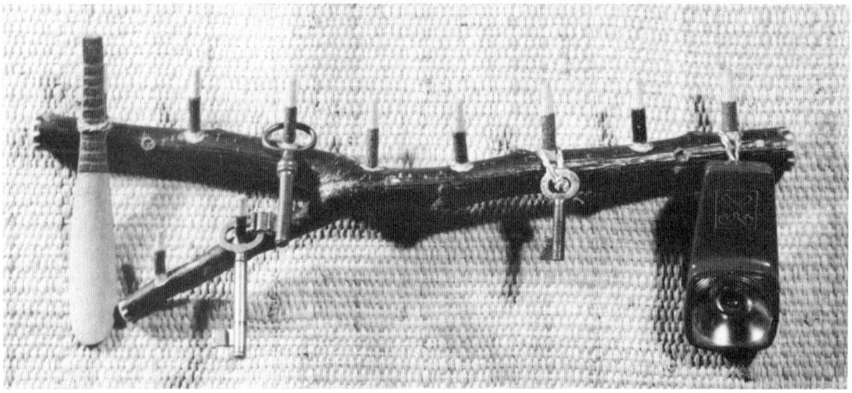

Schlüsselästchen
An drei Stellen berührt es die Wand, an die es geschraubt ist. Dadurch sitzt es fest. Eine gute Bohrübung für die konischen Zapfen der Trägerstäbchen. Diese sollen sofort nach jeder Bohrung eingesteckt werden, um paralleles Bohren zu erleichtern. So kann das Auge die Bohrrichtung besser bestimmen. Denke dir diese Schlüsselästchen stark vergrößert und mehrgliedrig, so hast du einen Trägerast für Überkleider, Hüte und dergleichen. Wie einfach, brauchbar und schön ist ein solcher in Vor- und Abstellräumen, an Vordächern und Gartenhütten.

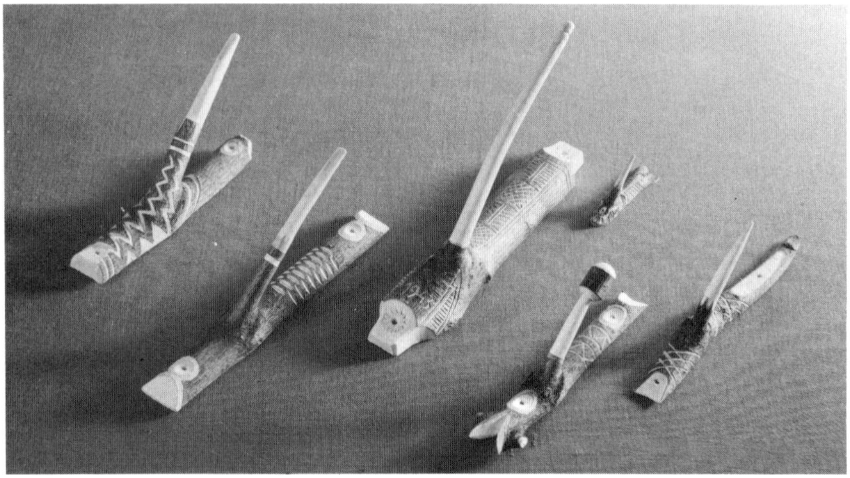

Aufhänger
Naturgewachsene Aufhänger für Hüte, Kleider, Taschen, Rucksäcke und ähnliches in Waschküchen, Werkkammern, Dachböden und Gartenhütten oder zum Kleiderklopfen an Türstöcke geschraubt, sind leicht herzustellen. Keine künstliche Holzverbindung könnte in gleicher Zartheit die Festigkeit eines gewachsenen Astansatzes erreichen. Schnitze das Seitenästchen so zu, daß das Mark an seiner Unterseite mündet.

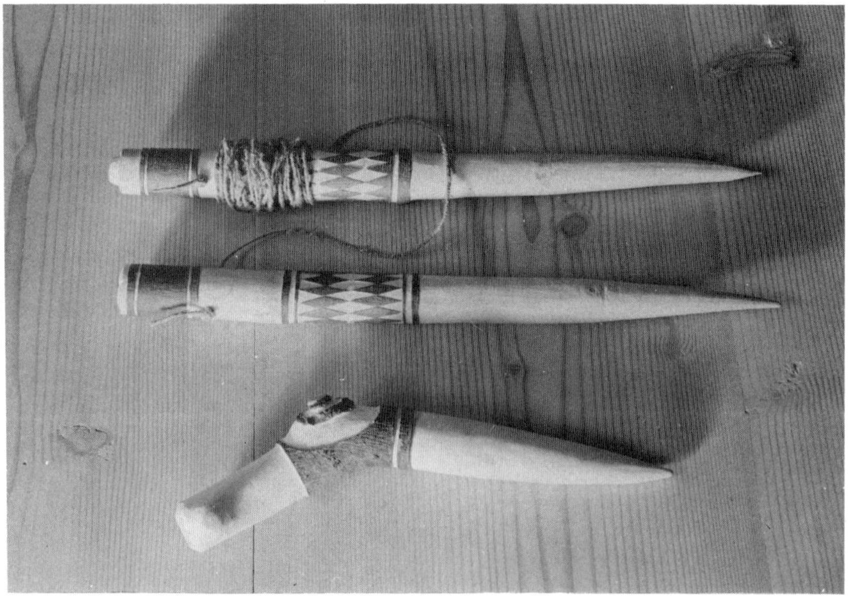

Beetschnurhölzer
Zwei Stück sind nötig, um ein Beet abzustecken, damit das neue Weglein getreten werden kann. Durch die Bohrlöcher werden die Enden der Saatschnur gezogen und verknotet, damit die Schnur mit dem Holz verbunden bleibt. Die abgeschälten, zugespitzten und geglätteten Enden der Hölzer sollen wenigstens 20 cm lang sein.

Pflanzholz
Ein fester, gebogener Ast eignet sich am besten. Das zugespitzte Ende glätte, damit Erde und Schmutz nicht so leicht haften. Da die Markröhre des Astes weicher ist als sein Holz, darf die Spitze nicht mit ihr zusammenfallen, weil sie sonst rasch abstumpft. Schnitze sie daher seitlich!

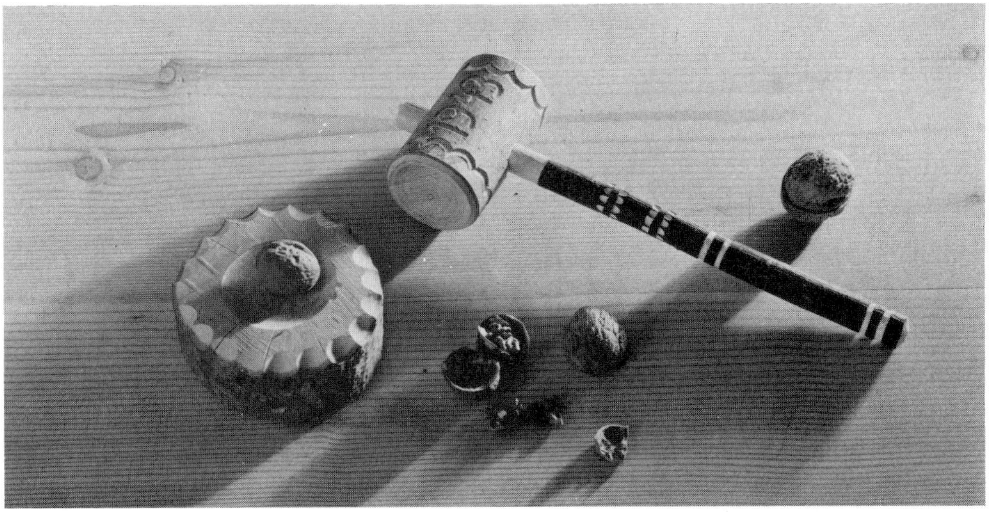

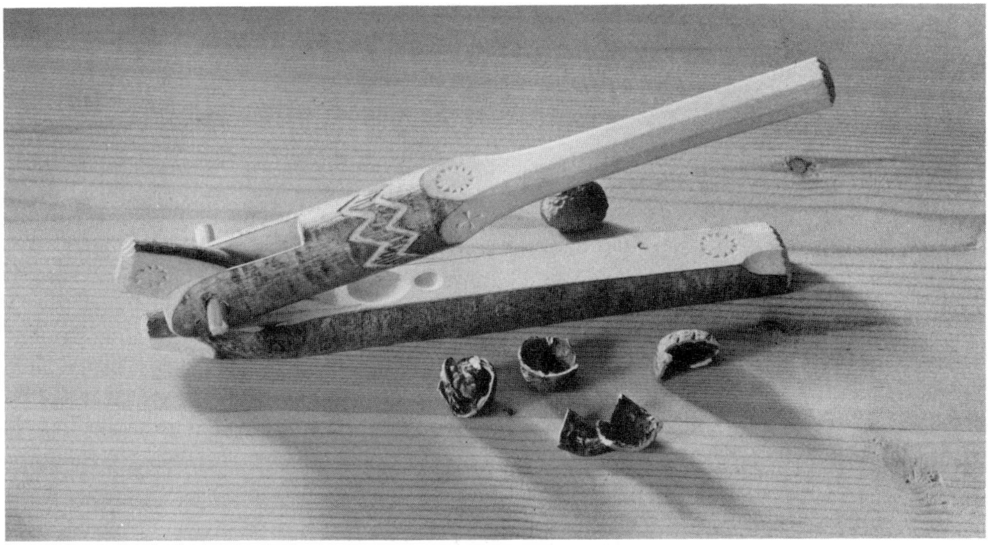

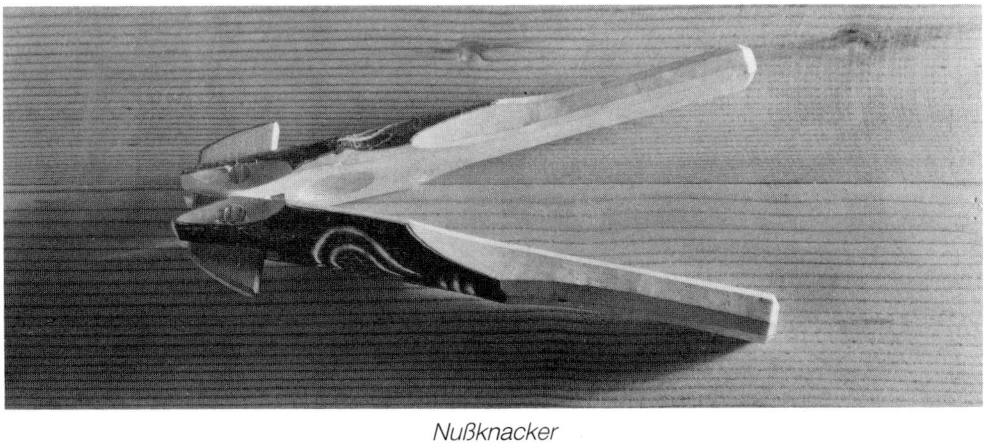

Nußknacker

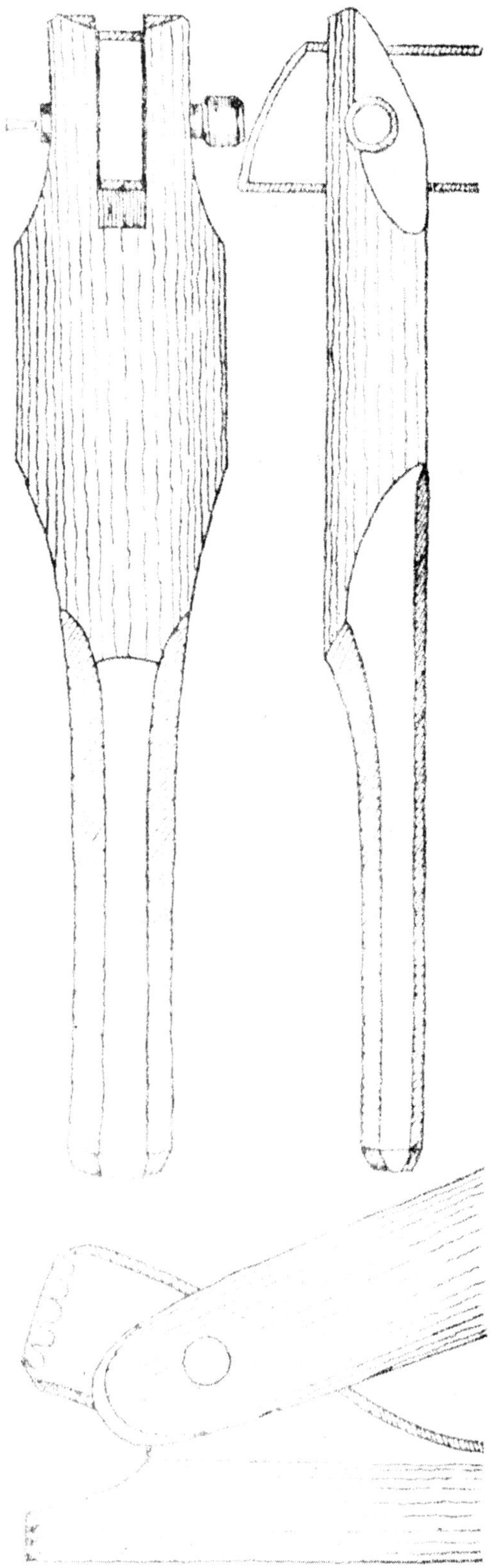

Der Nußknacker

I. Holzhammer mit Amboß: Dieser nimmt sich ganz anders in die Hand als ein Metallhammer. Man zerquetscht damit die Nüsse nicht so leicht, vor allem aber, man kann diesen Hammer selbst machen! Der Stiel trägt am oberen Ende einen Keil und hält so den Hammerkopf fest. Der Keil soll etwas vorstehen, damit er bei Lockerung leicht nachgeschlagen werden kann. Dieses Vorstehen beweist außerdem, daß wir werkentsprechende Formung zu achten verstehen. Den Amboß bilde aus einer Scheibe von einem 10 cm dicken Stämmchen, in die oben eine seichte Pfanne zum Auflegen der Nuß geschnitzt ist.

II. Ein Nußknacker in Scherenform mit eingefügtem Verbindungsbrettchen. Nimm ein 3 ½ bis 4 cm dickes Jungholzstück und säge es in der Mitte auseinander, Mit wenig Schnitten werden die Griffe geformt. Die Innenseiten der Schenkel erhalten eine seichte Pfanne für die zu knackende Nuß.

III. Hebel-Nußknacker. Das eingefügte Verbindungsbrettchen der Scherenform fällt weg. Dafür ist ein starker Seitenaststumpf abgeflacht; auf ihm dreht sich der geschlitzte Hebelarm um einen starken Holznagel als Achse. Eine größere Pfanne ist diesmal für die Walnuß, eine kleinere für die Haselnuß eingeschnitzt. Gesamtlänge des Hebelarmes ist 27 cm. Es genügt ein leichter Schlag auf ihn, mit Hand oder Faust, um die Nuß zu öffnen.

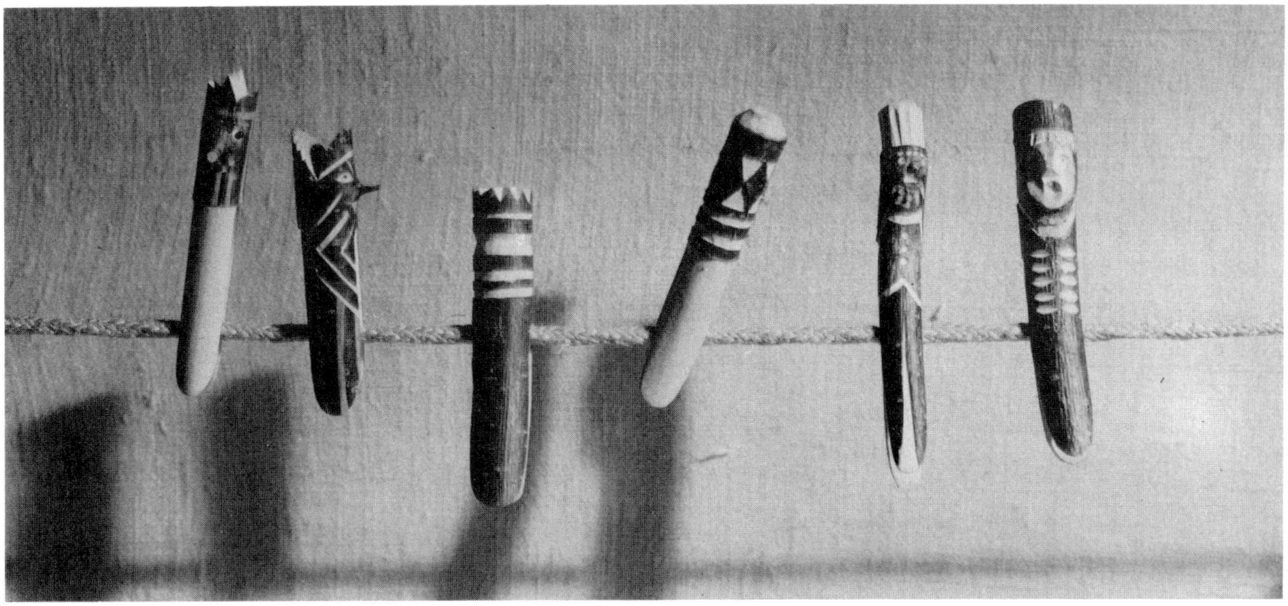

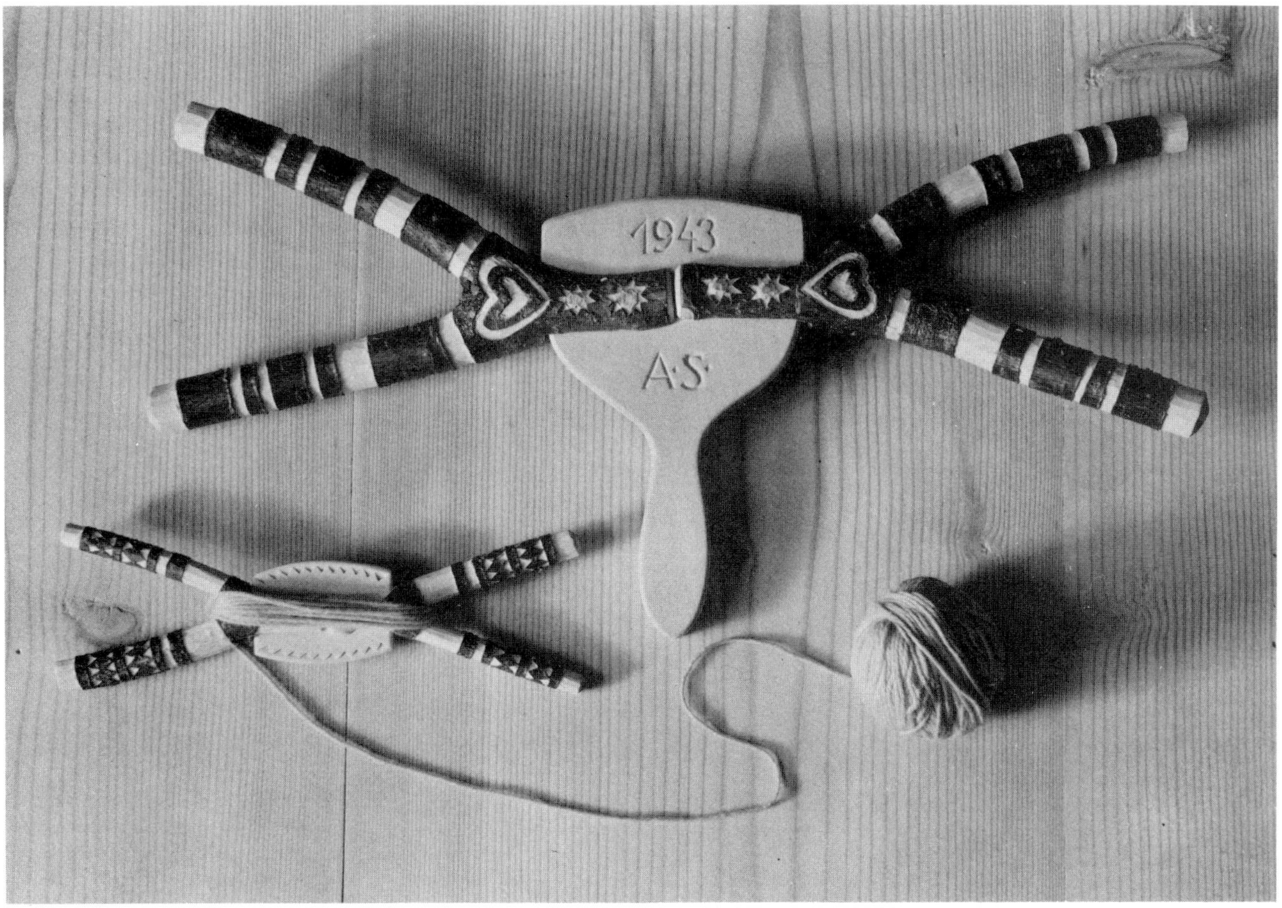

Wäscheleinenwickler und Garngabel

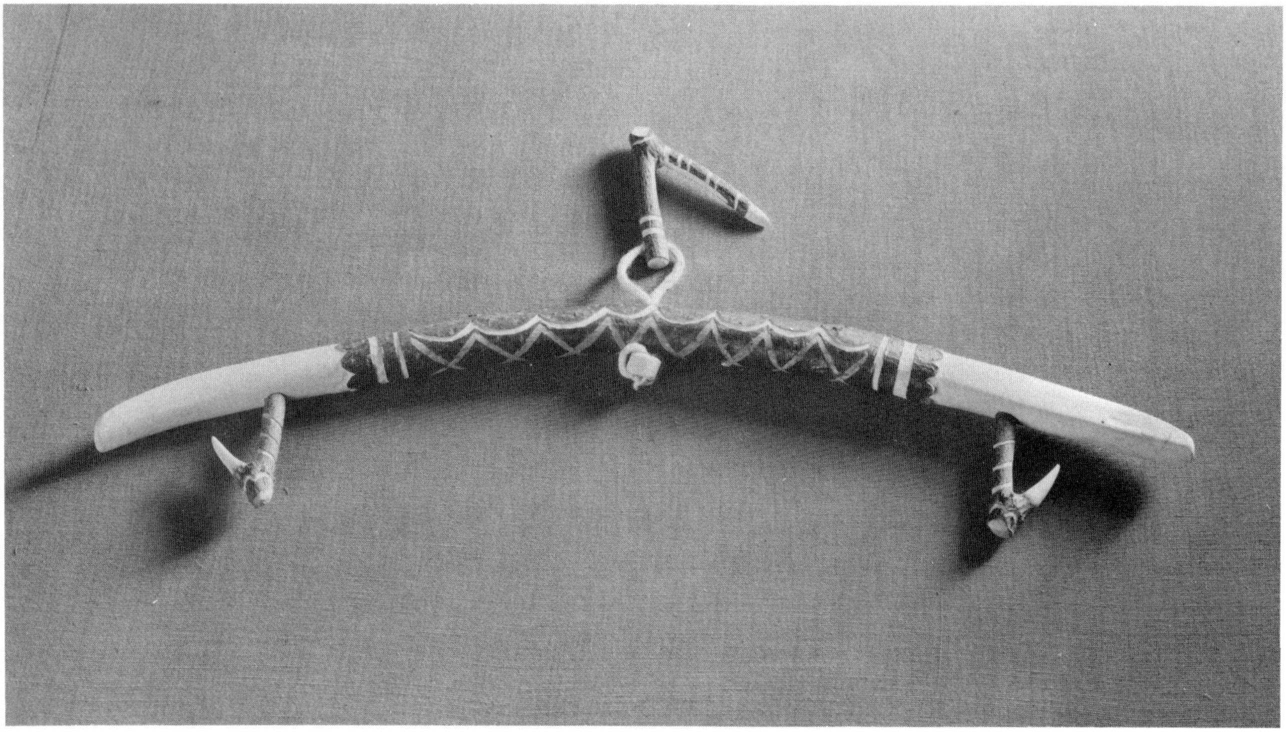

Kleiderbügel

Wäscheklammern

Das Jungholzstück hiefür ist ca. 12 cm lang und 2 cm dick. 6–7 cm tief werden zwei Sägeschnitte, 5–6 mm (einer Wäscheleine entsprechend) voneinander entfernt, an einem Ende des eingespannten Stäbchens gleichlaufend eingesägt. Das vorher schon gebohrte Loch läßt das Mittelstück herausfallen. Dann wird mit dem Taschenmesser dieser Schlitz auseinanderlaufend erweitert, mit Feile und Glaspapier geglättet. Auch die entstehenden seitlichen Kanten werden mit dem Taschenmesser gebrochen.

Weißt du, daß es vor nicht all zu langer Zeit mancherorts Brauch war, selbstgemachte Wäscheklammern beim Taufschmaus zum Trocknen der ersten Windeln zu schenken? Wem fiele es aber heute noch ein, solche selbst zu machen, gehören diese doch zu den billigsten Massenartikeln. Vielleicht wird aber in einem Sommerlager erkannt, wie schön und geschicklichkeitsfördernd es ist, dieses mit Umrührern, Spießhölzern, Gabeln, Wind- und Wasserrädern, Zeltheringen und Wäscheklammern u. a. m. auszustatten.

Wäscheleinenwickler und Garngabel

Bei zwei starken Zwieseln wird zuerst etwa 5 cm vom Ende des Zwieselgriffes entfernt von links nach rechts je ein 1 cm breites Loch gebohrt. Der Zwieselgriff wird nun zweimal so eingesägt, daß die Schnitte die Bohrung am Rande treffen, so daß das Mittelstück des Griffes herausfällt. Ein 1 cm starkes, gut geformtes Griffbrettchen, bei dem die Kanten gebrochen werden, läßt links und rechts die Gabeln aufstecken. Diese werden durch je zwei Dübel am Griffbrettchen festgehalten. Die Garngabel wird in gleicher Weise hergestellt, ein Griff am Verbindungsbrettchen ist aber nicht nötig.

Kleiderbügel aus der Fabrik entsprechen nicht immer so ihrer Aufgabe wie dieser. Die zwei verkeilten Häkchen gehören zum Anhängen des Frauenrockes. Der obere Haken ist durch eine Schnur mit dem naturgebogenen Stab verbunden, was das Einhängen im schmalsten Schrank ermöglicht.

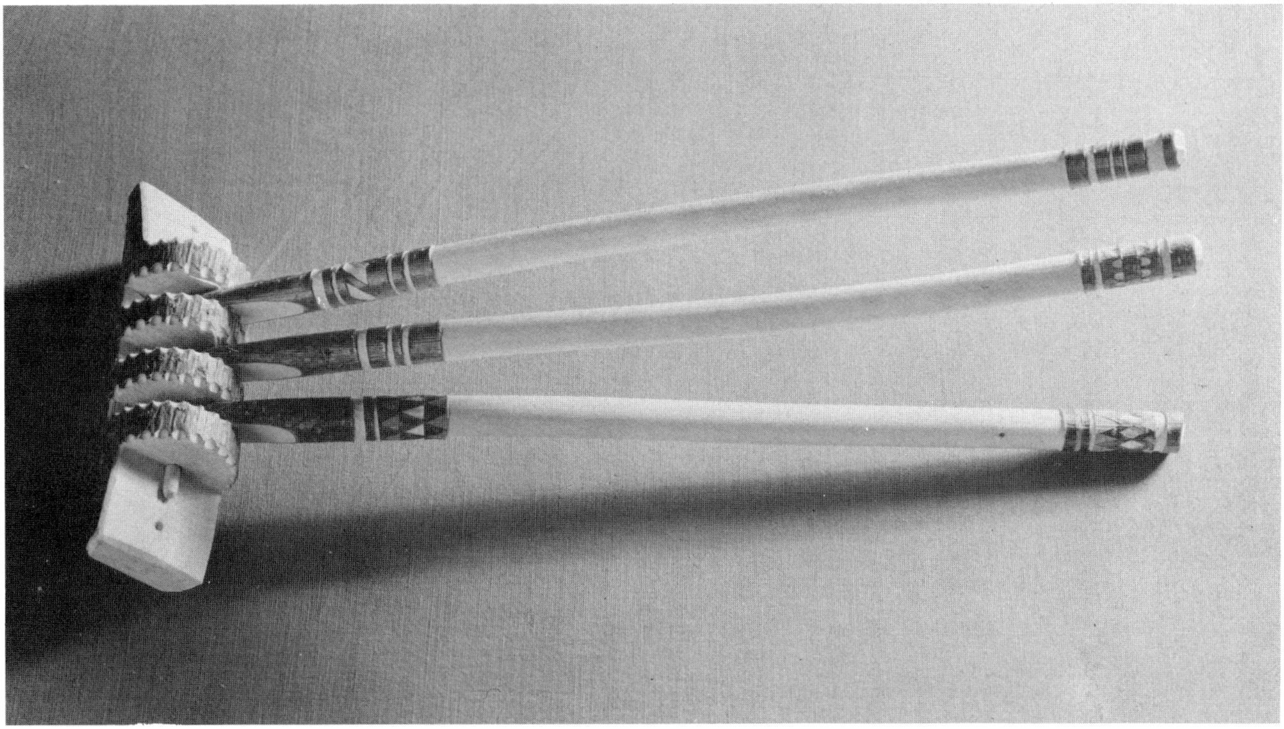
Tuchtrockner

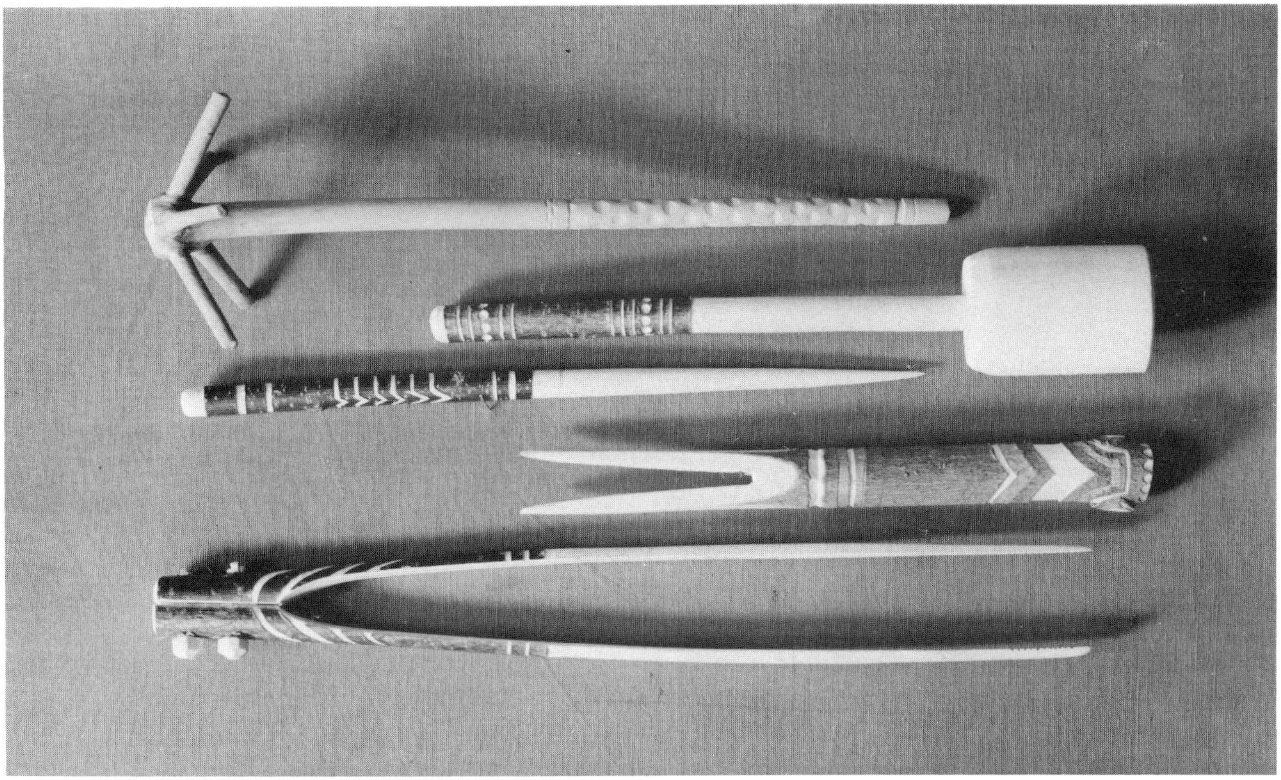
Küchengeräte

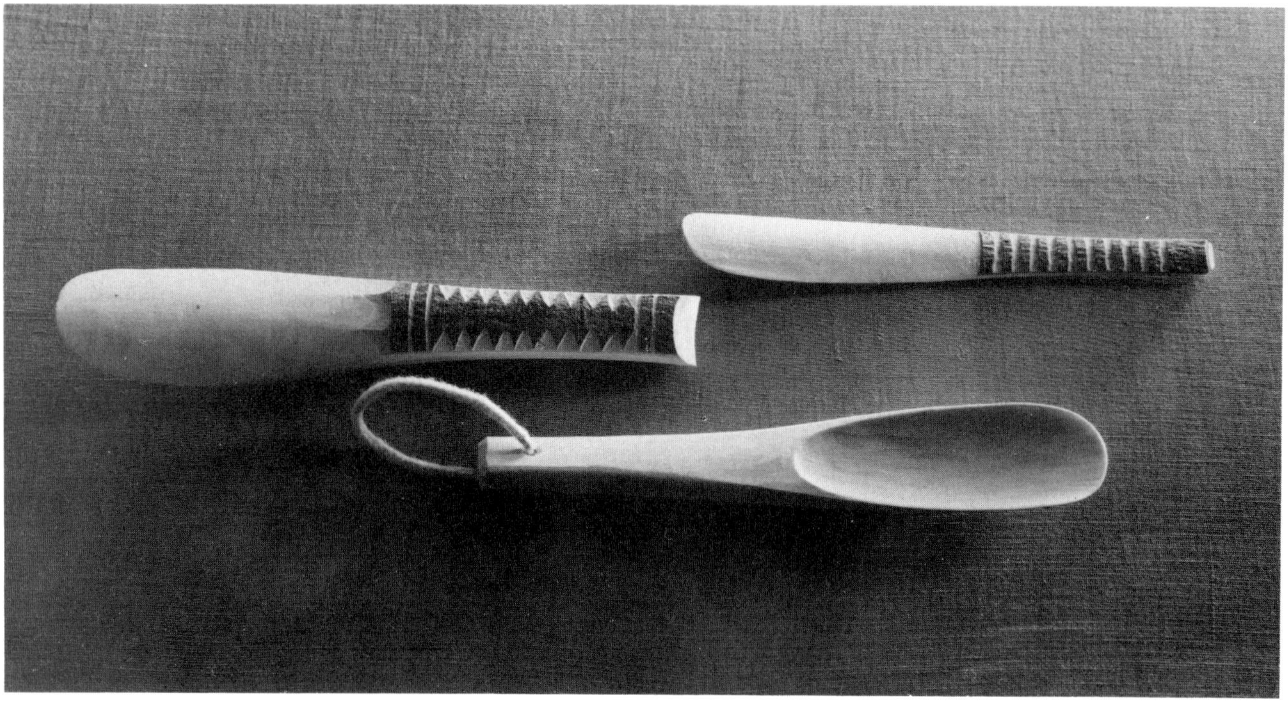

Schuhlöffel

Der Tuchtrockner hat seitwärts bewegliche Stäbe, die wenigstens 40 cm lang sein sollen. An einem Ende sind sie so abgeflacht, daß eine Zunge entsteht. Die Führungsschlitze für 2, 3, 4 oder 5 Aufhängestäbe sind in einem 15 cm langen Aststück gleichlaufend in der Breite der in sie gehörenden abgeflachten Stabenden gesägt. Diese Führungsschlitze müssen wenigstens 3 ½ cm tief sein, damit die seitlich verschiebbaren Aufhängestäbe auch wirklich „Führung" haben, sich nicht senken können, was erstens unschön wäre, zweitens die Wäschestücke abrutschen ließe. Ein langer Holznagel hält die Stäbe in ihrer Führung fest. Ein Fünftel des Führungsteiles ist hinten als Aufruhfläche für die Wand abgespalten und geebnet, Befestigung wie bei den Aufhängern. Halte die zwischen den Schlitzen stehenbleibenden Führungsteile nicht zu dünn, damit sie nicht ausbrechen!

Küchengeräte

Quirle werden aus dem Weihnachtsbaum gemacht. Die von einer Stelle ausgehenden seitlichen Ästchen in Quirlform werden bis auf 4 cm gekürzt und mit dem dazu nötigen Stiel entrindet.

Kartoffelstößer: Ein walzenförmiges Aststück, etwa 7 cm lang und 5 cm dick, wird in der Mitte bis zur Hälfte ausgebohrt. In dieses Loch wird der Stiel eingepaßt und mit einem „französischen Keil" festgemacht. Diesen steckt man lose in das untere Stielende und schlägt nun den Stiel in das Loch, wobei sich der Keil festklemmt.

Spießhölzer sind beim Backen und Braten gut zu verwenden, auch zum Herausnehmen eingelegter Früchte oder zum Verzieren von Bäckereien. Ihre Spitze darf nicht mit dem Mark zusammenfallen.

Sauerzange: Sie eignet sich am besten, um aus einem höheren Glas Gurken oder eingelegte Früchte herauszuholen. Ihre biegsamen Greifer aus zwei leicht gekrümmten Stäben sind nur auf der Innenseite über das Mark hinaus ausgeschnitzt. Holzverbindung: gekeilte Dübel.

Schuhlöffel waren einst aus Holz. Sie waren oft schön und sorgfältig geschnitzt, wie jedes Ding für den täglichen Gebrauch liebevoll durchdacht und gewissenhaft ausgeführt war. Jungholzschuhlöffel sind zäh und leicht zu machen.

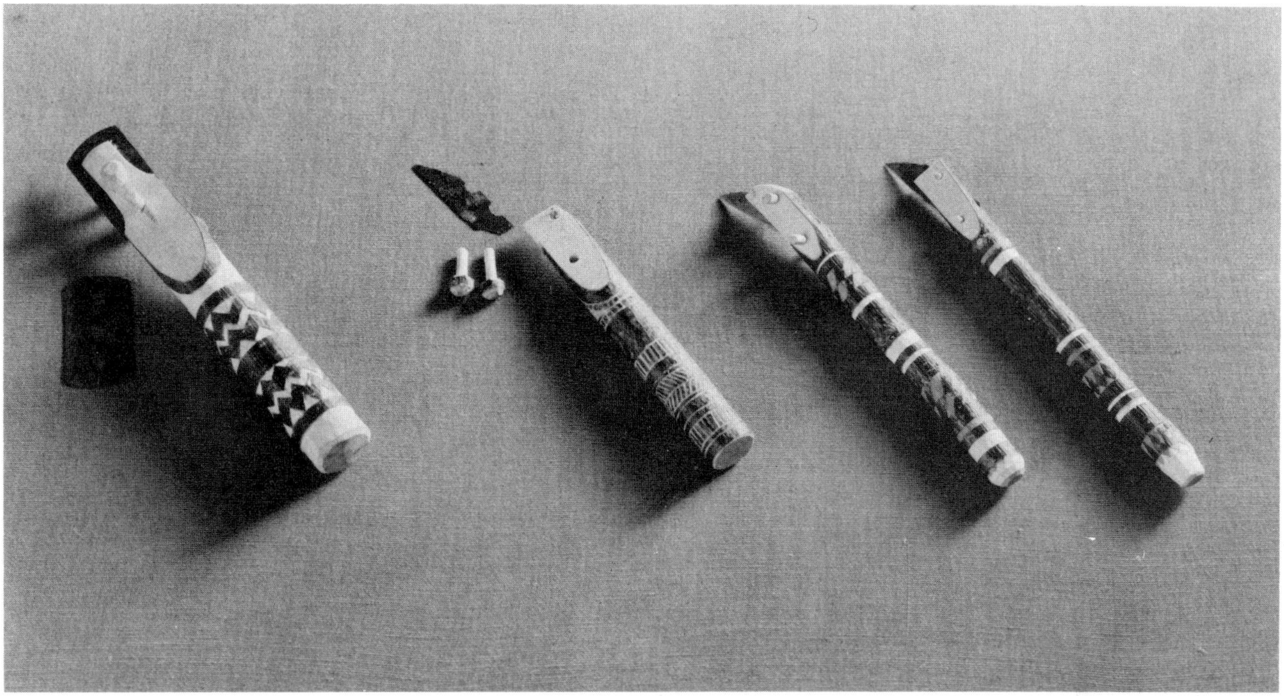

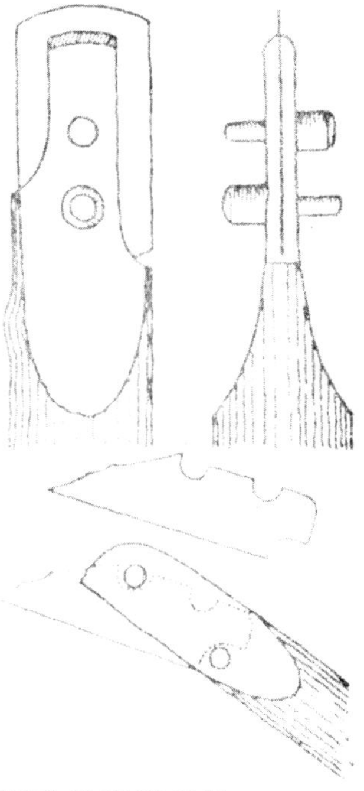

Papiermesser – Trennmesser

Ein etwa 2 ½ cm dickes Aststück wird mit verlaufenden Schnitten so abgeflacht, daß das entstehende 6 mm dünne, brettchenförmige Ende mindestens die Länge einer Rasierklinge hat. Am besten schneidet man mit der Laubsäge den dünnen Schlitz zum Einstecken der Rasierklinge. Dabei ist es angezeigt, die Säge langsam von zwei Werkern wie eine große Spannsäge zu führen, damit der Schnitt nicht auf einer Seite krumm verläuft. Die Bohrlöcher für die zwei Holznägel entsprechen in ihrer Entfernung den Löchern der Klinge. Um das Klaffen und damit das Wackeln der Klinge zu verhüten, müssen die Holznägel knapp passen. Damit die eingespannte Klinge auch an der Kante eines Lineals gut zu führen ist, wird wenigstens eine Seite des Halteteiles entsprechend ausgeschnitten. Breite Rasierklingen eignen sich aber nicht besonders für zarte Scherenschnitte; eine Schneidspitze gewährt bei der erforderlichen steilen Messerhaltung bessere Übersicht. Deshalb wird für ein Scherenschnittmesserchen mit der Beißzange ein Stück einer dickeren Rasierklinge abgespalten und die Schneidklinge in das 6 mm dünne Aststück geklemmt. Durch den Schneiddruck wird diese mit den zwei Holznägeln festgehalten (siehe nebenstehende Zeichnung).

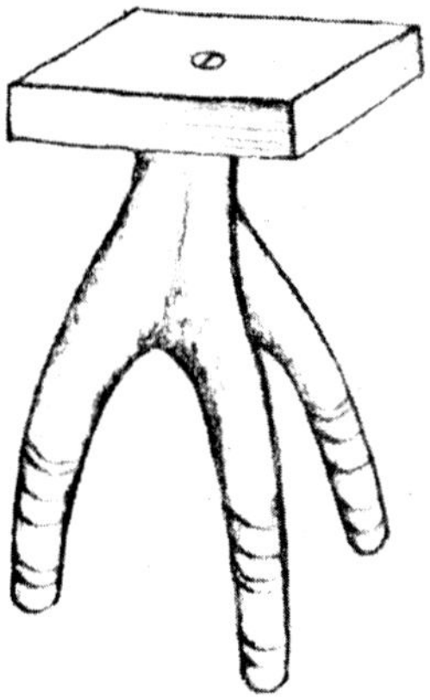
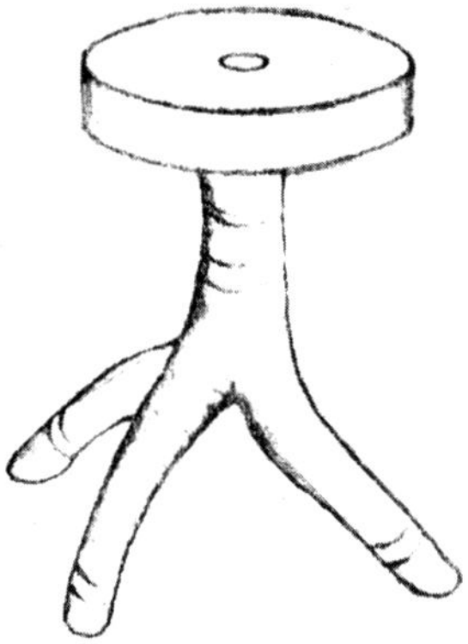
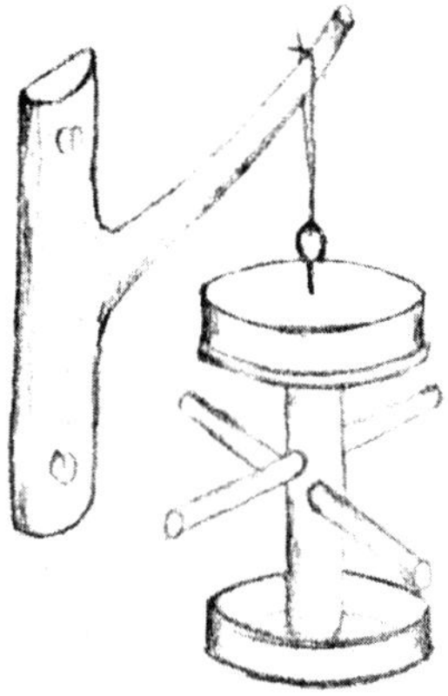
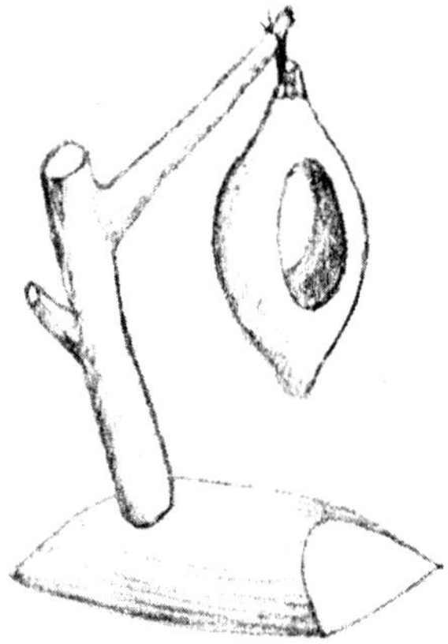

Eierwülste (Abb. S. 14)

Gereiht auf ihrem Ständer benötigen sie wenig Platz, sie unterscheiden sich voneinander und sind fast unzerbrechlich! Ein richtiges Überraschungsgeschenk! Schneide 2 cm dicke Scheiben von einem 6 cm dicken Ast und durchloche jede mit einem 2 cm Zentrumbohrer. Ist der Wulst vom Markstrahl frei, so gibt es kein Springen. Schneide mit einem schmalen Messer unter ständigen Einpaßversuchen kegelstumpfartig das Bett für das Ei. Den Ständer ergibt eine ca. 9 cm breite Scheibe mit einem schwach 2 cm dicken Stab.

Aufhänger für einen Gong

Wähle für diesen einen entsprechend verzweigten Ast, dessen linkes und rechtes verkürztes Seitenästchen mit ihren Enden annähernd in einer Ebene zu liegen kommen. Dadurch sitzt der fertig geschnitzte Aufhänger fest auf der Wand, am besten wohl neben der Haustüre. In eine Kerbe eines vorstehenden Aststumpfes wird der Gong gehängt und in einer Kerbe eines seitlichen der Schlegel.

Blume am Gerüst

Verschiedene Blumen wie die Passionsblume, Begonie und Pelargonie kommen erst so recht durch ein Gerüst zur Geltung.

Sessel und Hocker (Abb. S. 14)

Der Kindersessel, schon jahrelang in Gebrauch, bezeugt die Zweckmäßigkeit eines sorgfältig gearbeiteten Werkstückes aus Jungholz. Die acht horizontalen Streben und die zwei halbierten, leicht nach hinten gebogenen Rückenstützen verbürgen seine Festigkeit. Holzverbindung durchwegs Z1. Die Sitzfläche ist mit 2 cm breiten Gurten geflochten.

Für standfeste Hocker wähle eine starke, enge, dreiteilige Vergabelung eines Astes, auf die eine aus einem 3 cm dicken Brett entsprechend geformte Sitzfläche festzuschrauben ist.

Füttere Vögel!

Und freu dich, wenn sie bis ans Fenster kommen! Ähnlich dem Aufhänger (Seite 28) schnitze einen solchen aus schwächerem Holz, den du an die Rahmenleiste eines Außenfensters schraubst. Als Futterbehälter dient eine flache Schuhpastadose, die auf einem Ast mit Seitenästchen (zum Anfliegen der Vögel!) mittels eines Schraubringes befestigt wird. In die Dose wird heißes Kernfett vermengt mit Sonnenblumenkernen, Hanfsamen und dgl. gegossen, das sich schnell erhärtet. Diese Futterglocke hänge mittels einer Schnurschlinge, die an den Schraubring gebunden wird, auf den Aufhänger. Locke die Vögel mit ausgelösten Nüssen. Siehe auch den standfesten Träger einer Meisenglocke, die aus einem gut ausgetrockneten Zierkürbis geformt ist.

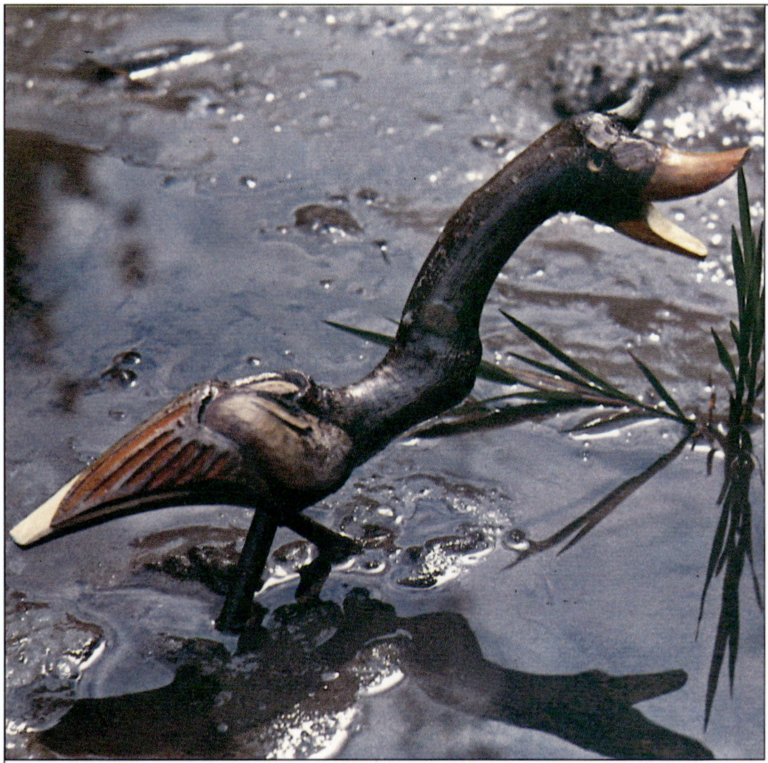
Sumpfvogel

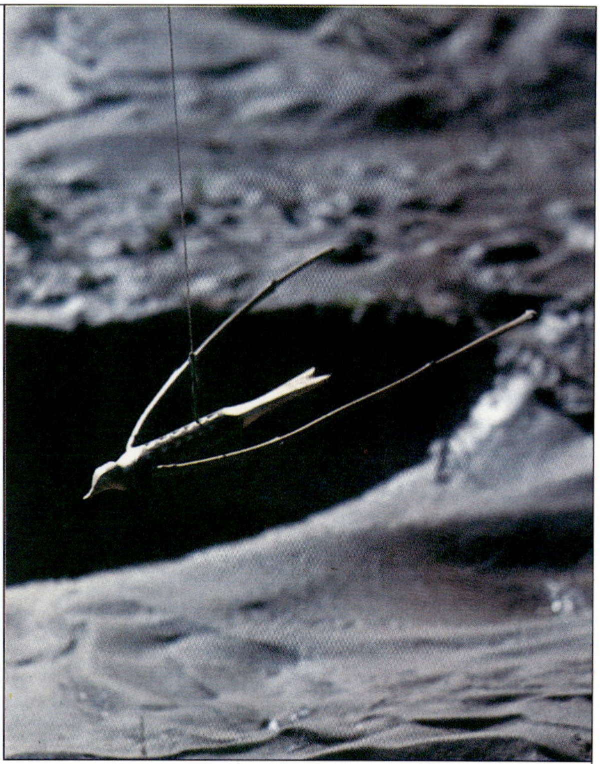
Schwalbe

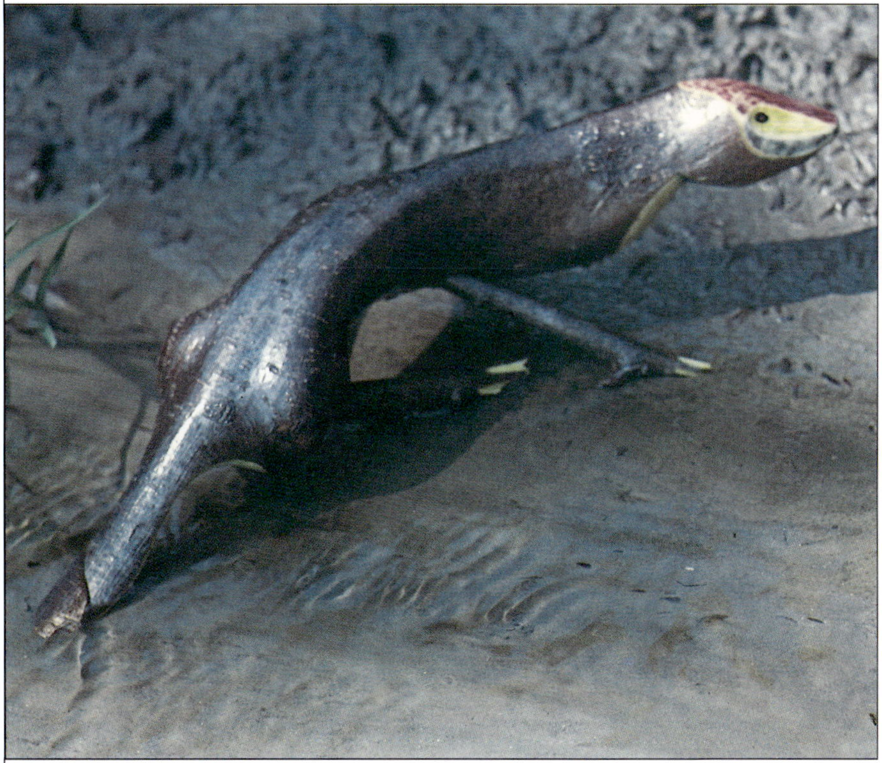
Waran

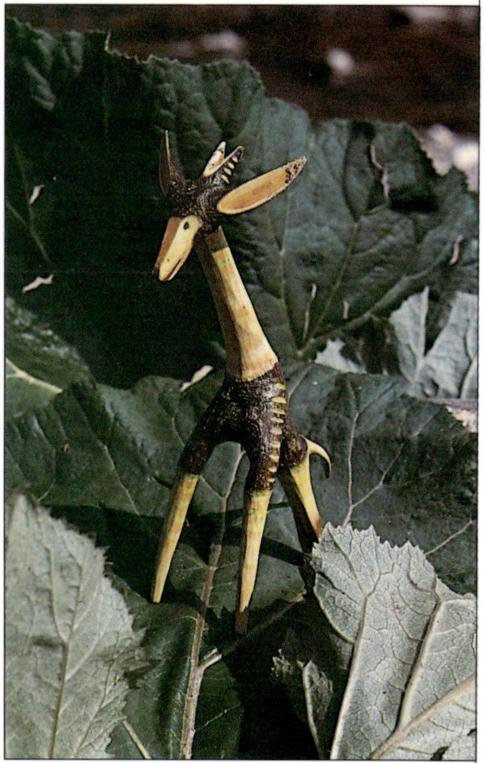
Giraffe

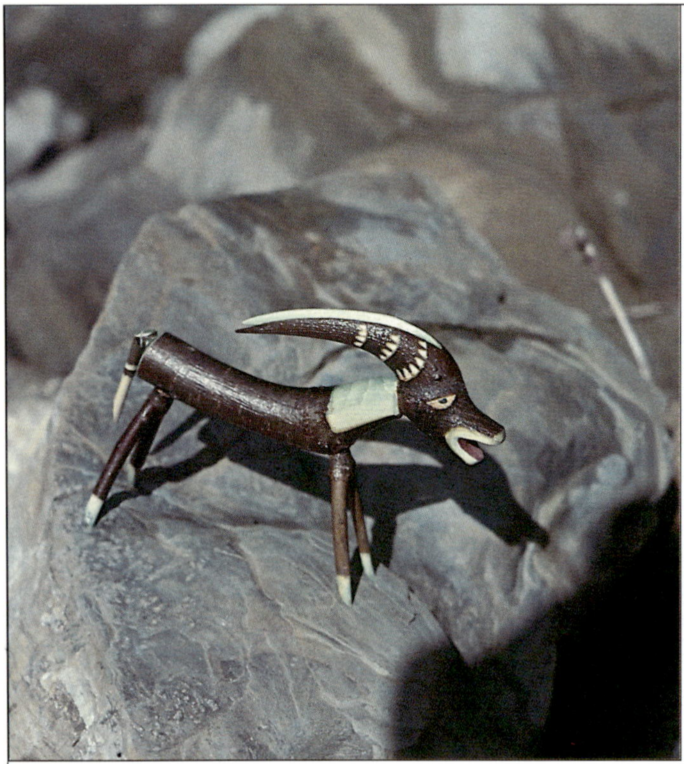

Steinbock

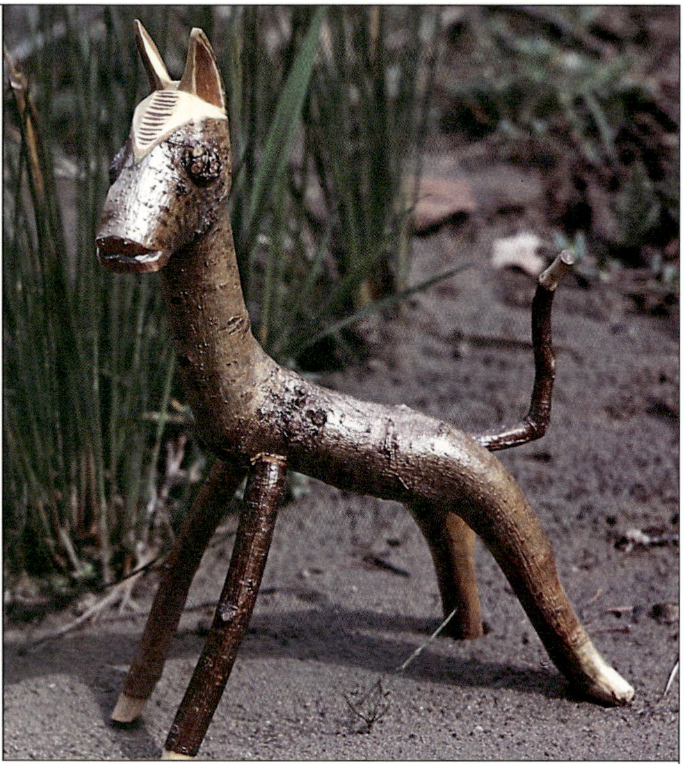

Pferd

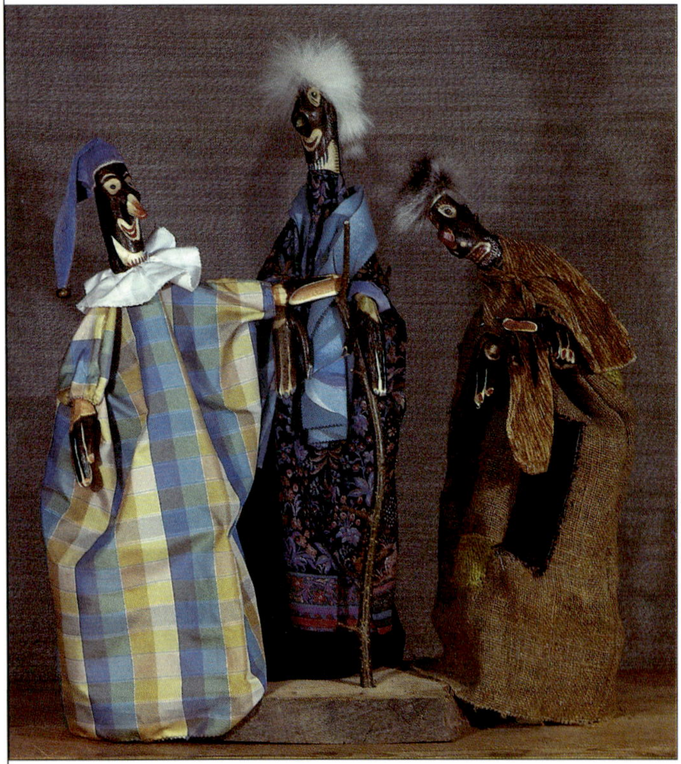

Handpuppen

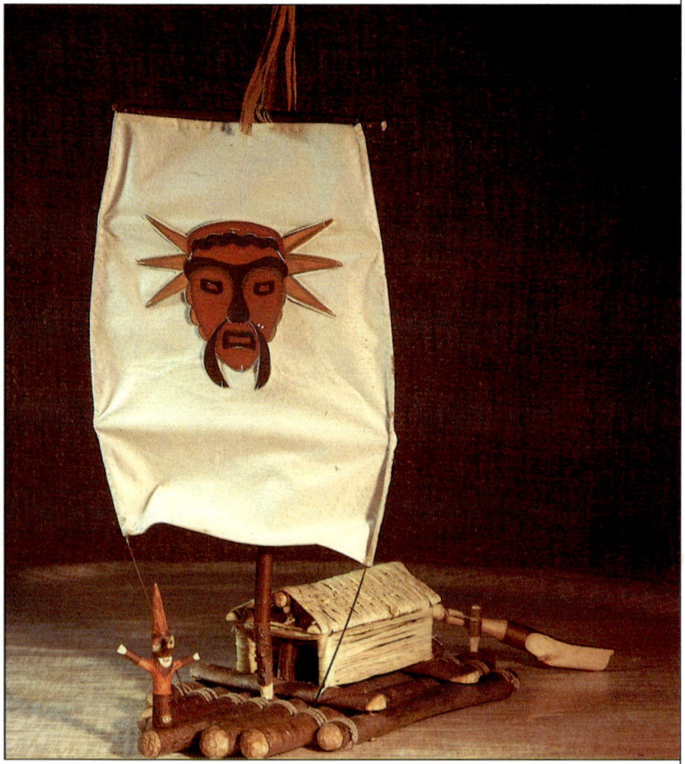

Kon-tiki

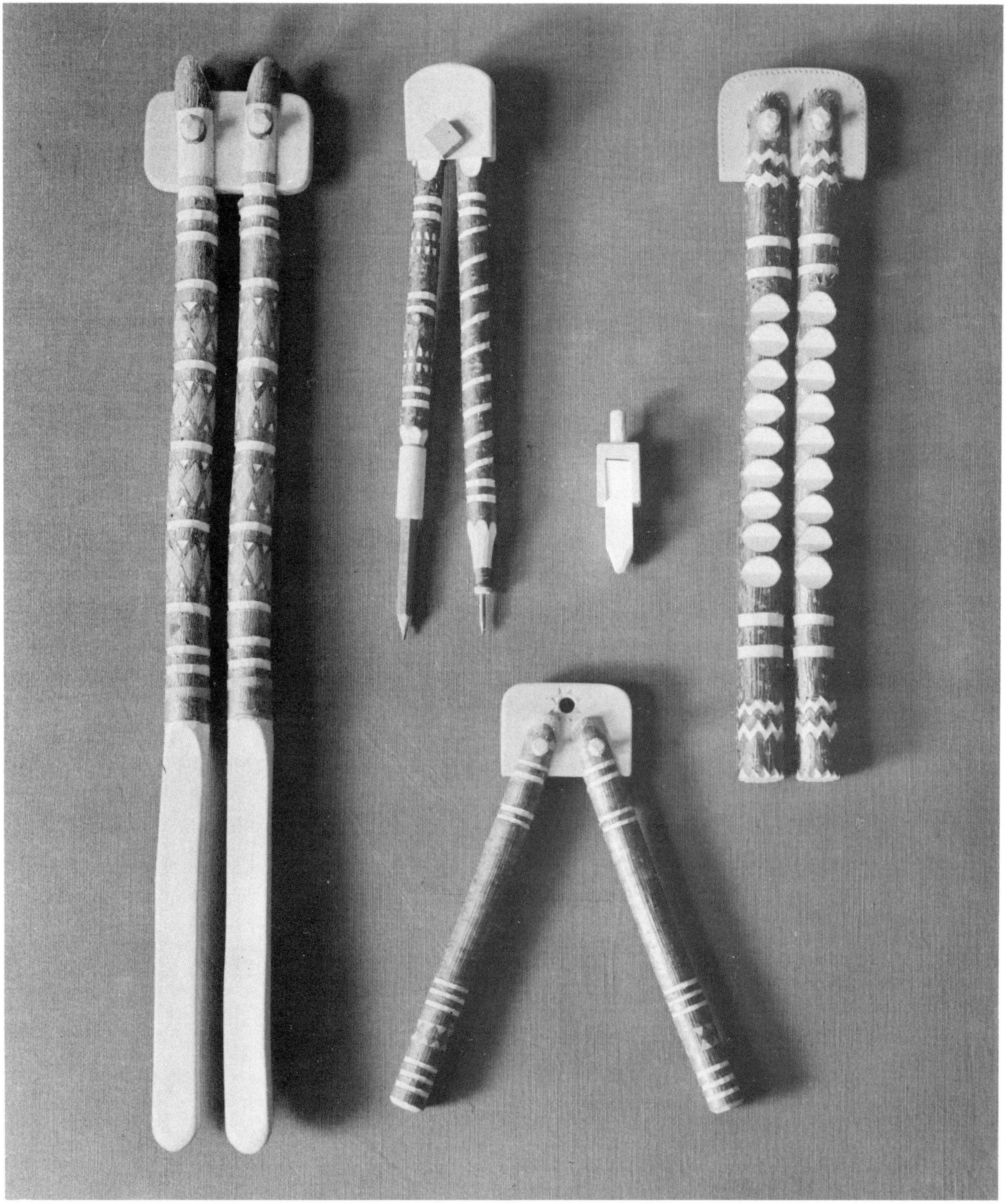

Scherenformen

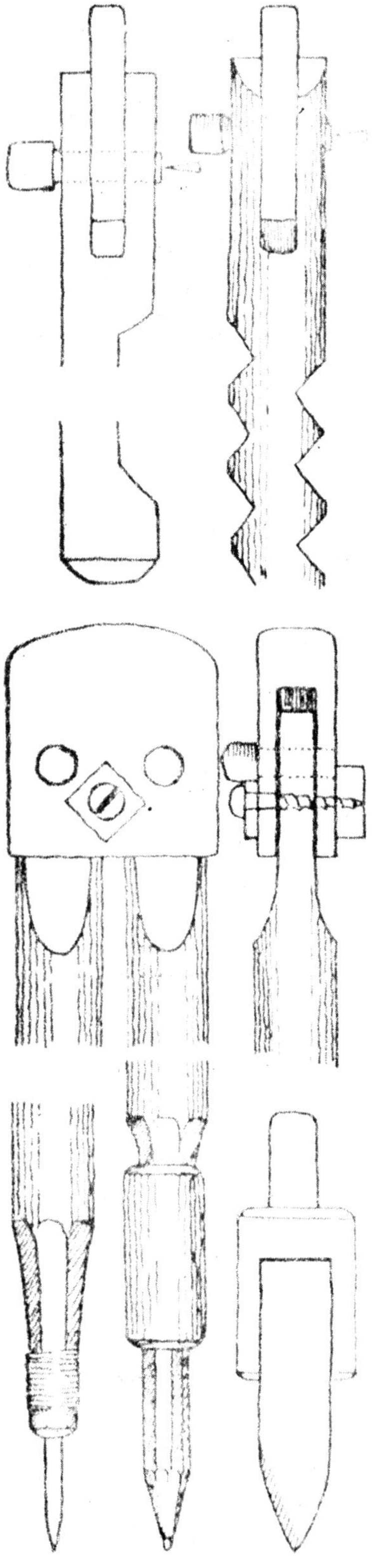

Scherenformen

Die Bettschere: Diese wird eingesteckt, damit kleine Kinder nicht aus dem Bettchen fallen und das Überbett unruhig Schlafender nicht abrutscht. Die Verbindung ihrer Schenkel ist ähnlich der des Wäscheleinenwicklers Seite 32. Das verbindende Brettchen muß den aufgesteckten Stäben bis etwa 60 Grad Öffnungsspielraum lassen. Länge 50 cm. 20 cm der Schenkelenden sind abgeflacht und geglättet.

Die Gefäßschere: Das heiße Gefäß soll eine empfindliche Unterlage nicht miterhitzen, deshalb werden zur besseren Lüftung die Unterseiten der Schenkel bis auf ⅔ ihrer Länge ausgeschnitten oder nur tief gekerbt. Einmal verwendet, wird die Gefäßschere jedem Untersatz vorgezogen. Denn dieses uralte Gerät, früher „Pfannenknecht" geheißen, paßt sich jeder Topfgröße an und erlaubt da das Übereinander – und Warmstellen verschieden großer Geschirre.

Der Zirkel: Säge diesmal den Schlitz in das Verbindungsbrettchen. Damit der Zirkel nicht locker wird, baue in der Mitte eine Klemmschraube ein – eine gewöhnliche Holzschraube, deren Spitze in einem Hartholzknopf mündet –, die beim Drehen den Schlitz zusammendrückt. Ein Schenkel des Zirkels ist verkürzt. Auf ihn wird ein Hollerrohr mit so großer Öffnung aufgesteckt, daß ein Bleistift eingeschoben werden kann. Den Einsatz für ein Kreidestück verdeutlicht die Zeichnung.

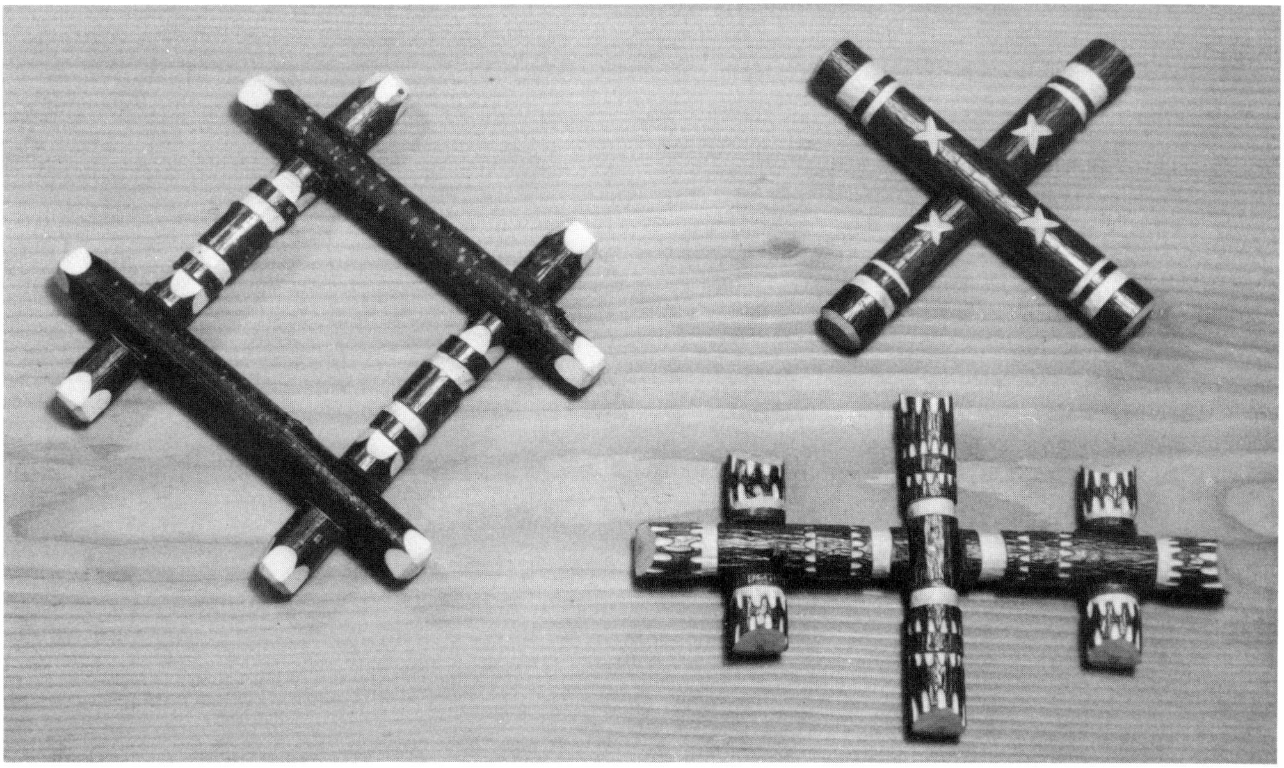

Gefäßkreuze

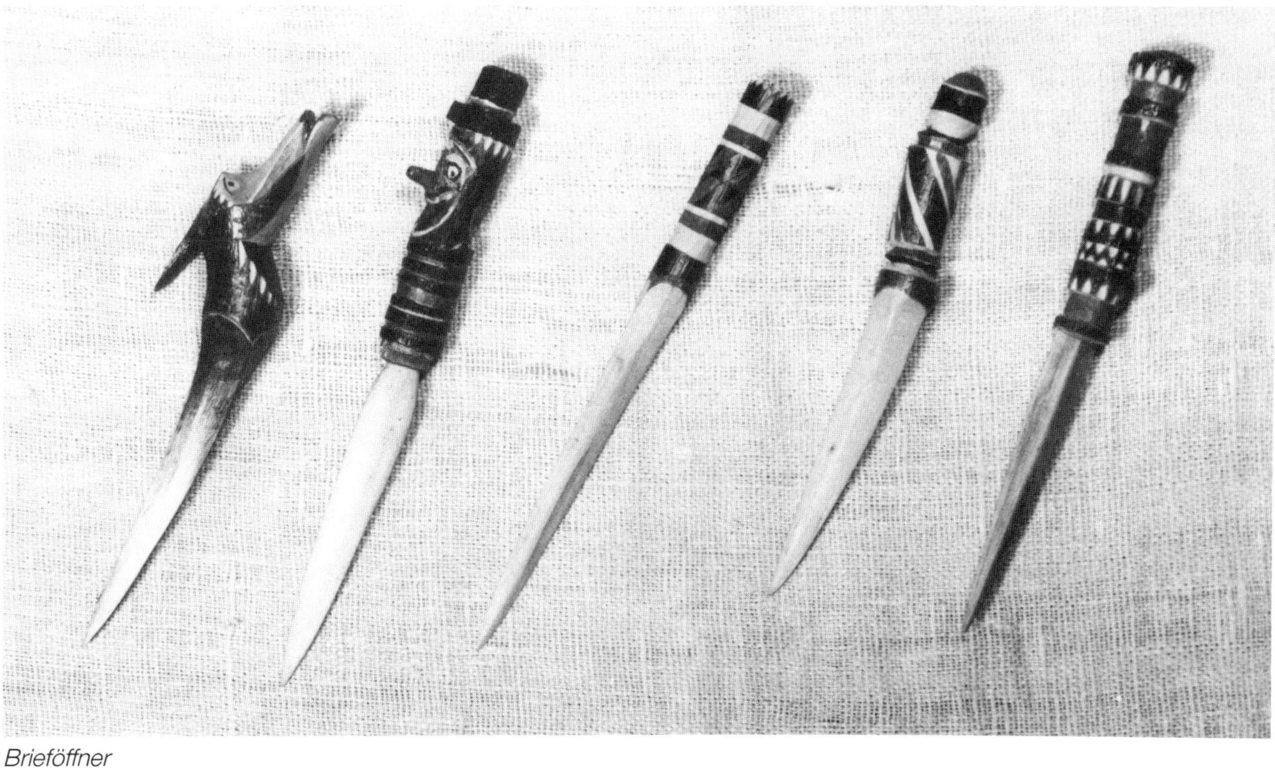

Brieföffner

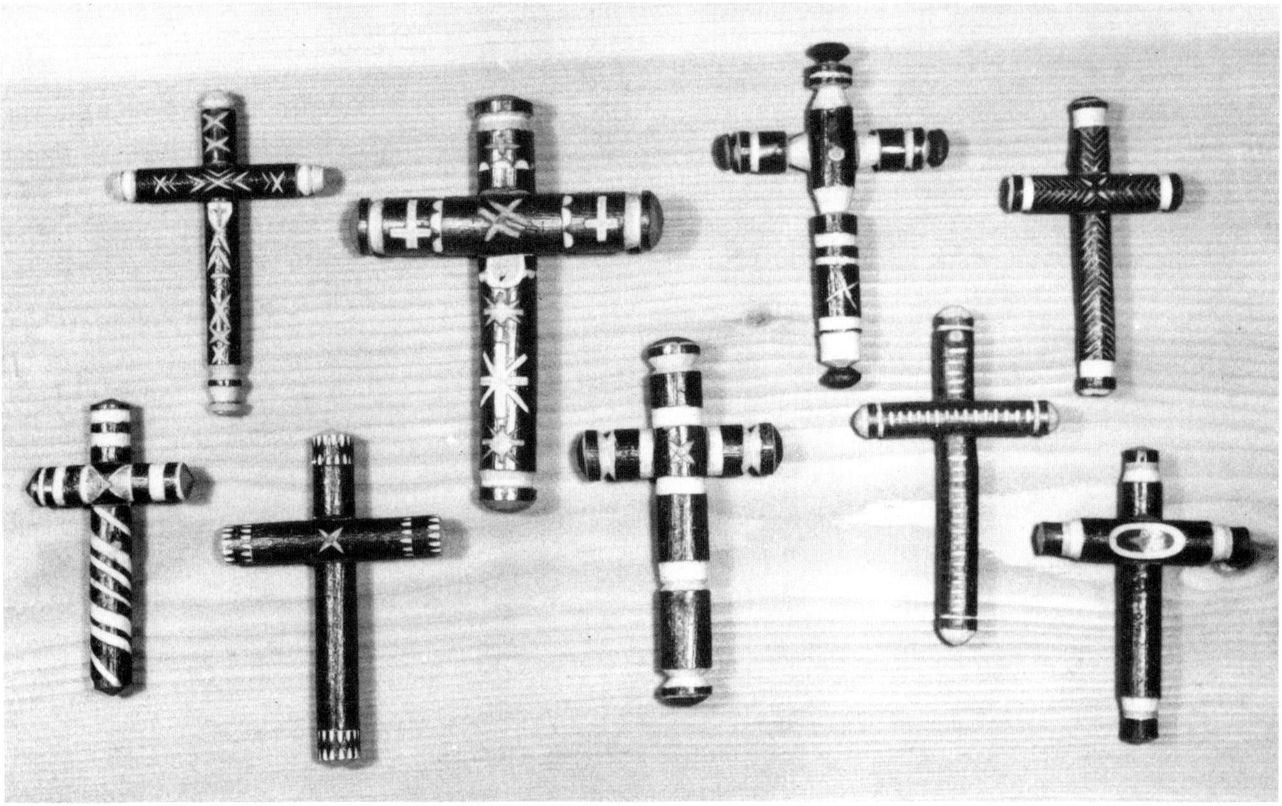

Gefäßkreuze

Sie dienen – wie die Gefäßscheren – dem Abstellen heißer oder auch verschmutzter und verrußter Gefäße auf sauberen Tischtüchern. Mit diesen Werkstücken kannst du z. B. deine Mutter zum Muttertag erfreuen; außerdem übst du damit die Holzverbindung Überplattung HÜ.

Brieföffner

Etwas für Vaters Schreibtisch! Weil ein Brieföffner leicht und schnell herzustellen ist, wird er immer wieder gemacht. Du weichst dem Mark des Jungholzstückes aus, indem du die Holzklinge auf einer Seite mehr abflachst. Die Spitze muß schmal und scharf sein, sonst wäre das Werkstück für seine Aufgabe untauglich. Gestalte mit viel Sorgfalt den Griff!

Kreuzerl

Vielleicht machst du damit deiner Großmutter zu ihrem Geburtstag eine Freude. Wieder Holzverbindung Überplattung, HÜ.

Von den kleinen Dingen scheinen immer mehrere Beispiele auf. Sie sollen nur Anregung sein für immer neue Lösungen. Diese neun Kreuzerl haben elfjährige Knaben und Mädchen geschnitzt. Die noch schwache Kinderhand soll sich vorerst nur an kleinen, sauberen Einschnitten erproben. Eine schwere Aufgabe zu früh gestellt entmutigt. Besondere Vorsicht ist bei schwerfälligen Kindern nötig. Diesen muß über ihre Anfangsschwierigkeiten hinweg geholfen werden. Sie arbeiten an einer Arbeit länger als das geübte Kind. Sie benötigen auch mehr Aufmerksamkeit, Geduld und immer wieder neues Vorzeigen. Mädchen sollen gleich früh wie Knaben in ein richtiges Werken eingeführt werden. In ihrem weiteren Leben werden sie allgemein als Frau noch mehr der Geschicklichkeit der Hand bedürfen als der Mann.

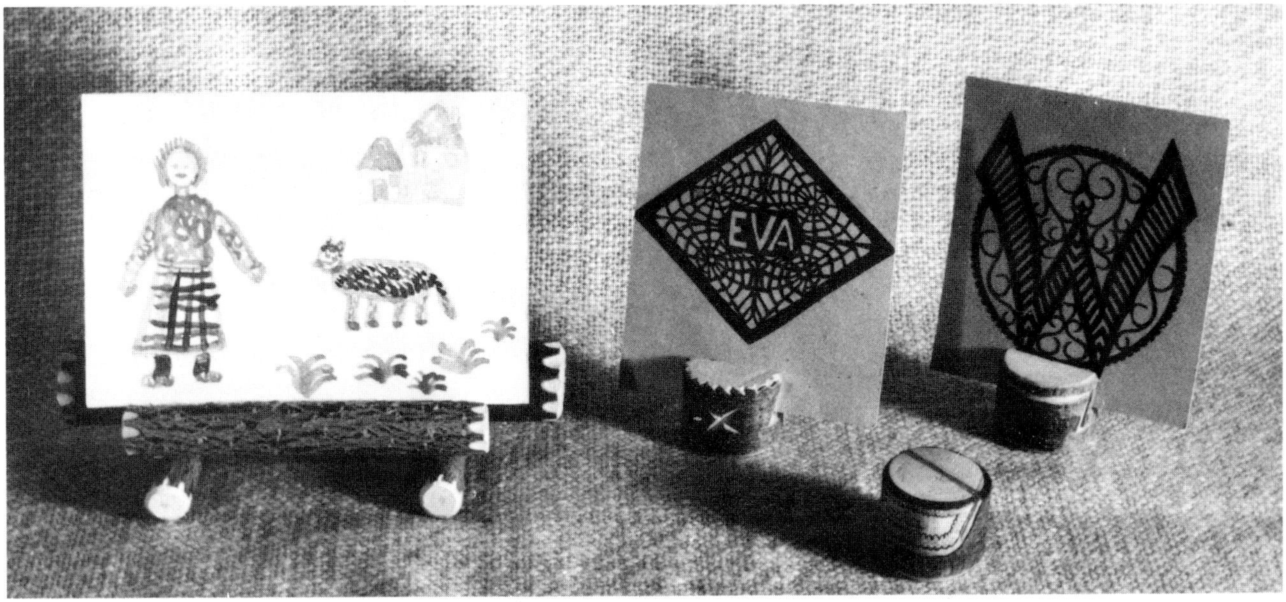

Bildträger

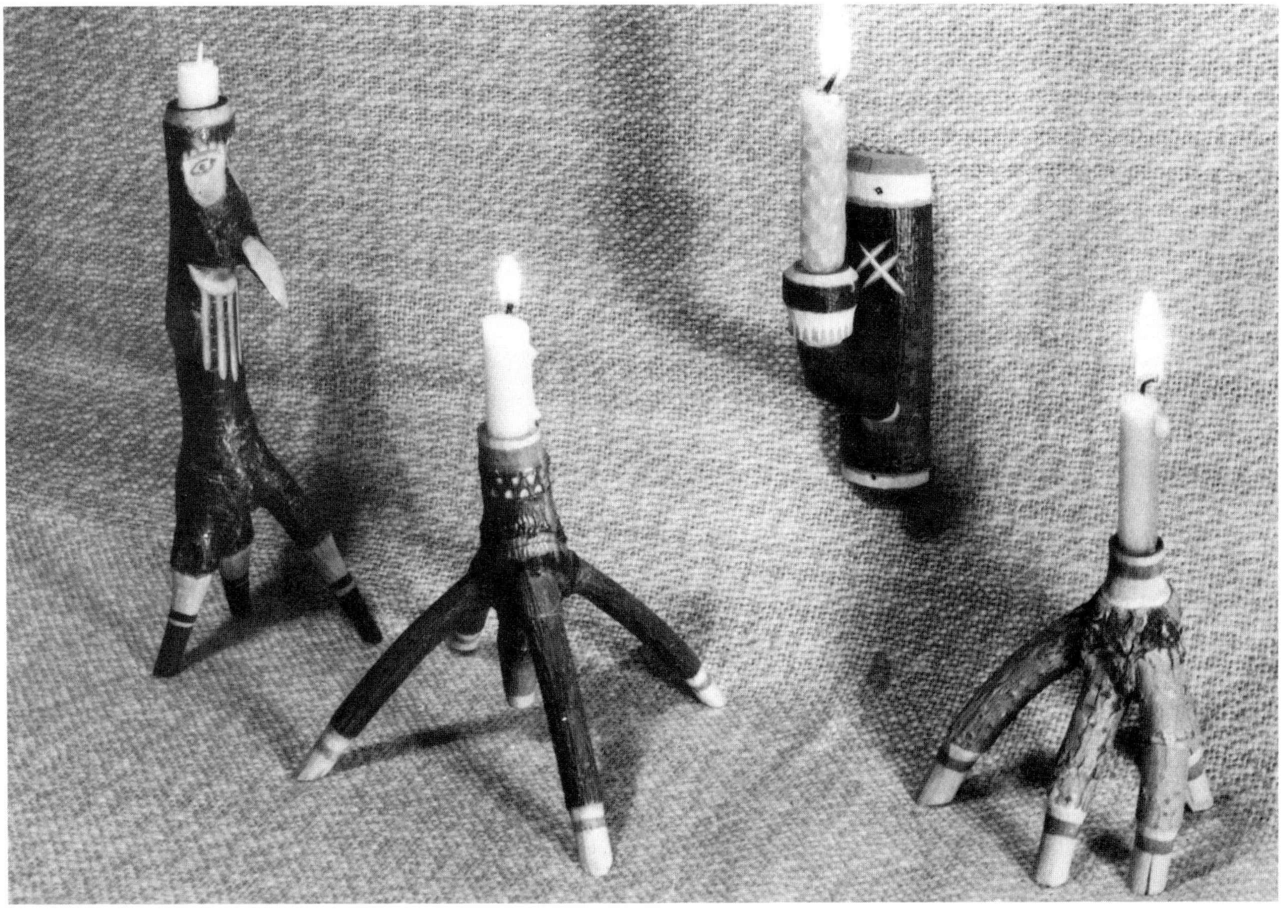
Kerzenleuchter

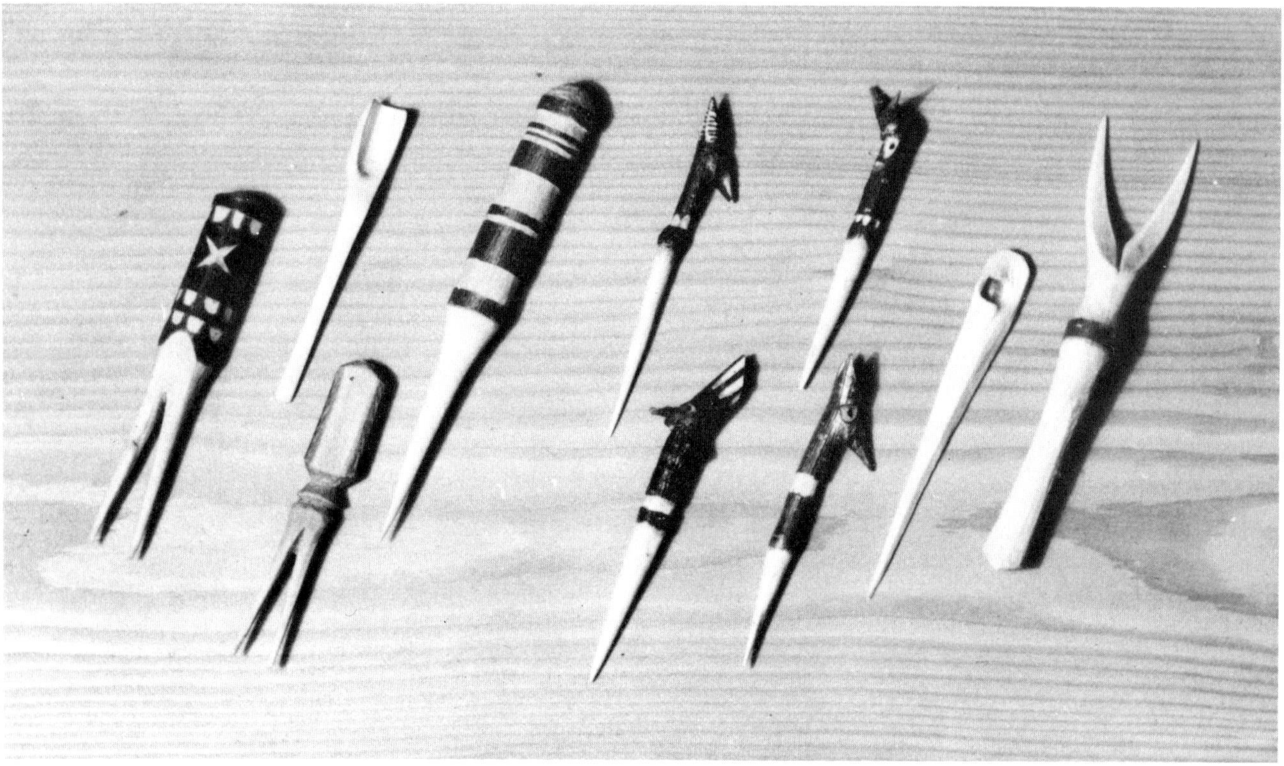

Spießhölzchen

Bildträger

Für kleine Tischkarten bei festlichen Geburtstagsrunden und dgl. genügen schon die zylinderförmigen Klötzchen. Sie werden von oben schräg, im Winkel von etwa 15 , einen cm tief eingesägt. Kanten wie immer brechen – sparsamer Rindenschmuck! Eine mit einem Scherenschnitt geschmückte oder sonst wie kennzeichnende Platzkarte wird eingesteckt. Für Fotos eignet sich ein etwas größerer Ständer: Zwei 7 cm lange Stäbchen werden von unten her mit einem dickeren und dünneren Stabstück verdübelt. Das Erinnerungsfoto muß schräg eingesteckt werden können.

Kerzenleuchter

Vergabelt sich ein entsprechendes Aststück von einem Punkte aus 3fach, so ist schon ein standfester Fuß für ein daraus herzustellendes Leuchterl gegeben. Bohre am oberen Ende das Loch für die Kerze. Ein Wandarm erfordert ein gebogenes, aufstrebendes Seitenästchen, auf dessen geschnitztem Zapfen ein durchbohrtes Köpfchen als Kerzenhalter aufgesetzt wird. Siehe auch die kleinen Adventleuchten. (Seite 14)

Spießerl

Sie sind nicht nur praktisch, sondern schmükken, hübsch ausgeführt, jede kalte Platte, die zum Abendmahl geboten wird. Da stecken die Spießerl in Käseschnitten und Radieschen, eingelegten Gemüsen wie Gurken, Oliven und Paprika. Mit zweizinkigen Spießerln in den verschiedensten Gabelformen werden wieder Tomaten und Eierscheibchen gehoben oder krautiges Essiggemüse. Mit kleinen, aus gebogenen Ästchen geschnitzten Schauferln können geriebene Gewürze wie Kümmel und Paprika gestreut werden. Wie fröhlich wirken zahlreich gesteckte Spießerl, besonders wenn sie lustig geformt oder gar Gesichter tragen. Bist du geladen, verteile deine selbstgemachten Spießerl als Gastgeschenk auf der kalten Platte – du wirst zum willkommenen, unvergessenen Gast!

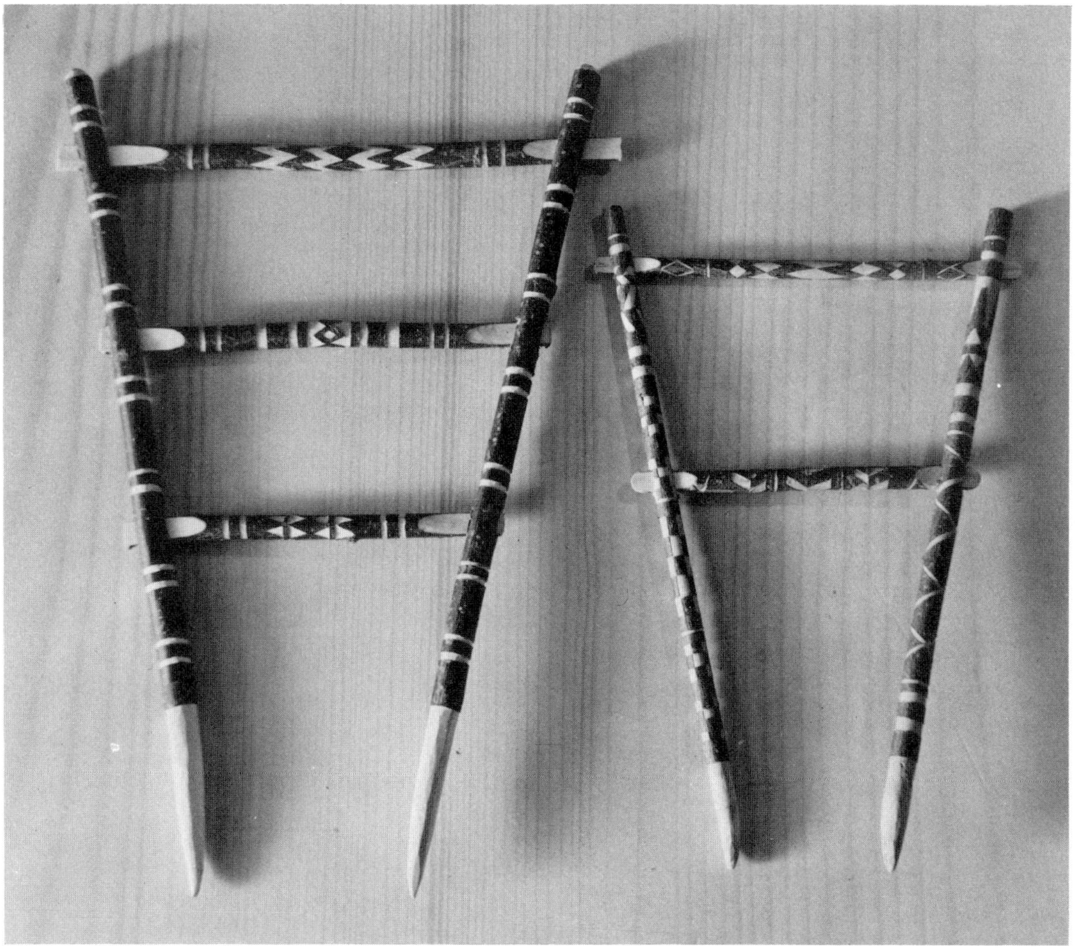

Blumengerüst

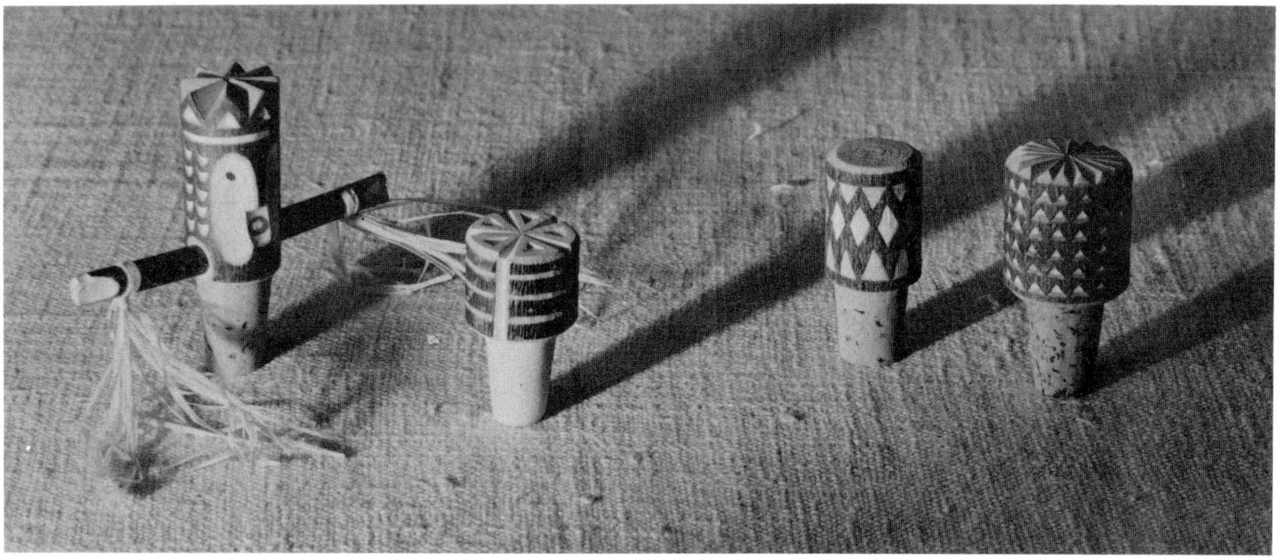

Flaschenstöpsel

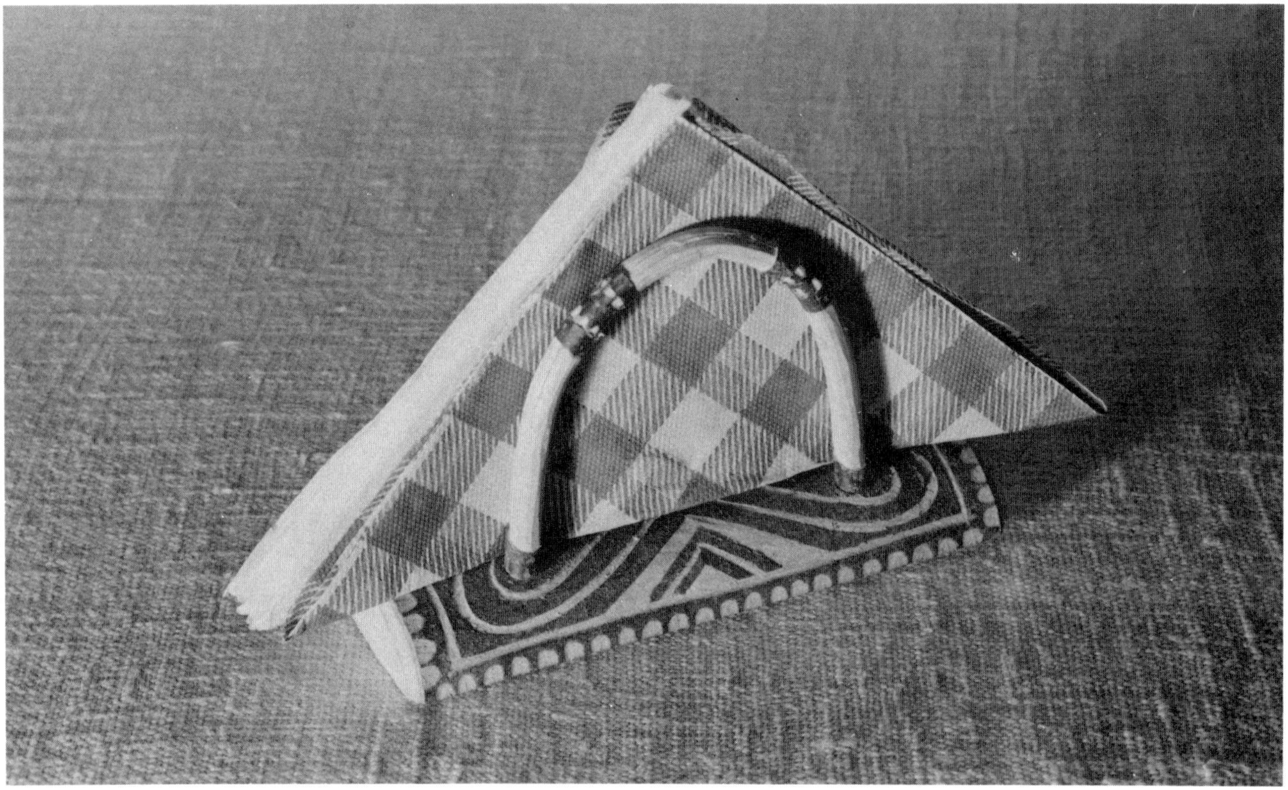

Blumengerüst

An zwei unten zugespitzten Hauptstäben werden in gut überlegten Abständen von oben und unten je zwei naheliegende Löcher gebohrt. Das stehengebliebene Holz zwischen den Bohrlöchern wird mit der kleinen Klinge des Taschenmessers ausgeschnitten. Die zwei waagrechten Rutenstücke werden an den Enden mit je zwei schönen glatten Schnitten abgeflacht und in die Bohrung geklopft. Die obere Rute ist länger – auch die Blume ist oben breiter.

Flaschenstöpsel

Der Kork muß gut und dauerhaft befestigt werden. So laß an dem verzierten Holzknopf einen 2 cm langen und 8 bis 10 mm dicken, sich verjüngenden Zapfen stehen. In den Kork braucht dann nur noch mit der kleinen Klinge des Taschenmessers ein viereckiges Loch, etwa 1 bis 2 cm tief, gestochen werden, in das der Zapfen gedreht wird, wenn nötig festkleben mit Leim. Sollte es an Korken mangeln, schnitze gleich deinen Flaschenstöpsel aus Linde einschließlich des Verschlußzapfens, dem du die übliche Korkform verleihst. Lindenholz ist nachgiebig, so daß solche Weichholzstöpsel die Flaschen recht gut verschließen (siehe zweiten Stöpsel).

Mundpapierhalter oder Briefhalter

Die Verwendungsmöglichkeit ist hierbei eine zweifache. Ein etwa 17 cm langes, 5 cm dickes Aststück wird wie üblich gespalten und an der Unterfläche geglättet. In seinen vier Bohrlöchern stecken zwei gebogene feste Haselruten, die an ihren Enden verkeilt sind. Biege die Ruten in heißem Wasser.

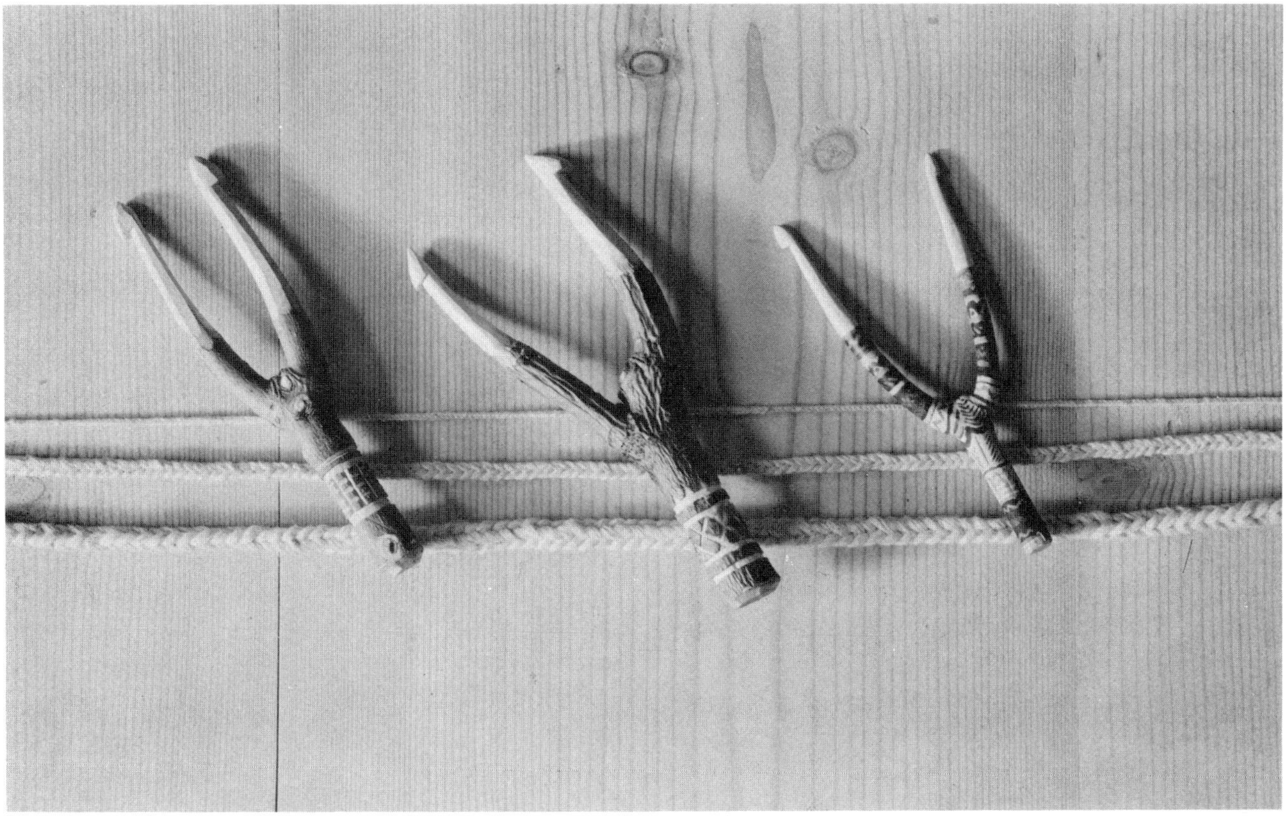

Knüpfhasperl

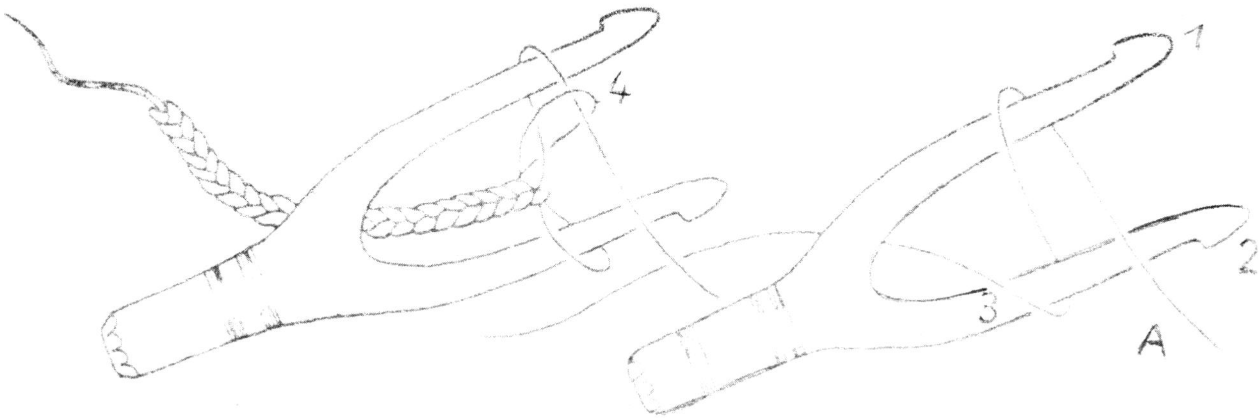

Das Knüpfhasperl

Schöne, vierkantige Schnüre – dicke und dünne –, geknüpft aus Schaf- oder Baumwollresten oder auch aus Papiergarn, braucht man oft: für geklebte Kalender- und Märchentafeln, selbstgemachte Deckenleuchten, Tragschnüre für Gitarren und für eine Menge anderer Dinge. Die Holme der Zwieseln sollen diesmal wenigstens ein Stück gleich laufen, nicht etwa nur im rechten Winkel gespreizt sein, damit die Schnurarbeit nicht nach unten abgleitet. Um das Gleiten über die Enden der Gabeläste hinaus zu verhindern, werden kleine Haken eingeschnitzt, die – ähnlich wie bei der Häkelnadel – oben zugespitzt werden, um das Darüberziehen der Fadenschlinge zu erleichtern. Daß die Spitzen und die Außenseiten des Hasperls schön glatt sein müssen, erfordert der Zweck. Das Garn muß leicht rutschen, die Wolle darf bei der Arbeit nicht aufgerauht werden. Handlichste Länge des Hasperls ist 15 bis 18 cm.

So wird geknüpft: Dies geschieht gewissenhaft, bedächtig und genau nach folgender Anweisung: Je nach der gewünschten Stärke der Schnur kann der Faden zwei-, drei- und mehrfach genommen werden. Die linke Hand hält das Hasperl während des ganzen Knüpfens. Das eine Ende des Fadens wird am besten zusammen mit dem Griff festgehalten. Nun legt man den Faden durch die Mitte nach vorne, um die rechte Hasperlstange herum und wieder von hinten durch die Mitte nach vorne um die linke Hasperlstange. In Achterschleifen geht der Faden wieder durch die Mitte nach vorne, so daß er über die rechte Hasperlstange hinausläuft, wie A zeigt. Dann fassen wir den Faden, der die rechte Stange umschließt, bei 3, ziehen in der Richtung Spitze 2 über den fortlaufenden Faden und weiter über die Spitze nach hinten, so daß der fortlaufende Faden dazwischen zu liegen kommt. Hierauf den fortlaufenden Faden anspannen, rechten Holm zu dir und weiter nach links drehen und wieder neue rechte Schlinge über neue rechte Spitze legen – fortlaufender Faden dazwischen – erneut anspannen, wieder Hasperl links drehen, Schlinge über rechte Spitze heben und anspannen. Bei der vierten Wiederholung des gleichen Arbeitsganges ist der Anfang der Schnur, die immer in der Mitte des Hasperls bleiben soll, zu erkennen. Beim Überziehen der Schlinge – immer rechtsseitig über die rechte Spitze! – ist darauf zu achten, daß die durch die Umdrehung links entstandene lose Schlinge 4 sich durch entsprechendes Anziehen als neuer Knüpfknoten enge an die sich bildende Schnur fügt. Zu festes Anziehen aber erschwert die Arbeit.

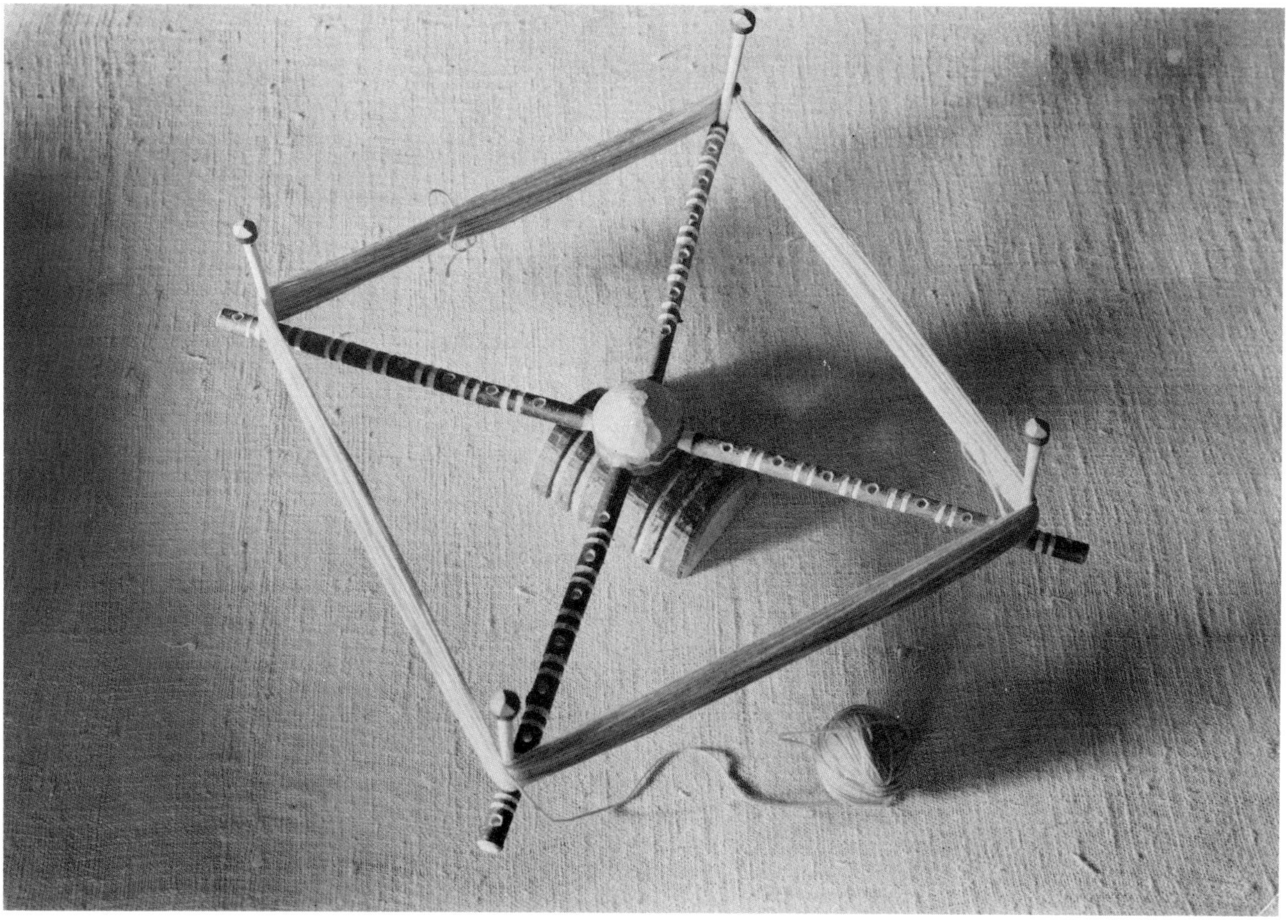

Strähnkreuz

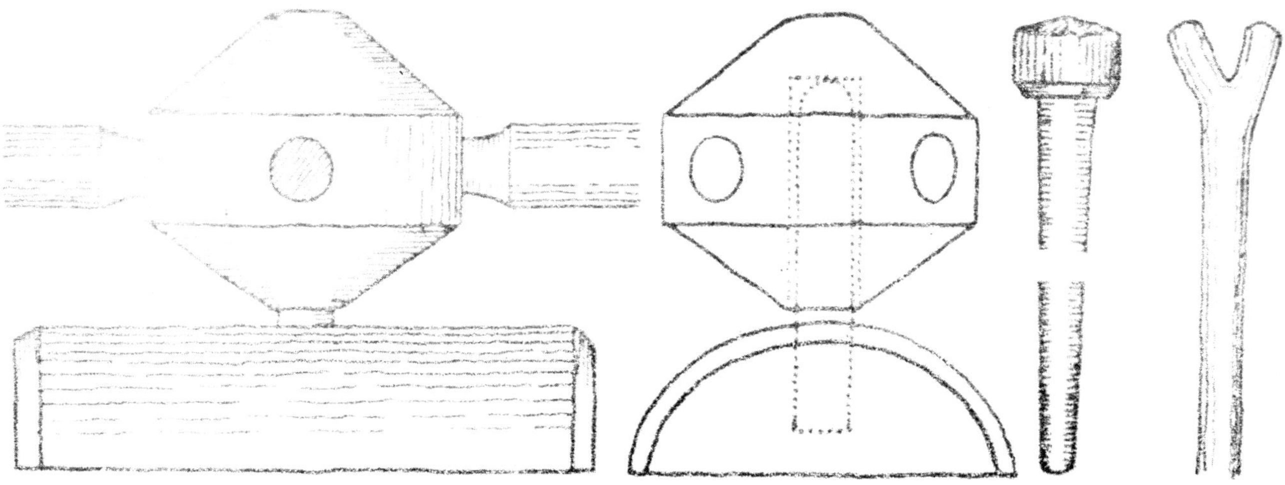

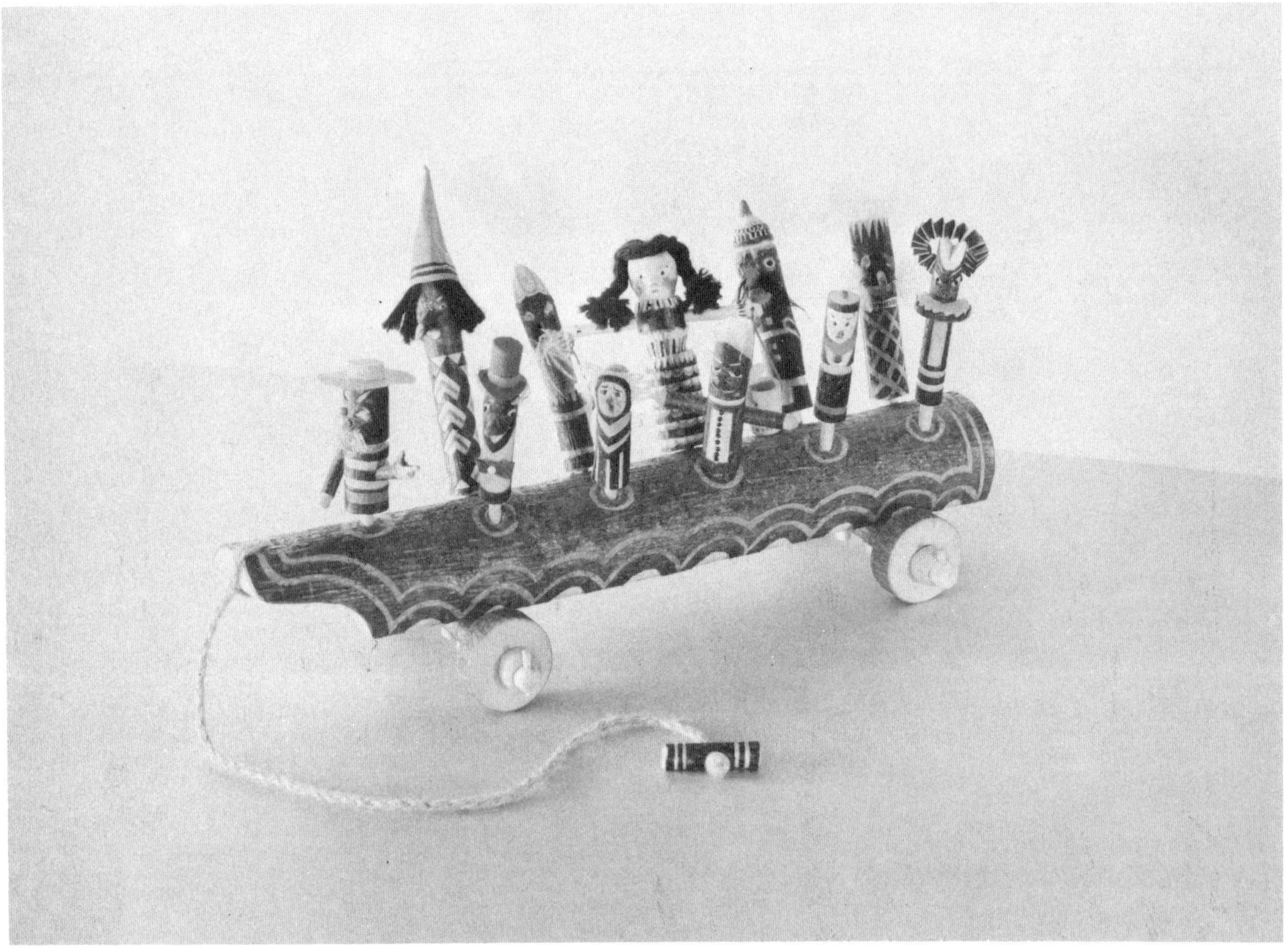

Das Strähnkreuz

Seine elf Teile liegen in einer Schachtel bei anderen Geräten für die Nadelarbeit. Ist aber eine Wollsträhne abzuwickeln, so ist es schnell gebrauchsfertig. Der Fußklotz muß eine breite Auflagefläche und gewisse Schwere haben. Ein 8–10 cm dikkes, 12 cm langes, halbes Stammstück eignet sich am besten. In seiner Mitte steckt ein 1 cm dicker Holznagel 4–5 cm aufrecht. Oben ist er gut abgerundet, damit der kegelige 5–6 cm dicke Drehkopf leicht läuft. Dazu muß das Drehloch weiter sein als der Stecknagel dick ist. Vier 26 cm lange Stäbe mit etwa je sechs 3 cm auseinanderliegenden Bohrlöchern vom Durchmesser 6 mm bilden die Speichen; sie werden waagrecht in die vier seitlichen Löcher des Mittelstückes gesteckt. Vier 13 cm lange Holznägel sind unten verjüngt, damit sie fest in den Löchern der Speichen sitzen. Eine längere Strähne verlangt die Holznägel weiter draußen, eine kürzere diese näher zur Mitte gesteckt. Die Holznägel tragen oben Knöpfe oder Wulste oder werden aus Ästchen mitGabelenden geformt.

„Hab mein Wagen voll geladen . . ."

Wenn die Mutter das Strähnkreuz beim Abwckeln von Strähnen lustig laufen läßt, so sehen die Kinder in ihm ein richtiges Ringelspiel. Da kommen sie mit dem Wagen der lustigen Leute angefahren und stecken in die freien Löcher der Speichenstäbe ihre Männlein und Weiblein. Diese drehen sich nun auch im Kreise mit, bis die Strähne verschwunden ist.

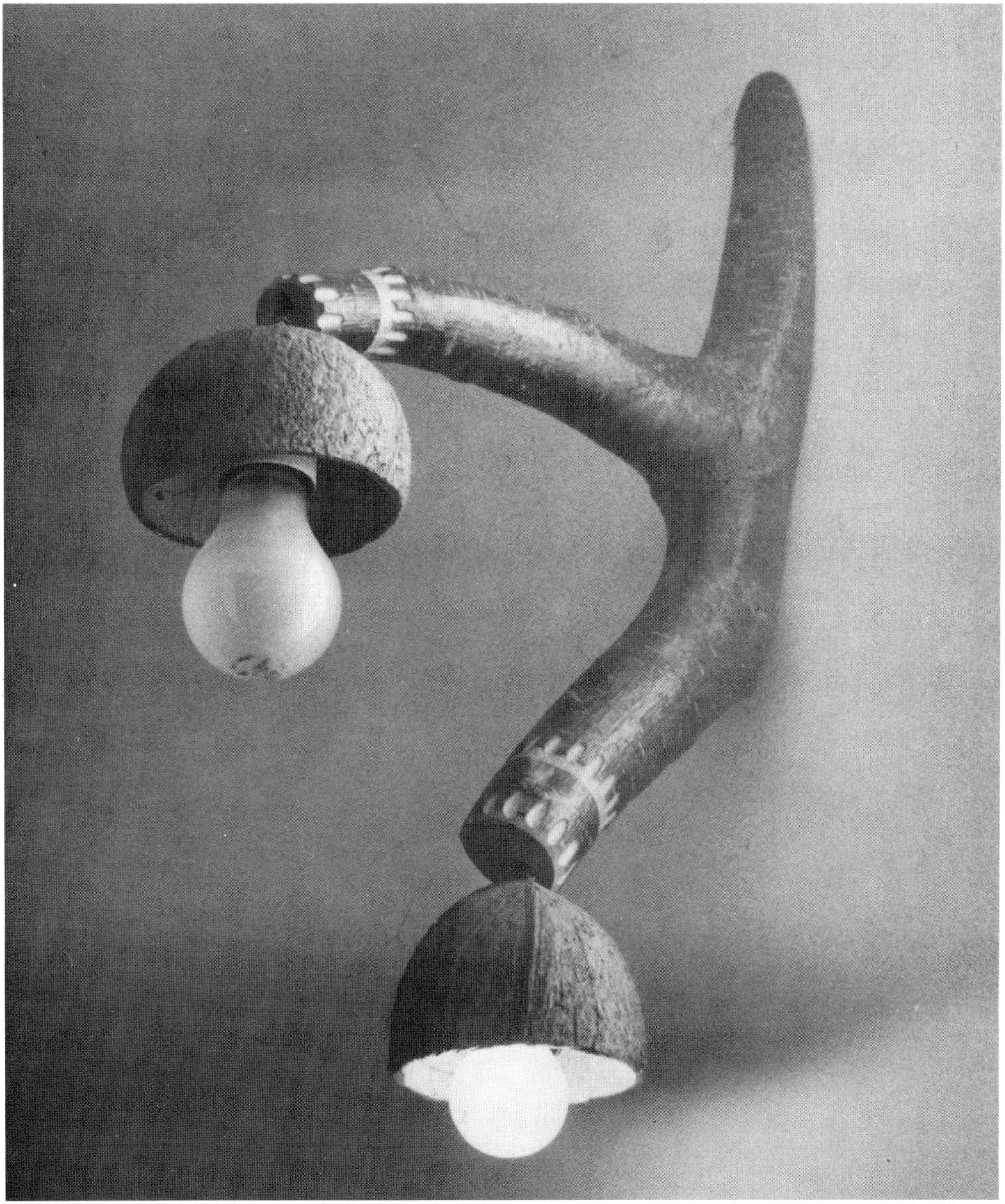

Wandleuchte

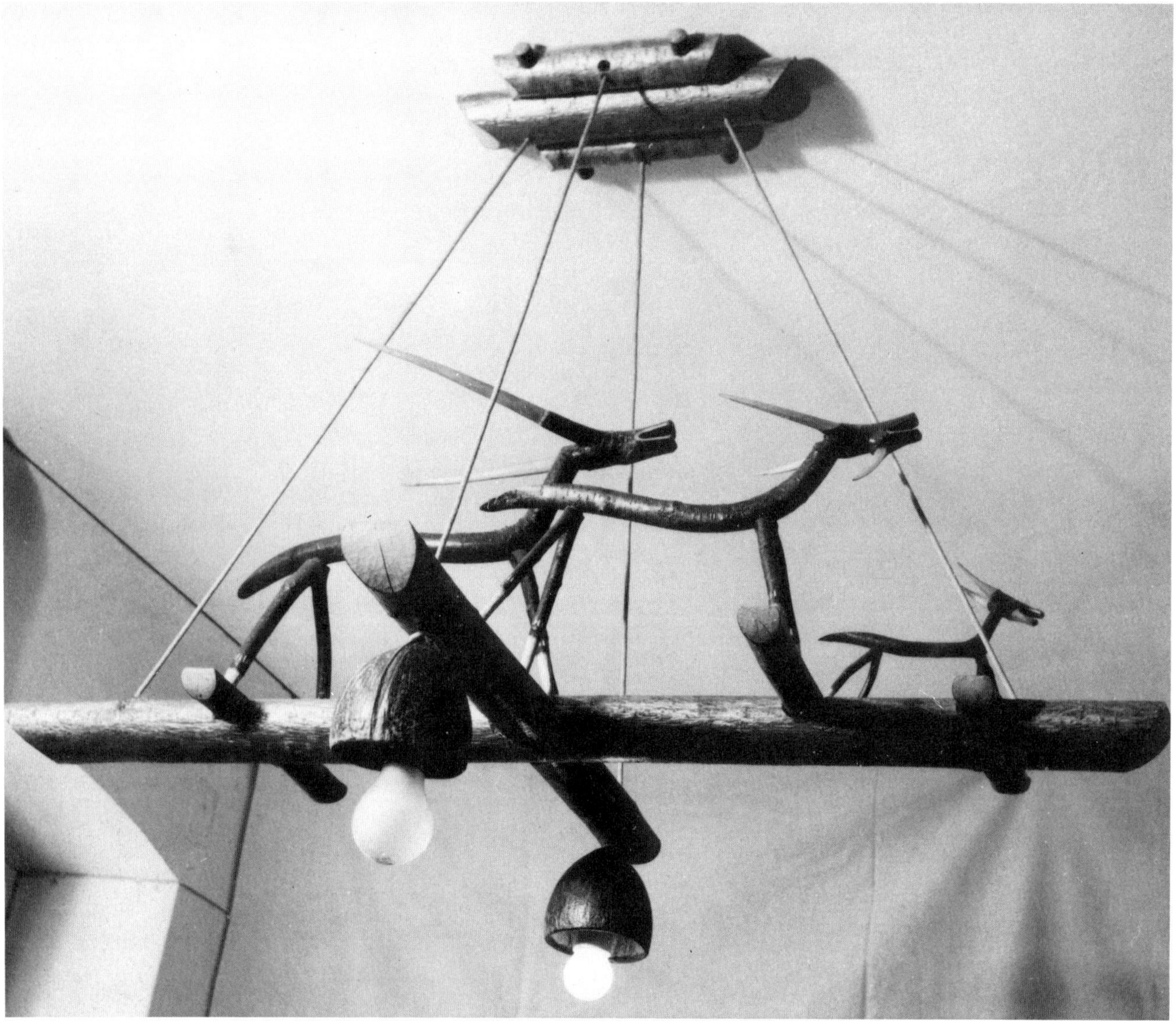

Wandleuchte

Diese beleuchtet ein Stiegenhaus. Nachts leuchtet nur die untere Glimmbirne – ein Druck auf den Schalter und das obere Licht strahlt. Wie einfach ist dieser Wandarm und wie schön ist er gewachsen! Immer wieder erfreut er das Auge.

Luster

Er beleuchtet ein Vorhaus und hilft wieder durch seine Glimmbirne Strom sparen. Er kostet nichts, die Kinder haben hiefür ihre selbstgemachte Gazellenfamilie zur Verfügung gestellt. Der Vater half beim Bohren und der Montage. Ist man in diese Arbeitsweise einmal eingedrungen, so stellen sich immer wieder neue lockende Aufgaben.

Gestalte Tiere aus Jungholz!

Du stehst vor einem Haselstrauch und siehst vielleicht das erste Mal bewußt in das so wunderbare, rhythmische Gefüge des Astwerkes. Mach's ähnlich wie mit den wandernden Wolken, die deinem verträumten Blick immer wieder neue Gestalten vorzaubern. Welcher Formenreichtum steckt auch im Geäst des Haselstrauches! Und welche Vielfalt findest du im Tierreich! Die Bildbeigaben sollen nur Anregung geben, sklavisch genau läßt sich nichts nachmachen; denn gleiche Astformen sind kaum zu finden. Mit diesem Werkstoff und dem Werkziel „Tiere zu gestalten" bringst du dich selbst und das Kind der Natur näher.

Sieh, wie die kleine Heidrun mit ihrem Kätzchen spielt! Das an das Ende einer geschnitzten Jungholzpeitsche gebundene Papierfetzchen flitzt in alle Richtungen – das springende, haschende Kätzchen ist nur mehr gespannte Aufmerksamkeit

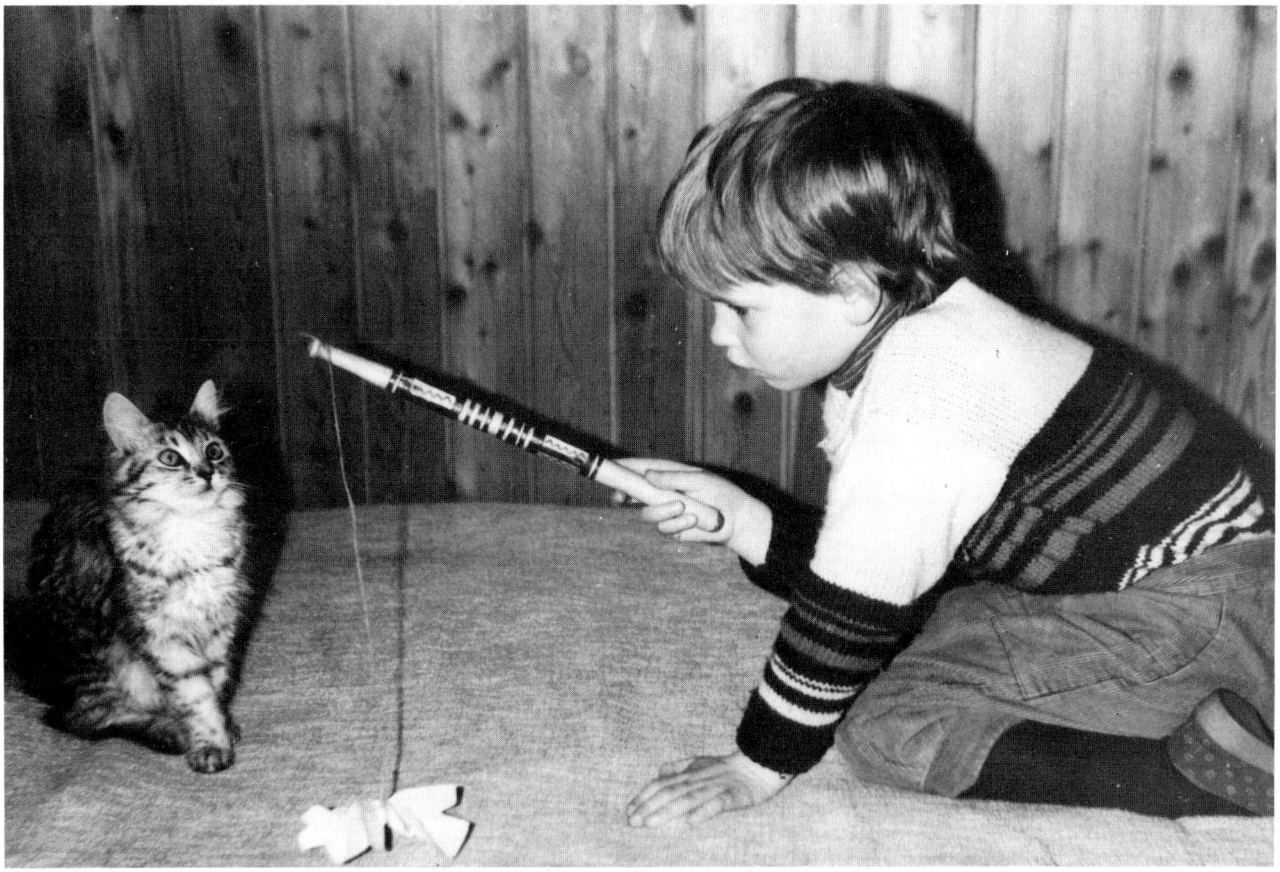

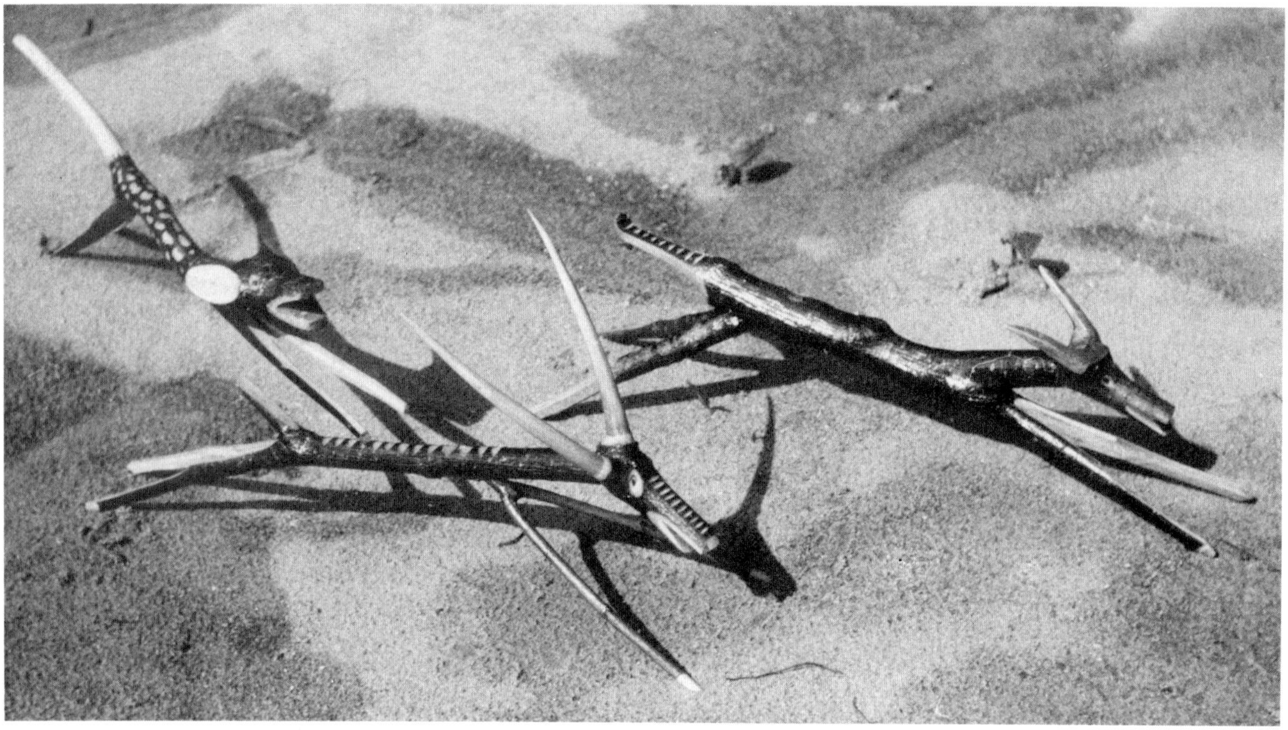

Raubtier jagt Gazellen

– Lebensfreude im Tier- und Menschenherz! Was wäre die Schöpfung ohne Tiere! Schon früh muß im Kinde die Liebe zu Pflanze und Tier verankert werden. Doch halt! Hat sich da nicht ein falsches Wort in ein Werkbuch verirrt? Wenn aber zum Gestalten nur der kalte, nüchterne Intellekt allein herhalten muß – wie z. B. in so mancher heutigen Lernfabrik –, wo bleibt dann die Freude am Werken und am Werk?

Schon in grauer Vorzeit formte der uns so primitiv anmutende damalige Mensch das Tier aus den verschiedensten Werkstoffen oder hielt seine Beobachtung zeichnerisch auf Höhlenwänden fest. Welch scharfes Beobachten vermitteln uns die Bilder schon längst ausgestorbener Tiere. Sieh auch die kleinen Werke von Hirten auf Seite 10.

Doch zurück zu den Abbildungen Seite 37/38. Steht da nicht ein Steinbock auf einem Felsvorsprung – in Form und Farbe seiner Umgebung bestens angepaßt? Und schwebt nicht ein Vogel über ein sintflutartiges, ödes Land – vielleicht Noahs Versuchsvogel? Dann wieder ein Pferdchen im aufkeimenden Schilf, geformt aus einem einzigen, verzweigten Jungholzast! Schnappt da nicht ein Stelzvogel im Sumpf nach einer Beute? Dagegen steigt der Waran recht gemächlich aus seinem erfrischenden Bad. Daneben eine Giraffe aus einem Stück Holz. Und da oben jagt ein Raubtier zwei flüchtenden Gazellen nach. Alle drei Tiere nur aus 7 Stücken gefügt, doch gleich in ihrem Bewegungsrhythmus!

Diese Jungholztiere müssen aber keineswegs einer bestimmten Tierart zugesprochen werden, sind sie doch der Phantasie entsprungene Erstgeburten. Es mögen völlig neue Formen entstehen! Ein angeborenes Stilgefühl wird leiten, es wird sich folgerichtig weiter entwickeln: Läufer unter den Tieren brauchen lange Beine. Jene von Höhlenbewohnern müssen kürzer sein. Ein Kletterer wird anders gebaut sein als ein Springer. Tiere, welche vom Boden aus die Blätter der Bäume verspeisen, werden sich gewaltig von jenen unterscheiden, die in Kohlblättern ihre Lieblingsnahrung sehen usf. Ausgewogenheit der einzelnen Körperteile, deren Linienfluß, die Standfestigkeit und Sauberkeit in der Ausführung, so wie die Gesamtproportion stehen am Anfang!

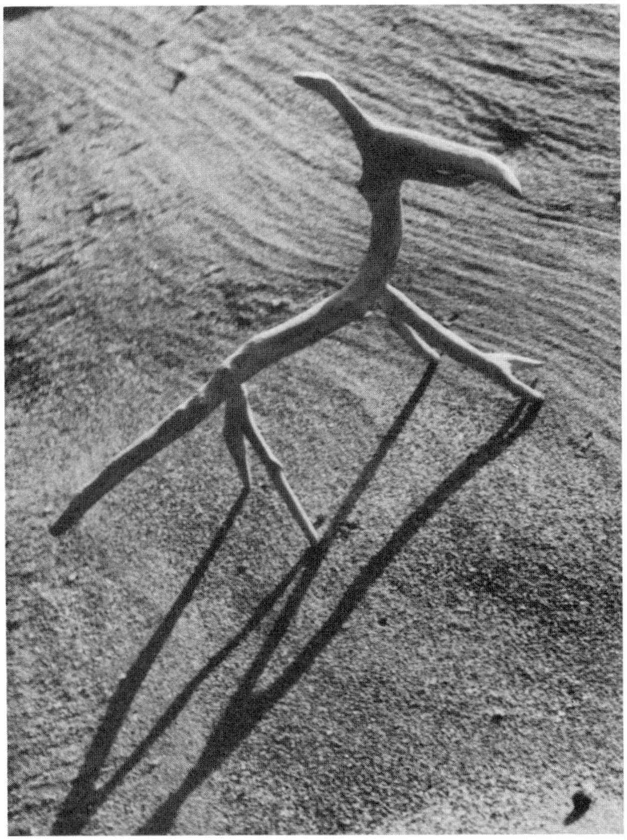

Mondkalb

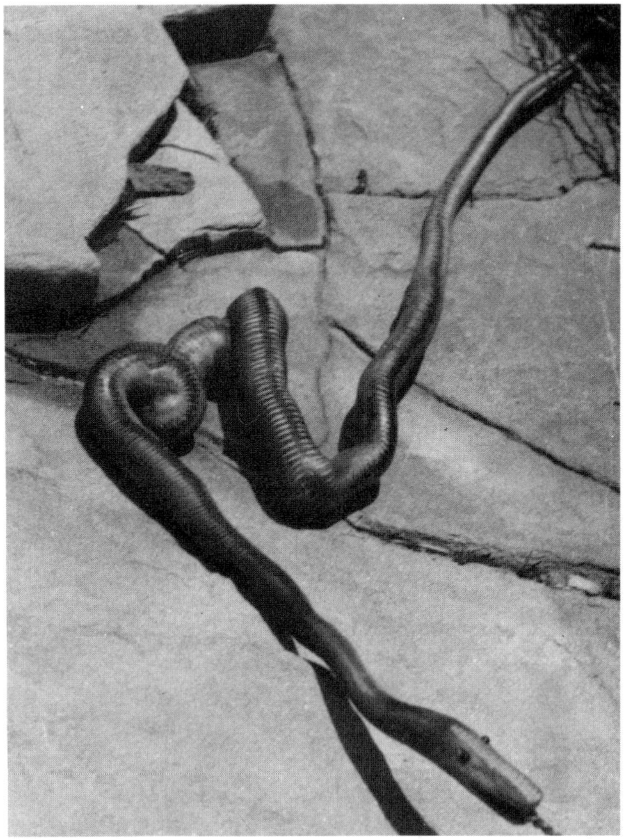

Schlange

Von der Natur geformt

Welch wunderliche Formen können halbverrottete oder vom Wasser angeschwemmte Hölzer haben! Sie sind im Wald und am Fluß reichlich zu finden. Sie regen die Phantasie an und man beginnt in sie hineinzusehen. So ergab sich wohl auch aus drei angeschwemmten, abgeriebenen Ästchen das „Mondkalb". (siehe Abbildung) Auch an der Schlange ist nur der Kopf „gestaltet". Der Stelzvogel wieder ist nur aus drei Hölzchen und zwei Disteln zusammengesetzt. Der zottige Ziegenbock hat zwei aufgeklebte Erbsen als Augen und vier eingesetzte Ästchen als Beine. Welch frohe Erinnerung an ein Naturerlebnis bringt doch ein so kleines, zusammengefügtes Tierchen ins Haus und war doch schon dieses geringfügige Zusammensetzen von Entdeckerfreuden begleitet.

Da handwerkliches Können immer mehr schwindet, nehmen auch in der Kunst die Collagen, das Kombinieren mit verschiedensten Materialien und das Improvisieren mit nicht handwerklichen Mitteln überhand. Wertbegriffe erweitern sich – Aufmachung, Sensation und Kitsch werden immer mehr mit einbezogen, echte Kulturwerte verlieren sich. Ein Rest Sehnsucht nach etwas Ursprunghaftem bildet dann den Antrieb, auch ohne Können von der Natur Geformtes meist allzu billig zu verarbeiten. Gestaltetes Jungholz entspricht keinem Zusammensetzspiel. Jedes Stück muß bewußt so geformt werden, daß sich alle Teile harmonisch zu einem Ganzen fügen. Der Zweck und die gute Form entscheiden. So kann schon die geringfügige Arbeit einer Kinderhand eine gewisse Vollständigkeit erreichen, was die Abbildungen bezeugen wollen.

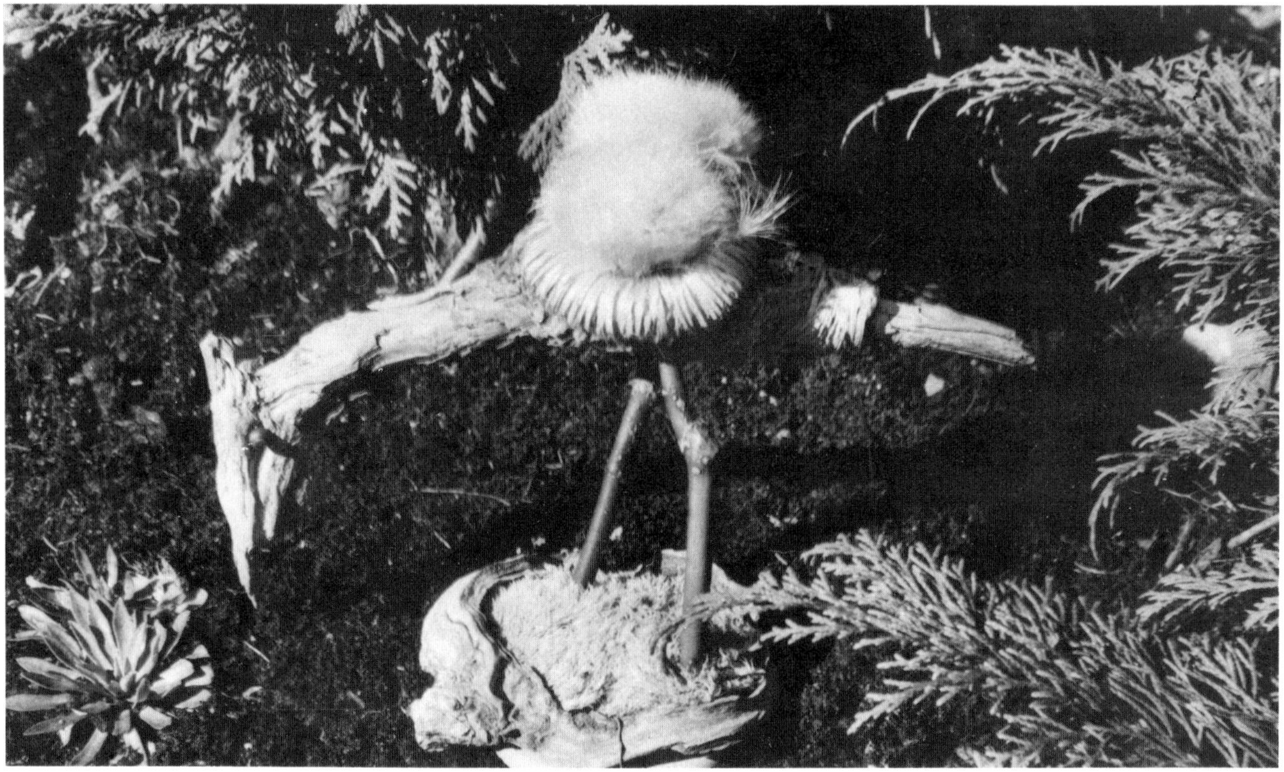

Stelzvogel

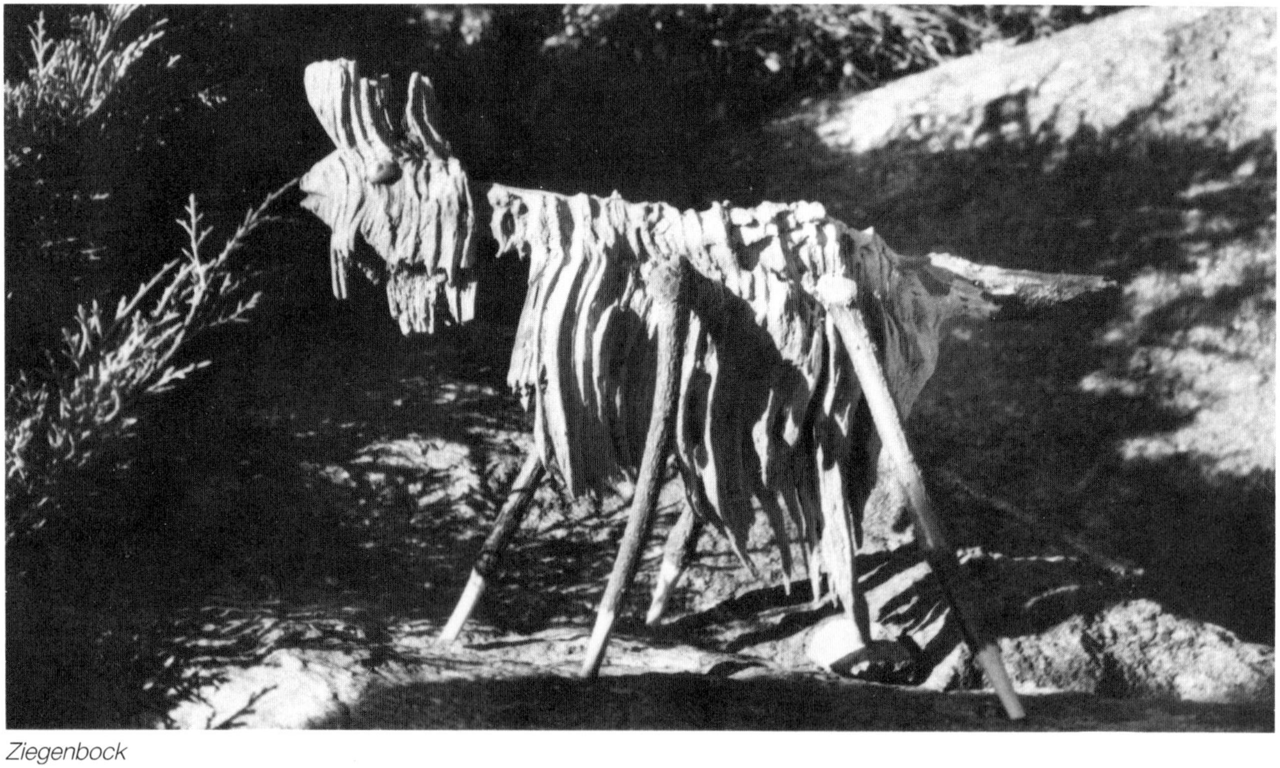

Ziegenbock

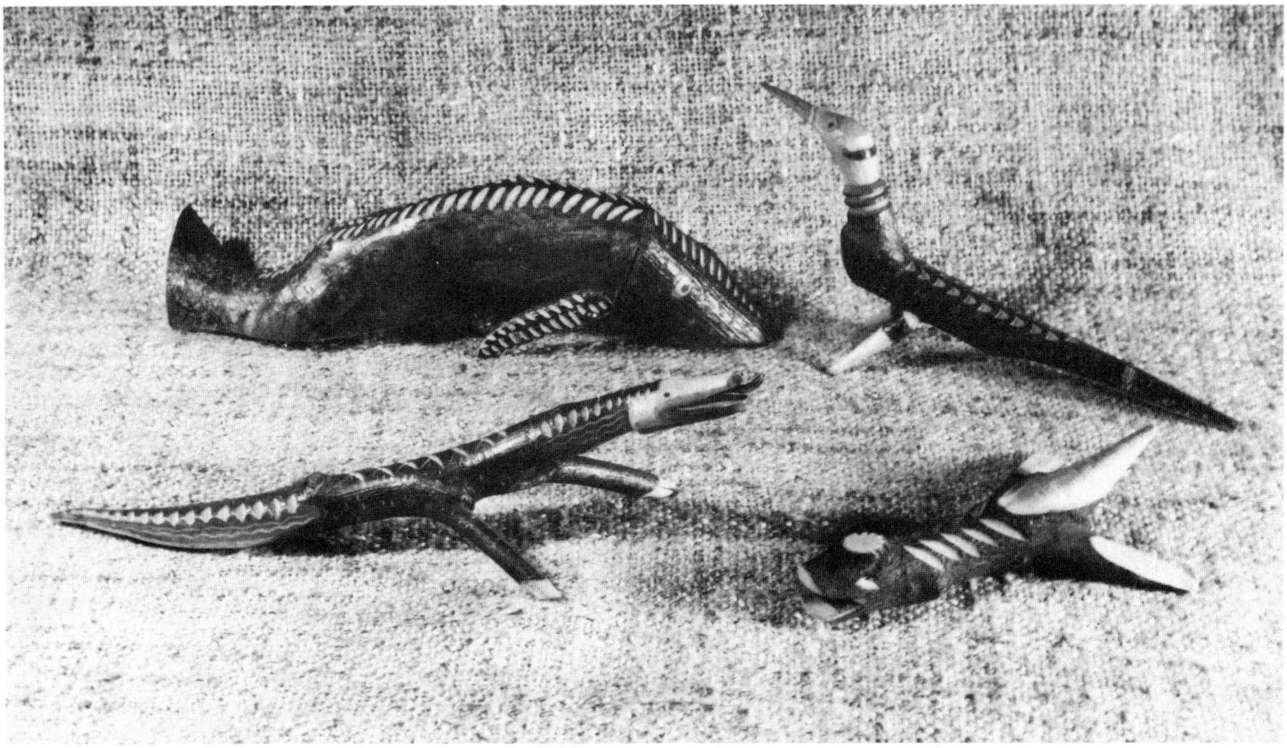

Fink, Vogel, Krokodil, Frosch

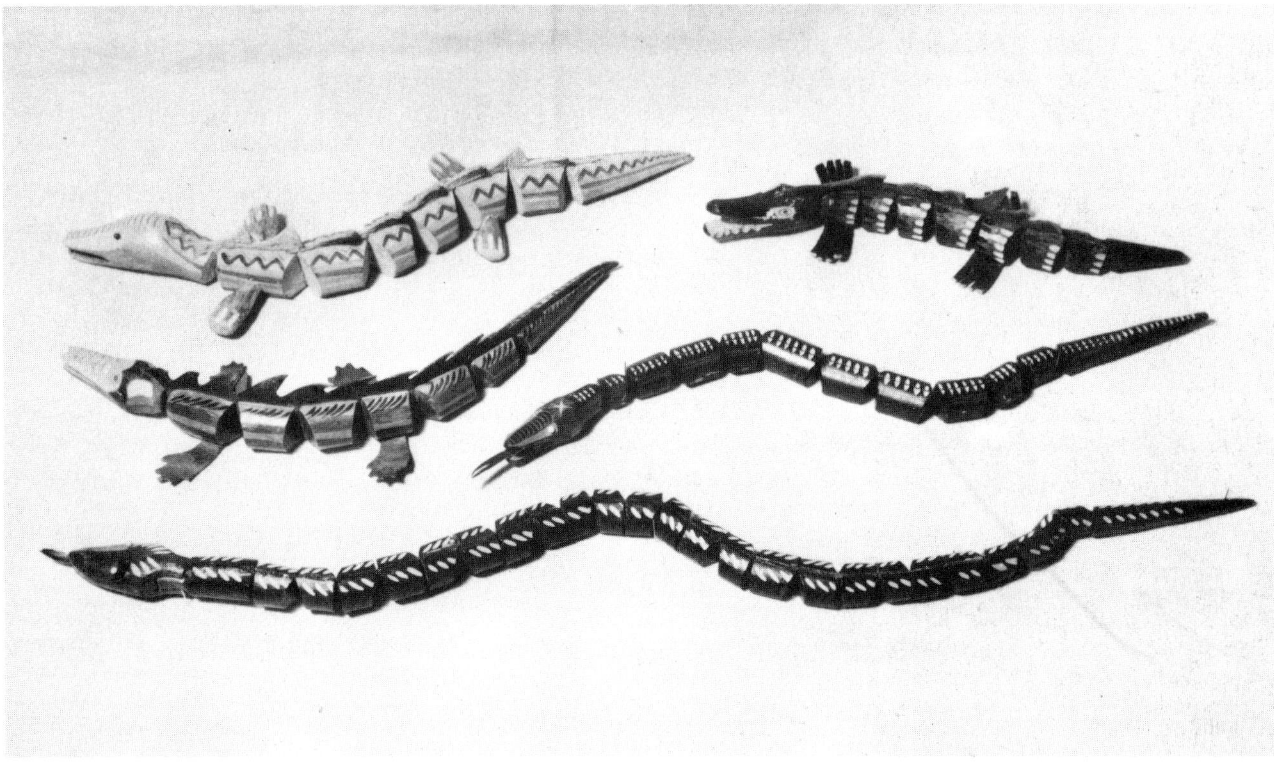

Lurche und Schlangen

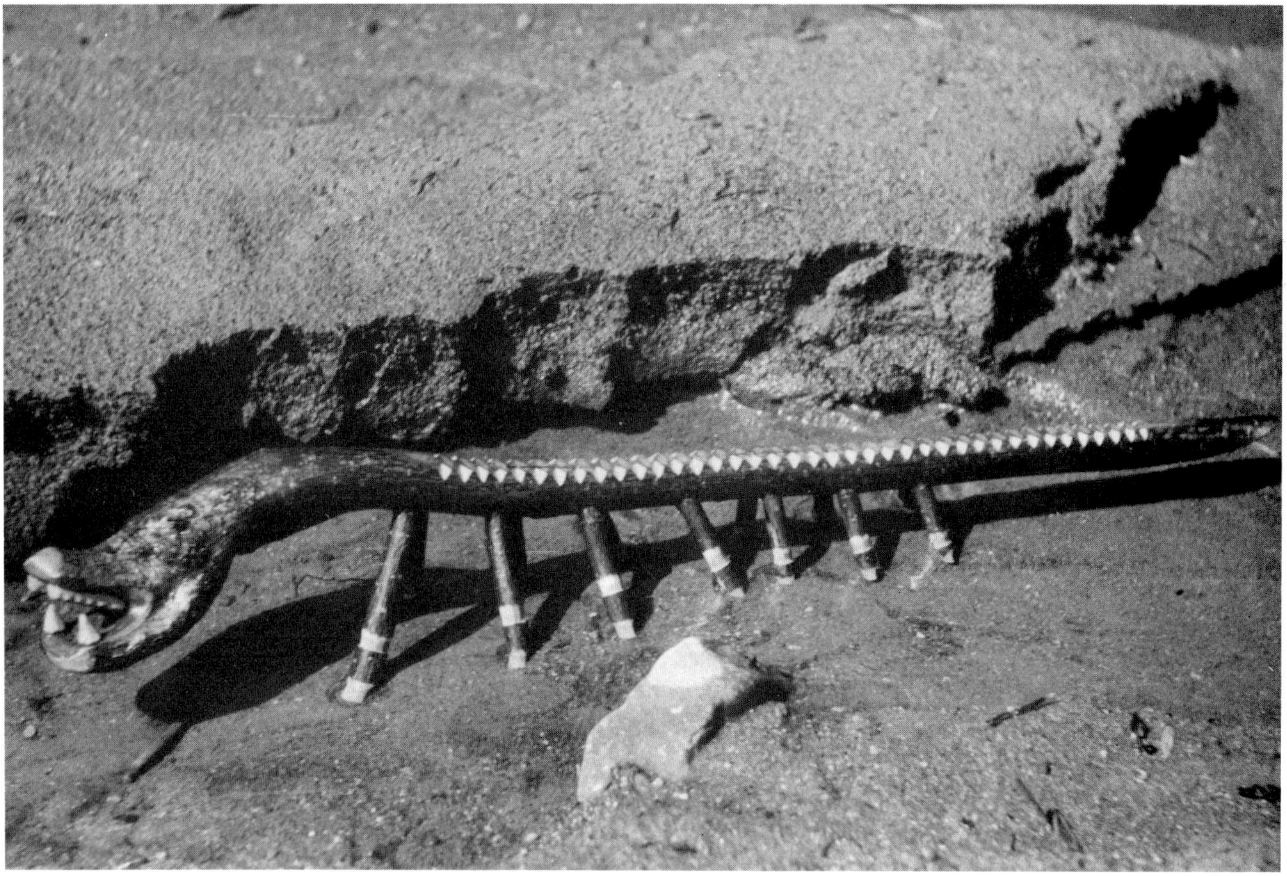

Tatzelwurm

Niedere Tiere und Vögel

Diese sind leichter zu gestalten als die Säuger. Ein Jungholzstück für eine Schlange, für einen Frosch oder Fisch, für ein Krokodil oder einen Vogel ist auch leichter zu finden. Immer gilt: aus nur wenigen Stücken ein Ganzes zu formen!

Bei den lurchartig beweglichen Tieren schnitze aus einem Stab einen sich verjüngenden, in einen Schwanz auslaufenden walzenförmigen Körper, der auf seiner Unterseite etwas abgeflacht wird. Auf diese Bauchseite zeichne die sich immer enger reihenden Keile ein, die links und rechts herausgesägt werden müssen. Vorher aber numeriere sowohl links (l) als auch rechts (r) die verbleibenden Körpersegmente genau; denn sie können erst nach dem Aufsägen des Körpers gespalten werden. Je eine Hälfte wird nun der numerierten Reihe nach auf einen dünnen Lederstreifen, welcher der Körperform angepaßt ist, aufgeklebt. Läßt du diesen Lederstreifen am Rücken des Tieres bogenförmig vorstehen, so kannst du noch verlaufende Zacken herausschneiden. Der entsprechende Kopf mit klaffendem Maul und züngelnder Zunge wird in seinem Sägeschnitt am Kopfende in den vorstehenden Lederstreifen eingeklebt. Die Füßchen, aus Holzplättchen oder Leder geformt, sind ein oder aufzukleben. Die vielgliedrigen Schlangen – durch ihre natürliche Beweglichkeit ein richtiges Schreckmittel – werden auf gleiche Weise hergestellt. Anstatt des Leders nimm besser ein festes Körperband, auf welches die 20 bis 30 Segmente geklebt werden.

Alle Abbildungen zeigen die nicht beschriebenen Arbeitsgänge! So auch die des oberhalb abgebildeten 14füßigen Tatzelwurms.

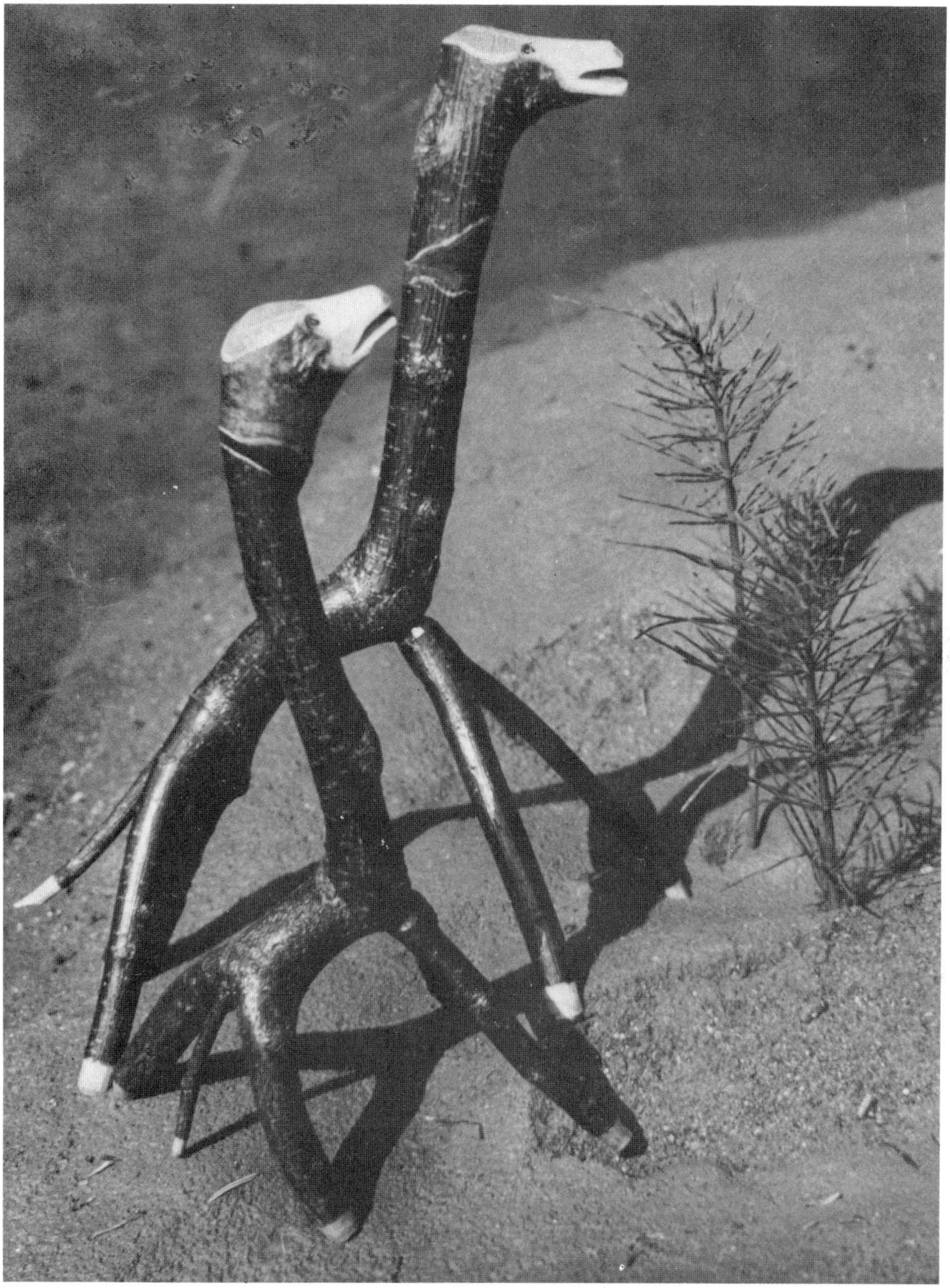

Saurier

Bei deren Gestaltung hat die Phantasie freien Lauf. Weiß Gott, wie diese Urwelttiere einst aussahen.

Obiges Saurierpaar hat sich gut zusammen gefunden. Nur die Schachtelhalmbäume sind seit diesen Urzeiten sehr verkümmert.

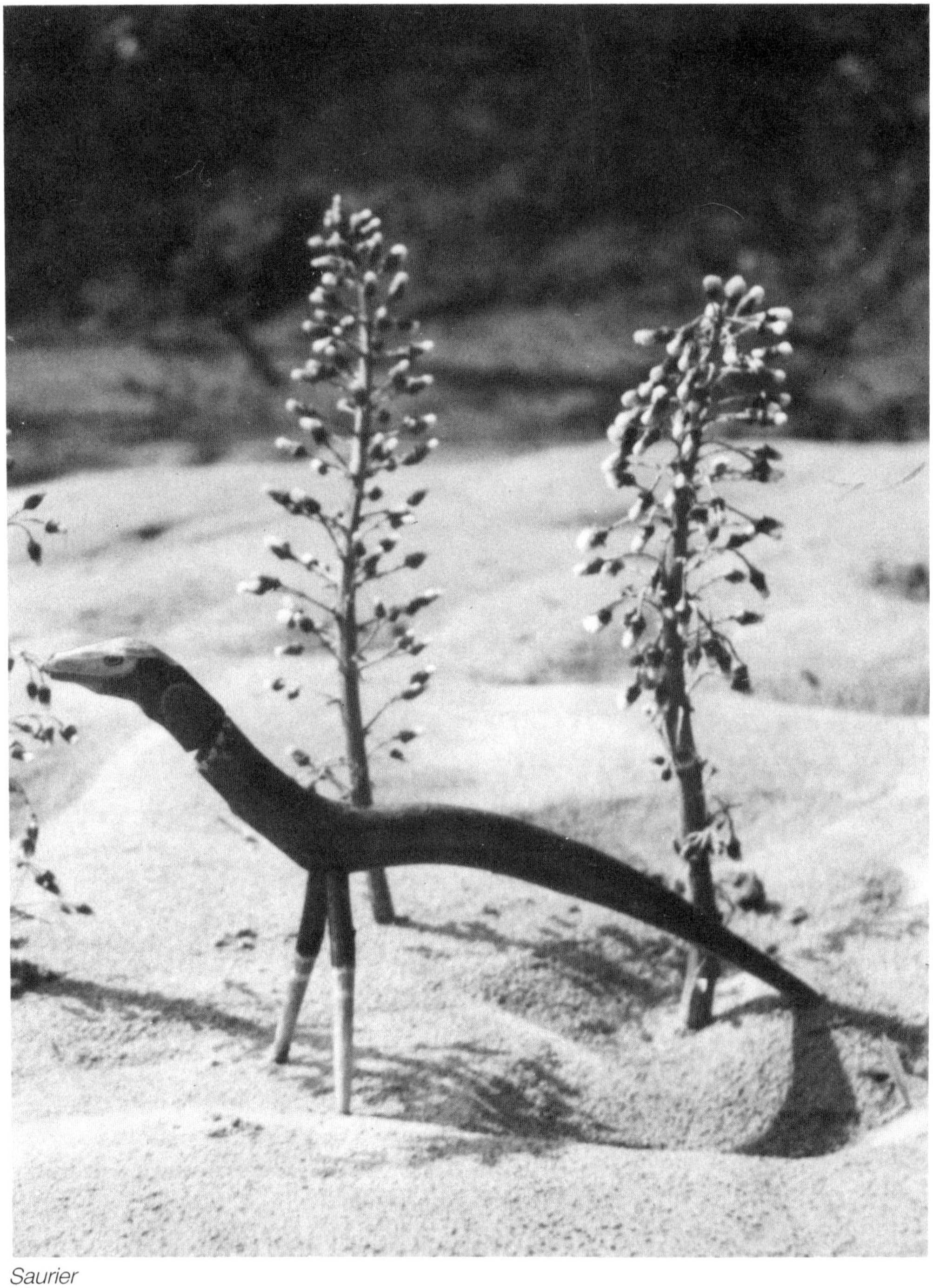

Saurier

Für alle Vierfüßler müssen zuerst passende Astgabeln für je ein Beinpaar gesucht werden, wenn ein solches nicht schon vorhandene Seitenäste ergaben. Das Einsetzen der Beine, nötiger Schwänze und fallweise auch das des Kopfes erfolgt laut Holzverbindung: HZ und HD. Bein- und Schwanzenden, so auch Gehörn und Ohren gut abformen!

Male in die gekerbten Augenhöhlen das Auge oder kennzeichne es durch einen Nadel- oder Na-

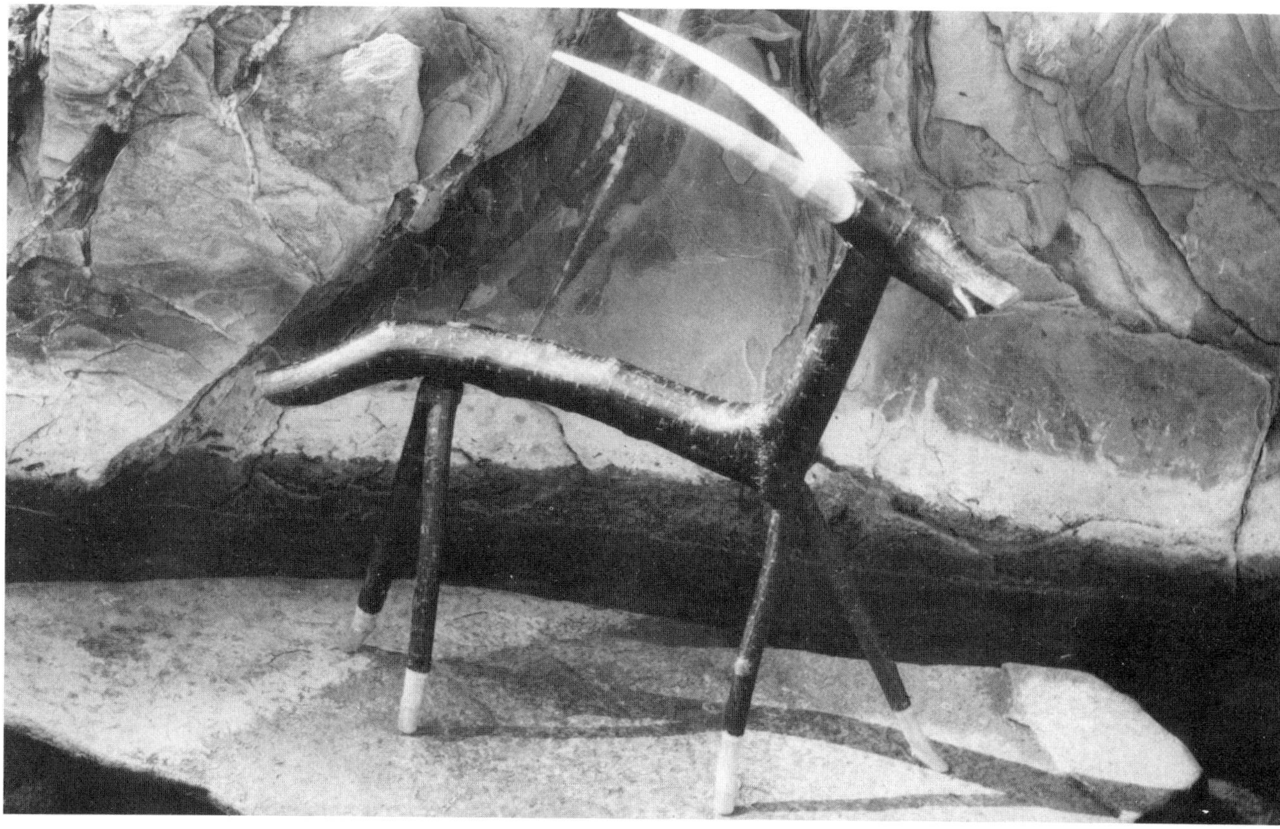

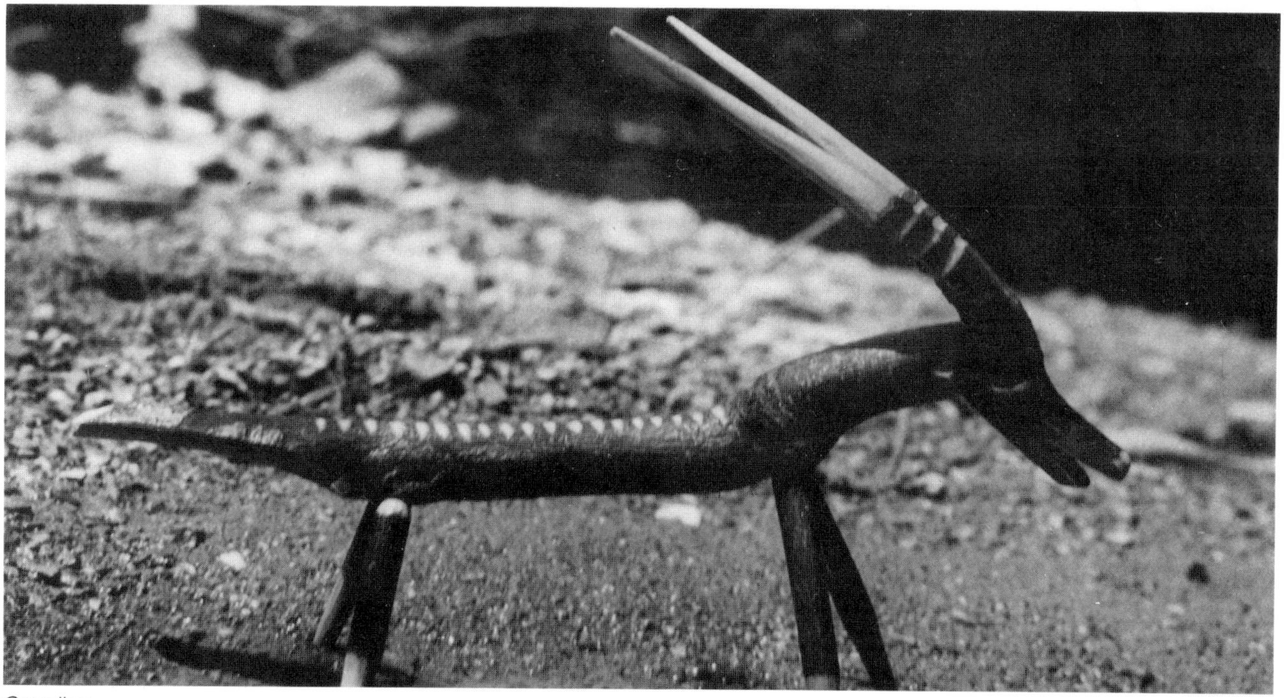

Gazellen

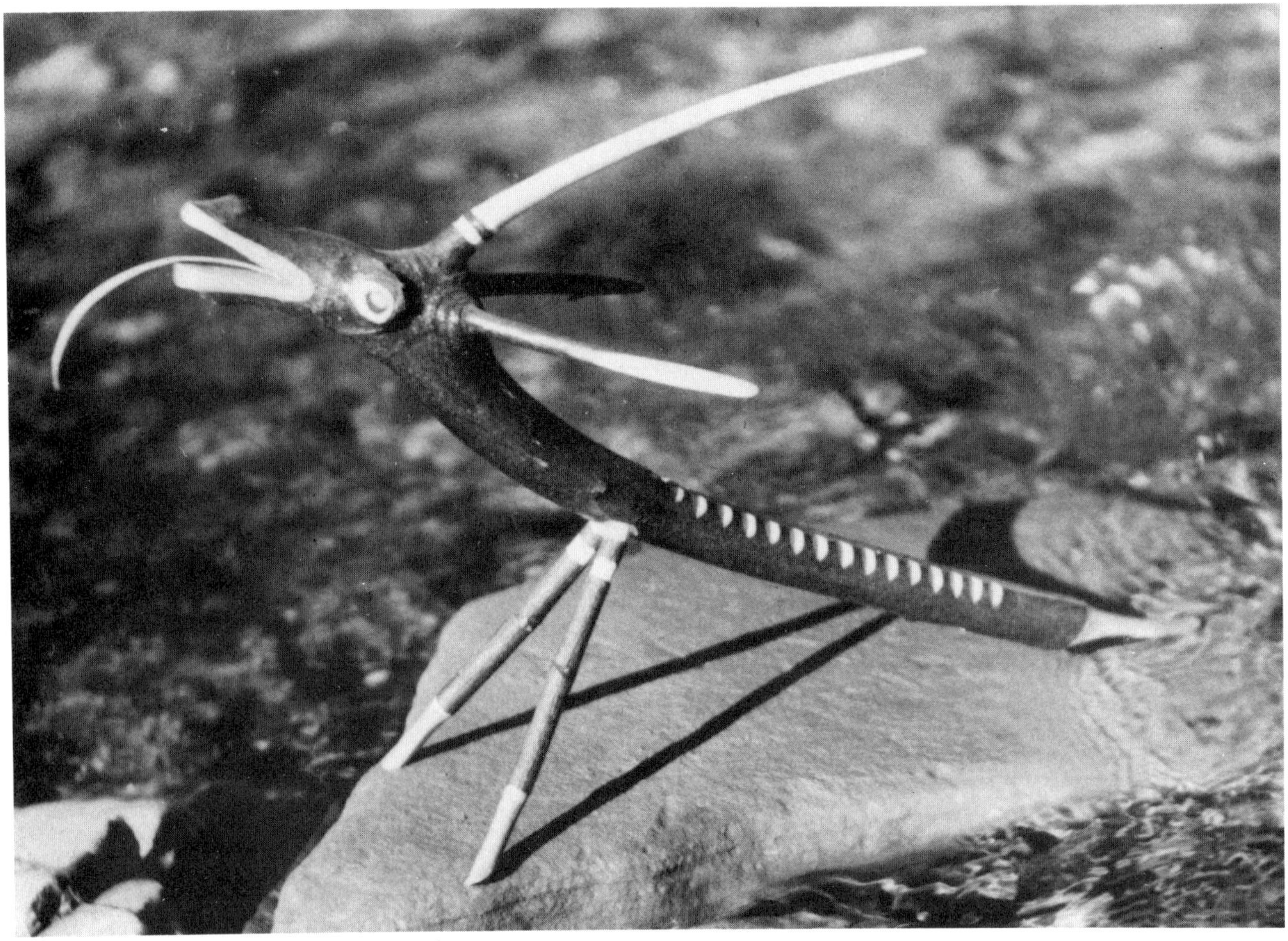

Bock

gelkopf. Forme das Tiermaul durch Aussägen eines Keiles und verbessere diesen Spalt mit dem Messer.

Am oben abgebildeten Bock sowie an dem auf Seite 60 gezeigtem Tier fehlt etwas. Beide haben nur ein Fußpaar. Diese Tiere könnten nicht laufen. Eine recht wesentliche Frage taucht da auf, die alles Gestalten berührt. Etwas, das nicht *richtig* ist, beeinträchtigt die Beurteilung und die freie Schau nach dem „Wahren" eines Werkes. Beispiele: Ein Aufsatz oder eine Rede kann durchaus als *wahr* empfunden werden, wenngleich das Schriftstück im Satzbau und Orthographie nicht *richtig* ist – der Redner nur verlegen stottert.
Oder: *Richtig* ist, daß ein normaler Mann acht Kopflängen groß ist. Wie unmöglich würde aber diese Proportion an Figuren in romanischen Torbögen, an Gestalten in Märchenbüchern oder Kinderzeichnungen wirken. Diese Gestalten, oft nur mit wenig Kopflängen, nehmen wir als selbstverständlich hin. Wir begreifen, daß ein in Bewegung gezeichneter Kopf mehrere Nasen haben kann – wir sehen daran nichts Falsches. Das *„Wahre"* – der für den kalten Intellekt nicht immer leicht zu erfassende innere Kern eines Werkes – ist bedeutender als das *„Richtige"!* Anatomie und Perspektive lehren *„richtig"* darzustellen. Das *„Wahre"* eines Werkes muß sich mit diesen keineswegs decken. Sehen wir in einer Kinderzeichnung nicht zuerst nach dem Richtigen, nach der richtigen Farbe, der richtigen Form eines Baumes, der richtigen Anzahl der Füße eines Tieres. In der Jagd nach dem Richtigen verlöre das Kind seine innere, unbewußte Schau. Das *Wahre* liegt immer *vor* dem *Richtigen.*

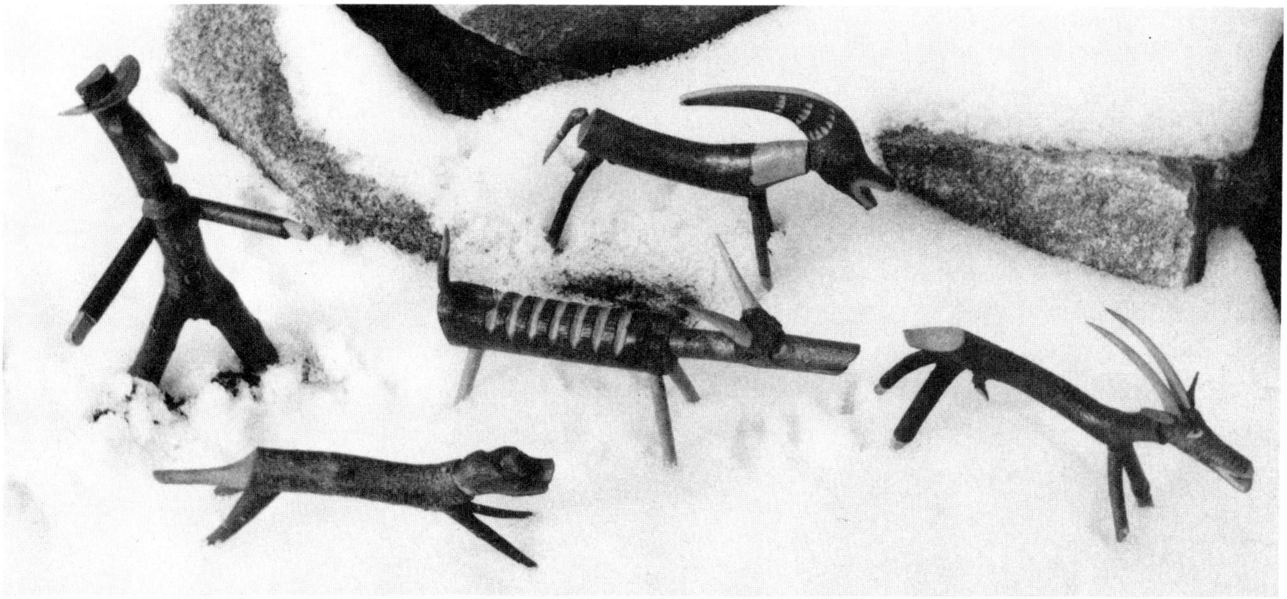

Später Almabtrieb

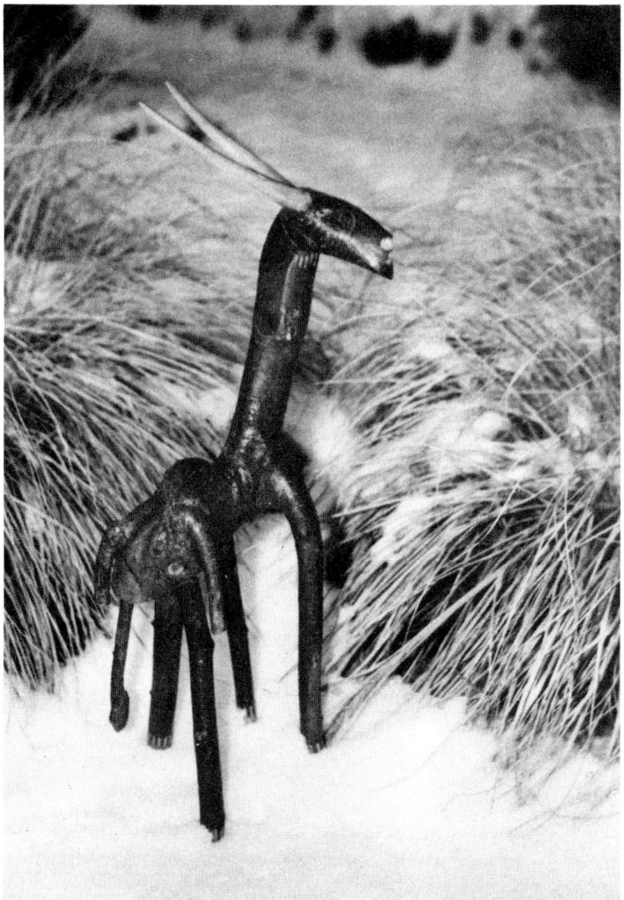

Ein Wiederkäuer hält Ausschau

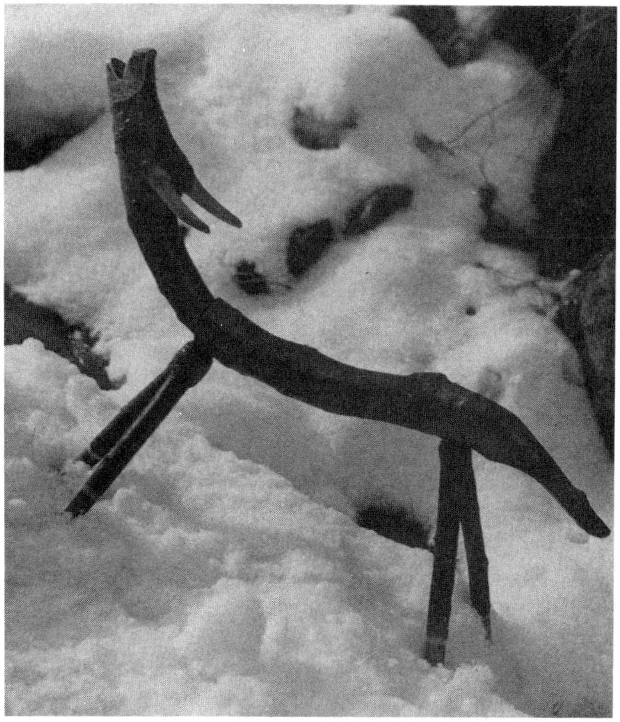

Es ist zum Brüllen

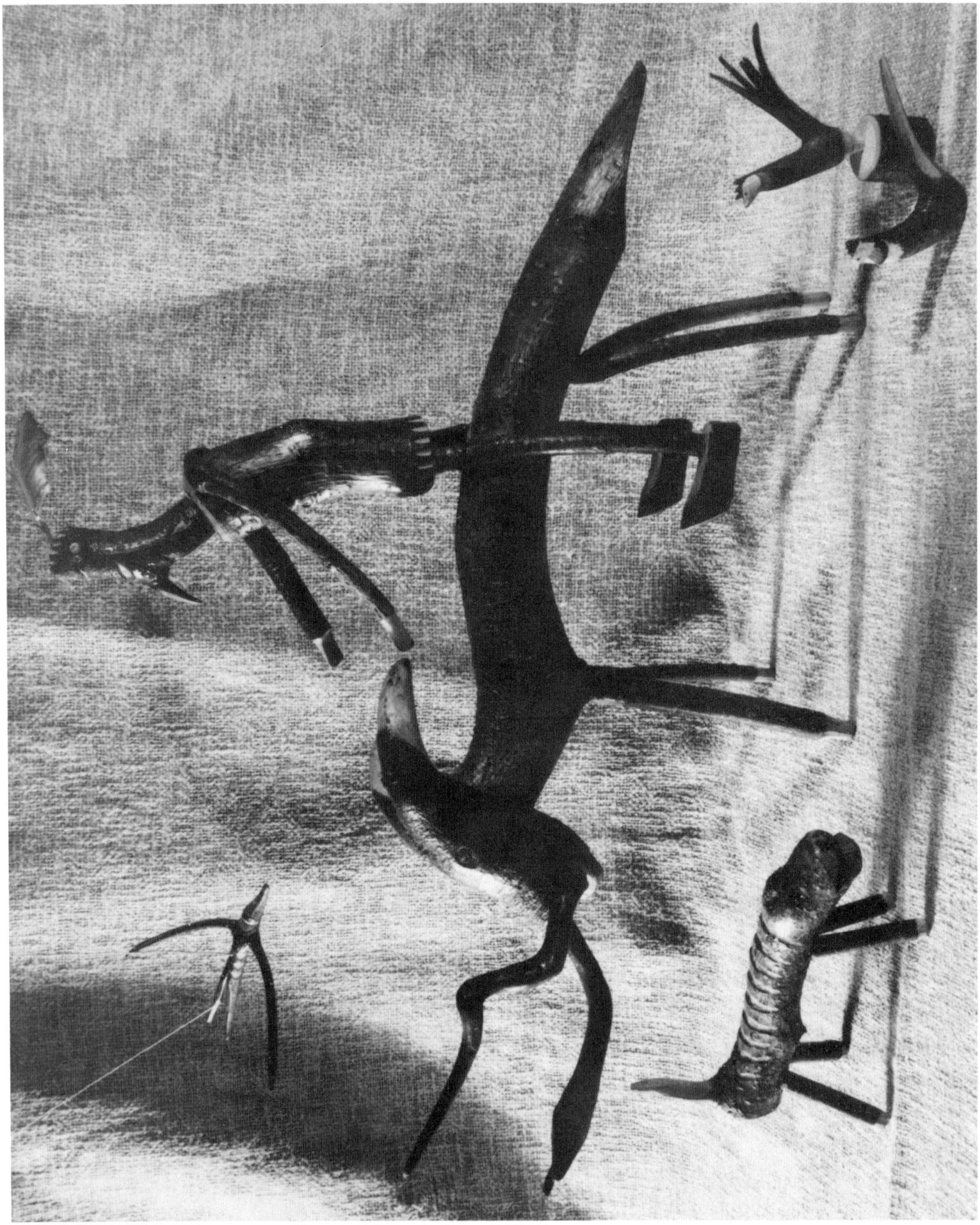

Verschiedenes Getier

Die menschliche Figur

Lerne beobachten!

Wurde die Tierbeobachtung auf die Mannigfaltigkeit gelenkt, in der uns das Tier schon in seiner äußeren Gestalt erscheint, so zeigt der Mensch in seinem Aufbau ein einheitliches Bild. Seine wesentlichsten äußeren Unterscheidungsmerkmale liegen in seiner Haut- und Haarfarbe, in Größe und Alter. Sind für uns Tiere innerhalb von Herden und Gruppen kaum unterscheidbar, so weist das Antlitz des Menschen schon bei näherem Zusehen milliardenfache Unterschiede auf; denn jedes Gesicht eines Erdbewohners ist einmalig. Nur in Zwillingen kann sich ein Gleiches darstellen. Können wir nur bei den uns vertrautesten Haustieren ein Weniges in deren Physiognomie lesen, so läßt der Gesichtsausdruck des Menschen auf vieles schließen: Auf Rasse und Geschlecht, auf Alter und bestimmte Krankheiten, auf Gefräßigkeit und Hunger, auf Offenheit, Unsicherheit, Schlauheit, auf Intelligenz und Dummheit usf. Dabei immer vorausgesetzt, daß man beobachten gelernt hat.

Zu den ersten Kinderzeichnungen gehört der Baum und der Mensch. Schon wird beim Stadtkind der Baum vom Auto verdrängt. Nun aber ist dein Kind soweit, daß es selbst einen Menschen aus Jungholz „macht!" Das Zweidimensionale der Zeichnung weicht dem Dreidimensionalen, dem Greifbaren, welches dem Kinde noch näher liegt. Damit rückt dieses auch dem Menschen, dem *anderen,* näher. Wie sieht dieser aus? Wie die vielen Vorstellungsbilder des Menschen in der Märchenwelt des Kindes?

Alles, was man einmal machte – machen soll – beobachtet man auch anderswo eindringlicher. Ein Beispiel: Zwölfjährige Kinder bekommen im Zeichenunterricht die Aufgabe, ein Fahrrad zu zeichnen. Jedes besaß ein solches, so zeichneten sie frisch drauf los. In die Zeichen-Doppelstunde fällt die große Pause. Wie schnell diesmal alle hinunter in den Schulhof stürmen! Der Lehrer sieht neugierig vom Fenster hinab. Un da stehen seine Schüler aufgereiht vor ihren abgestellten Fahrrädern – sie beobachten – vielleicht das erstemal bewußt und eindringlich – ihr Rad.

Forme Gesichter

Was besagt nicht schon allein die Umrißlinie eines Kopfes: z. B. oben schmal – wenig Gehirn; unten breit – viel Platz für drohende, fletschende Zähne; schmales Gesicht – Hunger und auch Geiz, Griesgrämigkeit, aber auch Vornehmheit; im breiten Gesicht kann der Genießer, der Gutmütige, Gleichgültige stecken. Auch aus dem Sitz des Auges lassen sich Schlüsse ziehen: Dieses tiefer gesetzt – dann Kind, Denker; je höher das Auge hinaufrückt, desto weniger bleibt Platz fürs Denkorgan, so tritt auch mehr Einfalt, mehr Sorglosigkeit und Dummheit in Erscheinung. Der Mund wieder zeigt gar vieles an: Das Lachen, den Ernst, die Ironie, Essenslust und Geiz. Die Nase charakterisiert oft ein Antlitz auf markante Weise!

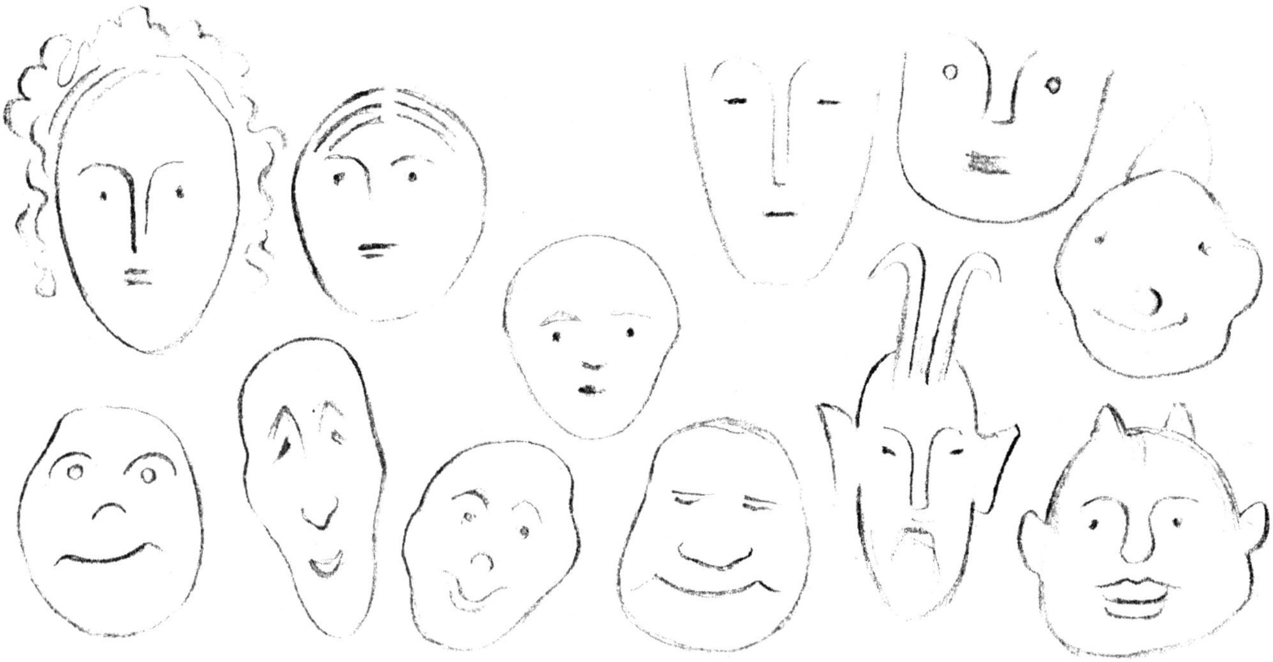

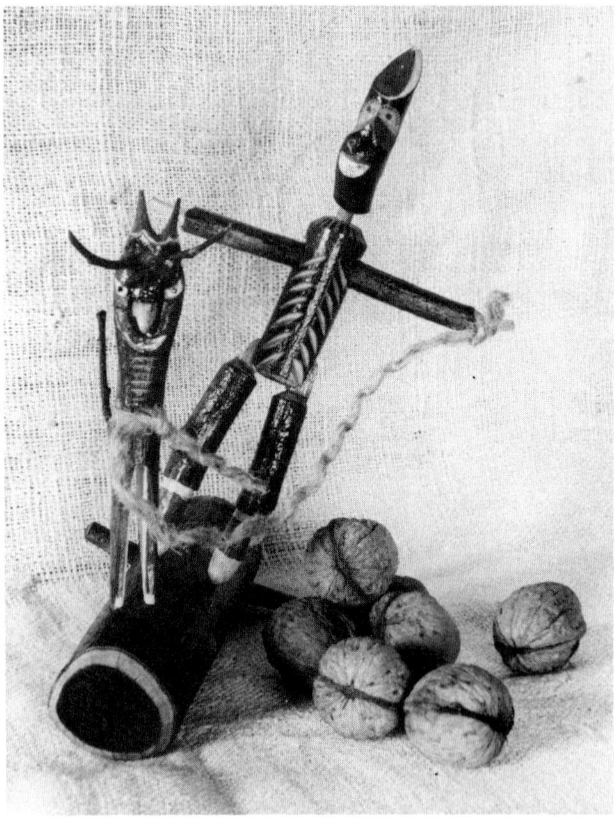

Erkennst du aus den obenstehenden Gesichtlinien den Lustigen und Ernsten, das Kind und den Erwachsenen, die Stadt-und Landfrau, den Aufmerksamen und den Ironiker? Beobachte und bedenke diese Charakteristika, wenn du die Köpfe für dein Kasperltheater schnitzt: Den Räuber oder Kasperl, den Polizisten oder Zauberer, die Hexe oder den Teufel, diesen wieder feist oder mager – steht doch angeblich das Höllentor für dick und dünn offen. Sieh auch nebenstehende Krampusschaukel!

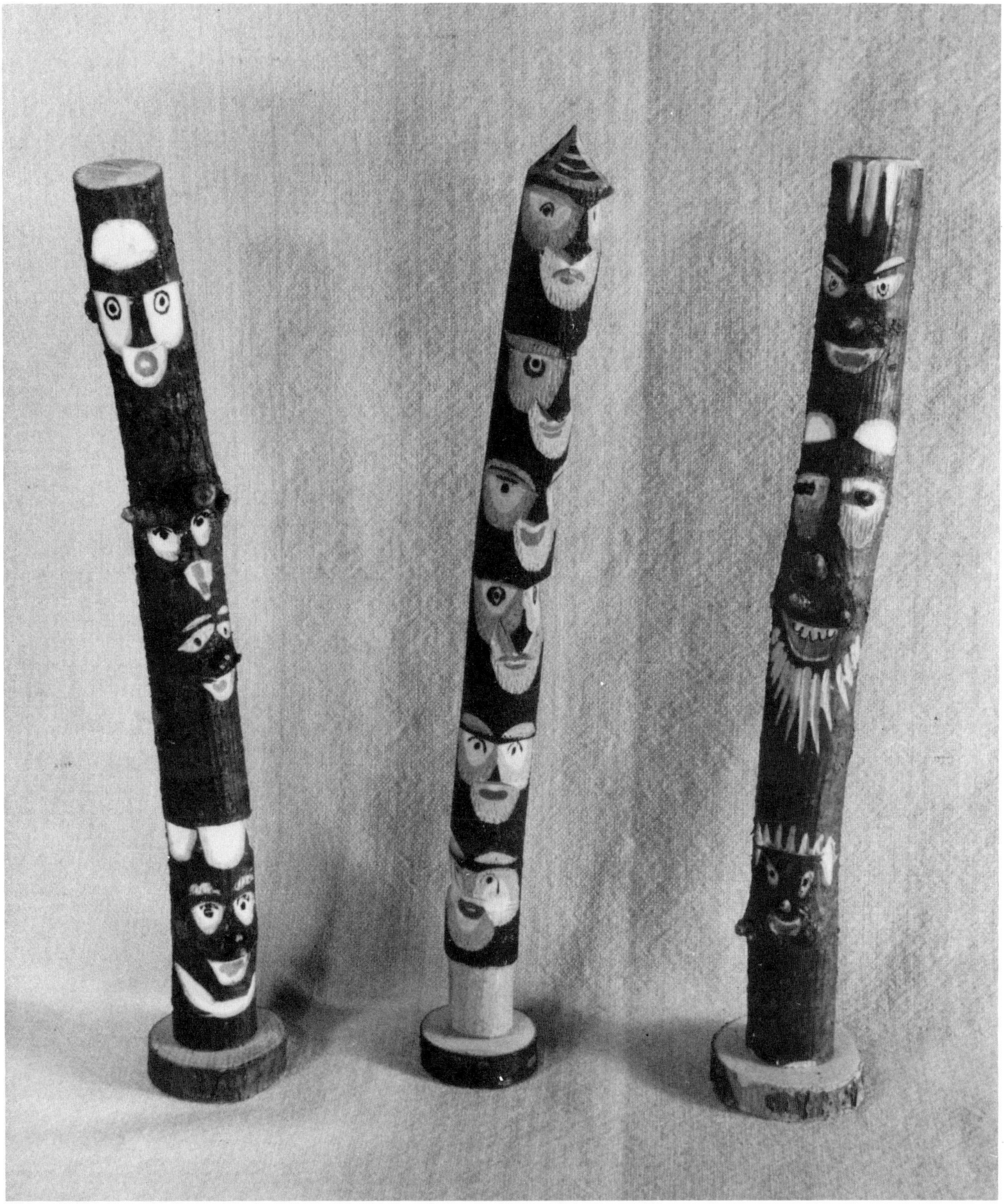
Astsäulen

Hinführung zu einem Ganzen

Siehe die Abbildung dreier Astsäulen, in welche 13 verschiedene Gesichter geschnitzt sind. Dabei geht es immer um die drei wesentlichsten Kerben, die ein Gesicht formen. Betaste dein eigenes und fühle wie sich unterhalb der flachen Stirne links und rechts der Nase zwei vertiefte Flächen ergeben, in welche du je drei Finger legen kannst. Du spürst, wie sich das Auge einfügt. Auf der dritten Abflachung unter der Nase sitzt der Mund. Schau dir nun das oberste Gesicht der ersten Säule an: Zwei scharfe, senkrechte Einschnitte, in Höhe der Augenbrauen, gegen die von unten her zwei schuppige Späne in Fingernagelform ausgeschnitten wurden. Die Augen sind mit einem Schwarzstift angedeutet. Ähnlich ist die dritte Kerbe geformt, welche die Nase abschließt und den Platz für den Mund freigibt, der rot eingezeichnet oder aufgemalt wird. Diese drei Kerben kannst du in ihrer Tiefe, Breite und Form reichlich variieren. Hast du zur Gestaltung der Nase ein Seitenästchen zur Verfügung, so schnitze die Mundkerbe etwas weiter unten und schmäler, damit die Oberlippe deutlich zum Ausdruck kommt. Einkerbungen mit verschieden gewölbten Hohlmessern ergeben weitere Formbereicherungen.

Jeder Arbeitsgang muß vorgezeigt, jedes Einzelne muß in ihrer Zugehörigkeit zu einem harmonischen Ganzen verständlich gemacht werden. Ein Beispiel: Du willst zum Muttertag deinem Mütterlein einen Wiesenblumenstrauß schenken: Herrlich blühen am Straßenrain die weißen Margeriten, die hellblauen Glocken, die tiefblauen Schäfte des Wiesensalbeis und zahlreiche rispige Gräser! Nun forme den Strauß!

Wohin die Gräser – an den Rand, in die Mitte oder alles buntgemischt? Wohin die zarten Glokken, die breiten Teller der Margeriten und die schweren Salbeischäfte? In welcher Anzahl sind diese nötig? Jede dieser Pflanzen ist schon ein von der Natur gebildetes vollkommenes Ganzes. Nun aber forme du den Strauß zu einem neuen Ganzen! Er muß in eine klare Form gebracht werden – in eine breite, in eine hohe oder in eine glocken- oder eiförmige? Daheim suchst du nach der passenden Vase. Der Strauß will sich aber in keine harmonisch einfügen. So mußt du umbinden, anders stecken, weglassen oder ergänzen. Das „Ganze" ist nun zum Strauß *mit* der Vase geworden! Jetzt aber wohin damit? In die finstere Küche in ihrer Unordnung paßt's nicht. Die grell geblümte Decke am Wohnzimmertisch stiehlt wieder den Wiesenblumen ihre zarte Kraft. So werden einfarbige Tischdecken erprobt – endlich paßt's. Hättest du schon am Straßenrain die Vase, die Decke und das Zimmer miteinbezogen, würdest du vielleicht die Wahl der Blumen anders getroffen haben.

Der Überblick bei jedem Tun, bei jedem Lernen muß immer gewahrt bleiben, denn dieser fügt und hält zusammen. Der Blick von einer Höhe zeigt erst so recht die Geschlossenheit einer Landschaft. Bleibst du beim Gestalten und Lernen am Detail hängen, so verlierst du das Ganze aus dem Auge und das Verständnis dafür. In unserem Zeitalter der Analyse, des Zerteilens und des Hineinsehens in das Kleinste besteht die ungeheure Gefahr, ein Ganzes nicht mehr erfassen zu können. Wie wäre es sonst möglich, daß unsere so einheitlich, ausgewogene, wunderbare Welt in ihren Teilen derart mißachtet und geschändet wird: Wasser und Luft verschmutzen, fruchtbare Erde wird zur Kultursteppe und Wüste, Pflanzen und Tiere werden ausgerottet, und der Mensch beginnt sein eigenes Grab zu schaufeln. So bleibt die vornehmste Aufgabe jedes Lehrers, in jedem Lehrgegenstand, zum Ganzen hinzuführen und dieses so verständlich zu machen, daß das Verstehen des Schülers *spürbar* wird! Lernen ohne Verstehen ist nur ein zur Verwirrung führendes sinnwidriges Ansammeln und Hineinstopfen.

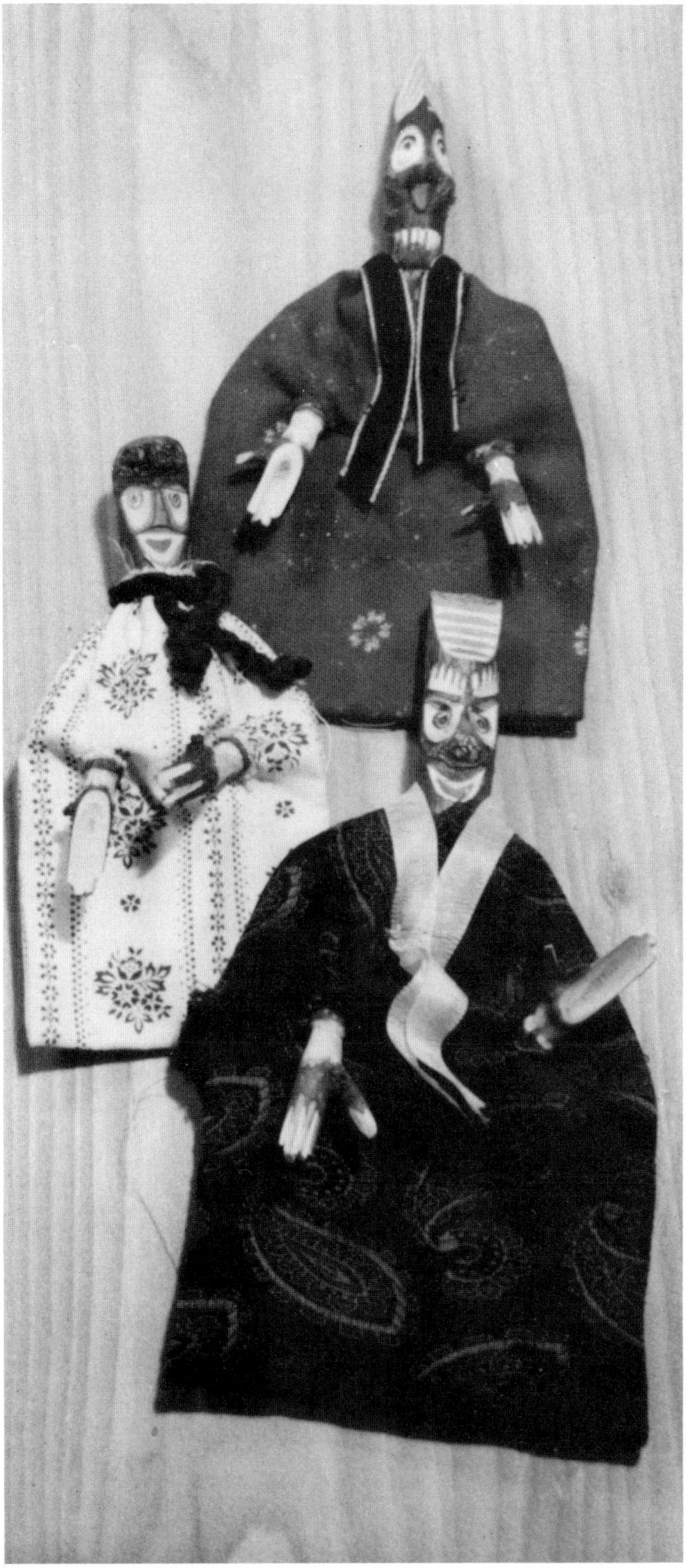

Lavendelmännchen
Ihre Bäuchlein werden mit getrockneten Lavendelblüten ausgestopft. In den Wäsche-
kasten gelegt oder gehängt, verbreiten sie den Duft dieser köstlichen Pflanze.

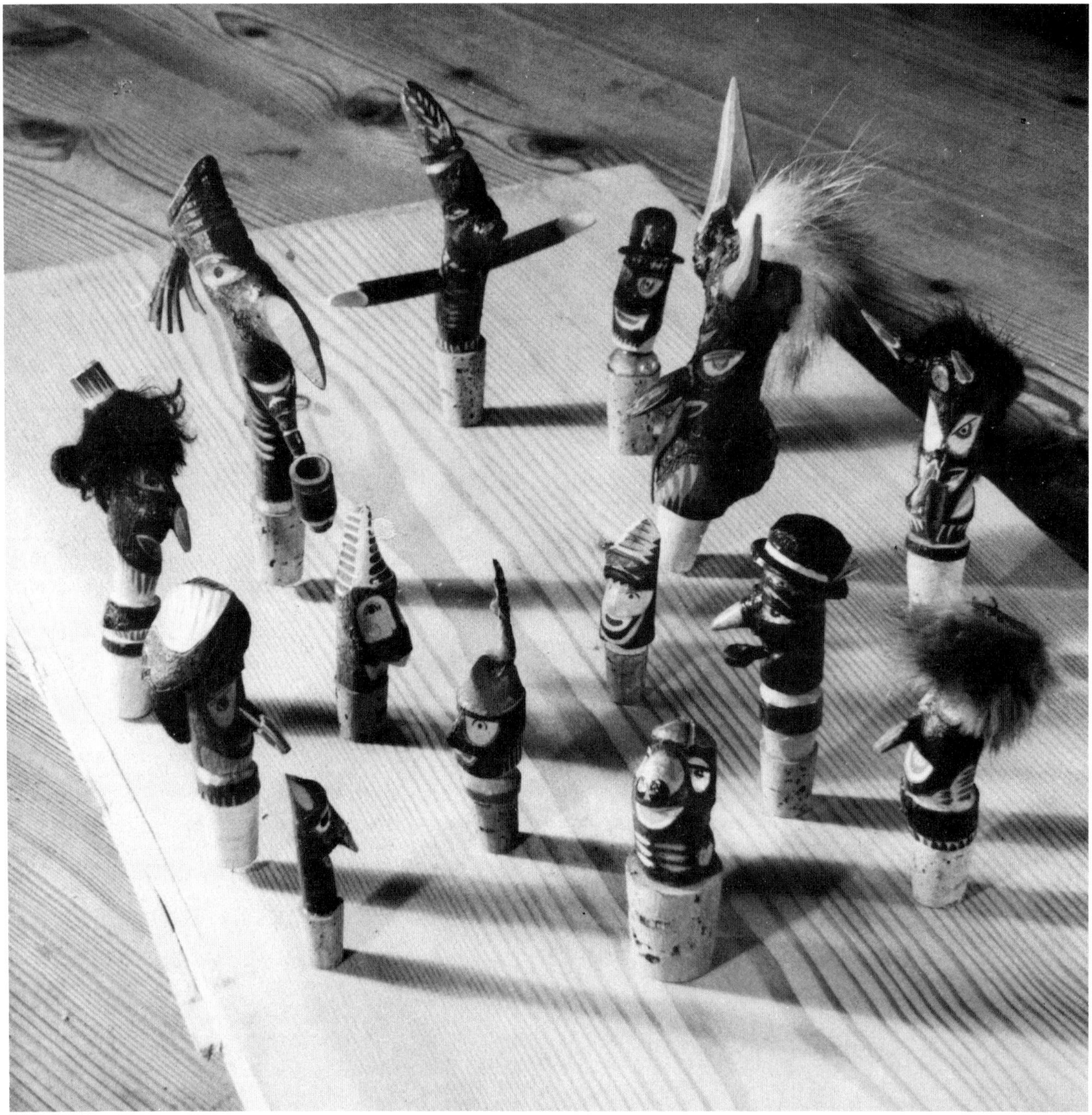

Figurliche Flaschenverschlüsse
Eine gute Vorstufe zur Typenfindung fürs Handpuppenspiel. Mit kleinen Formen läßt sich leichter und schneller versuchen und erproben. Und dabei fallen die verschiedensten Flaschenkorke für willkommene, lustige Geschenke an.

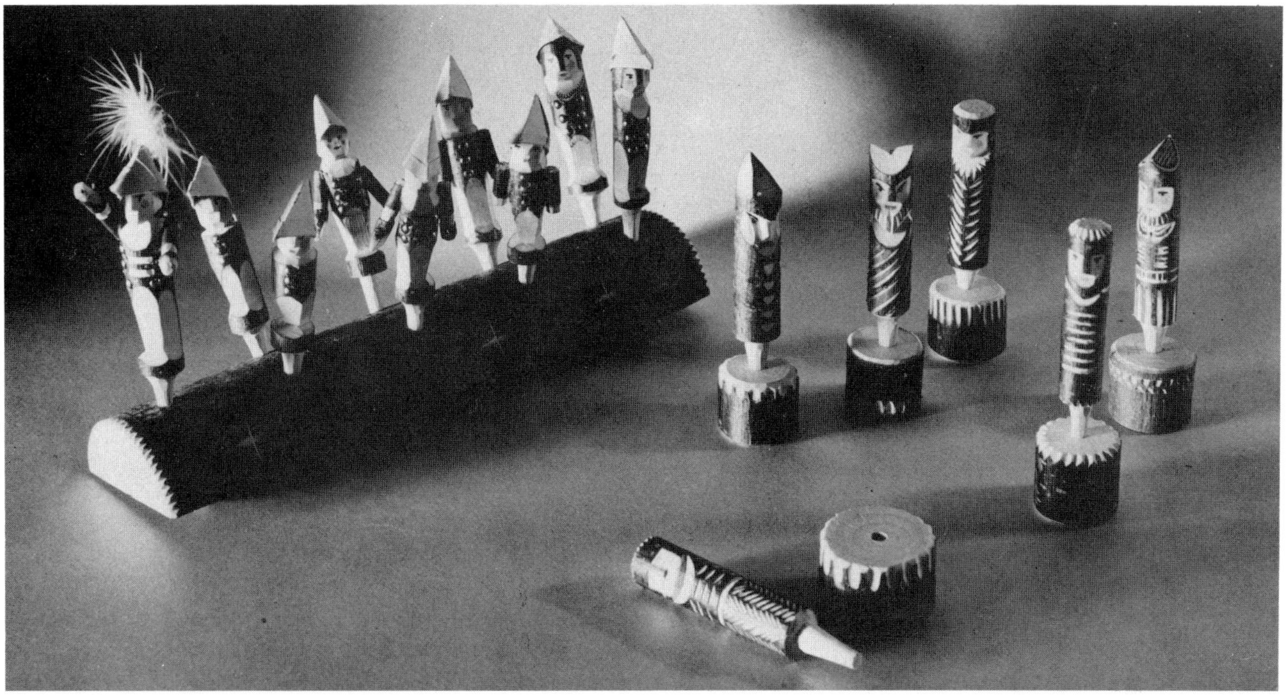

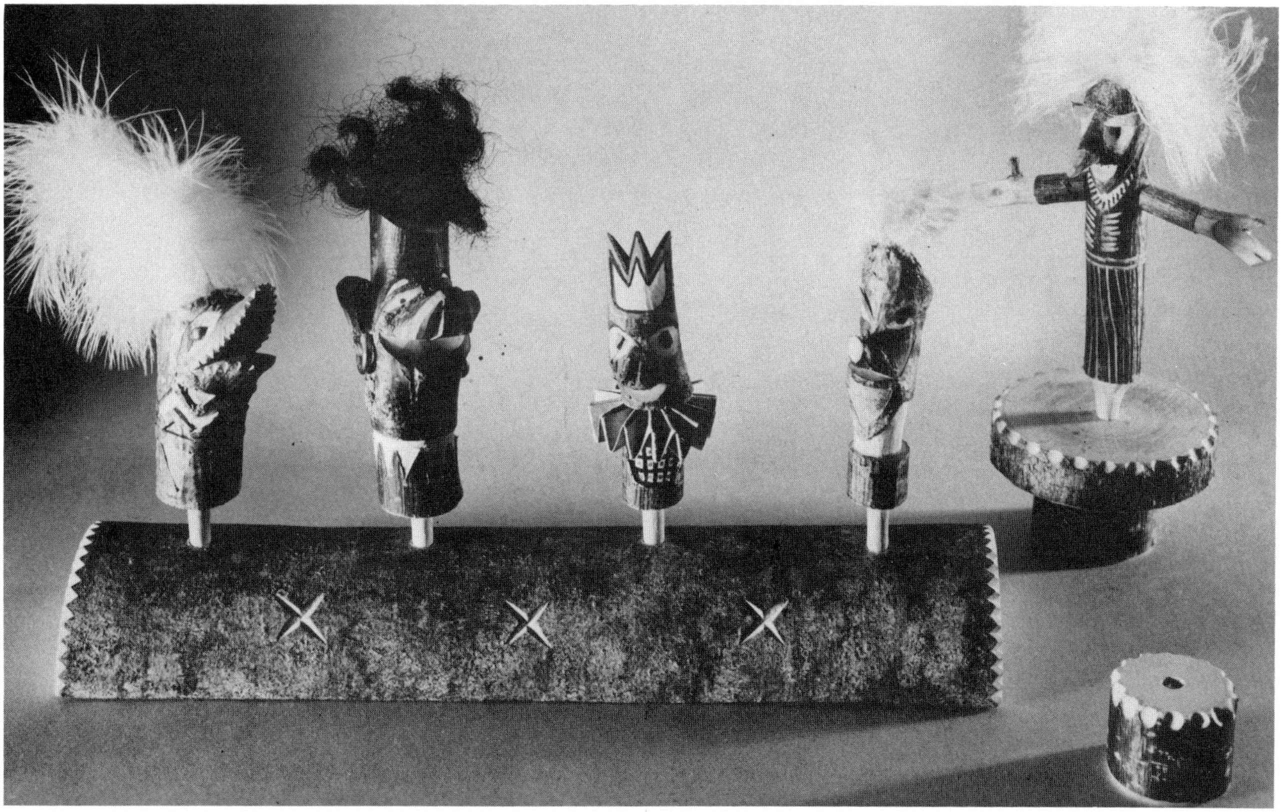

Steckfiguren

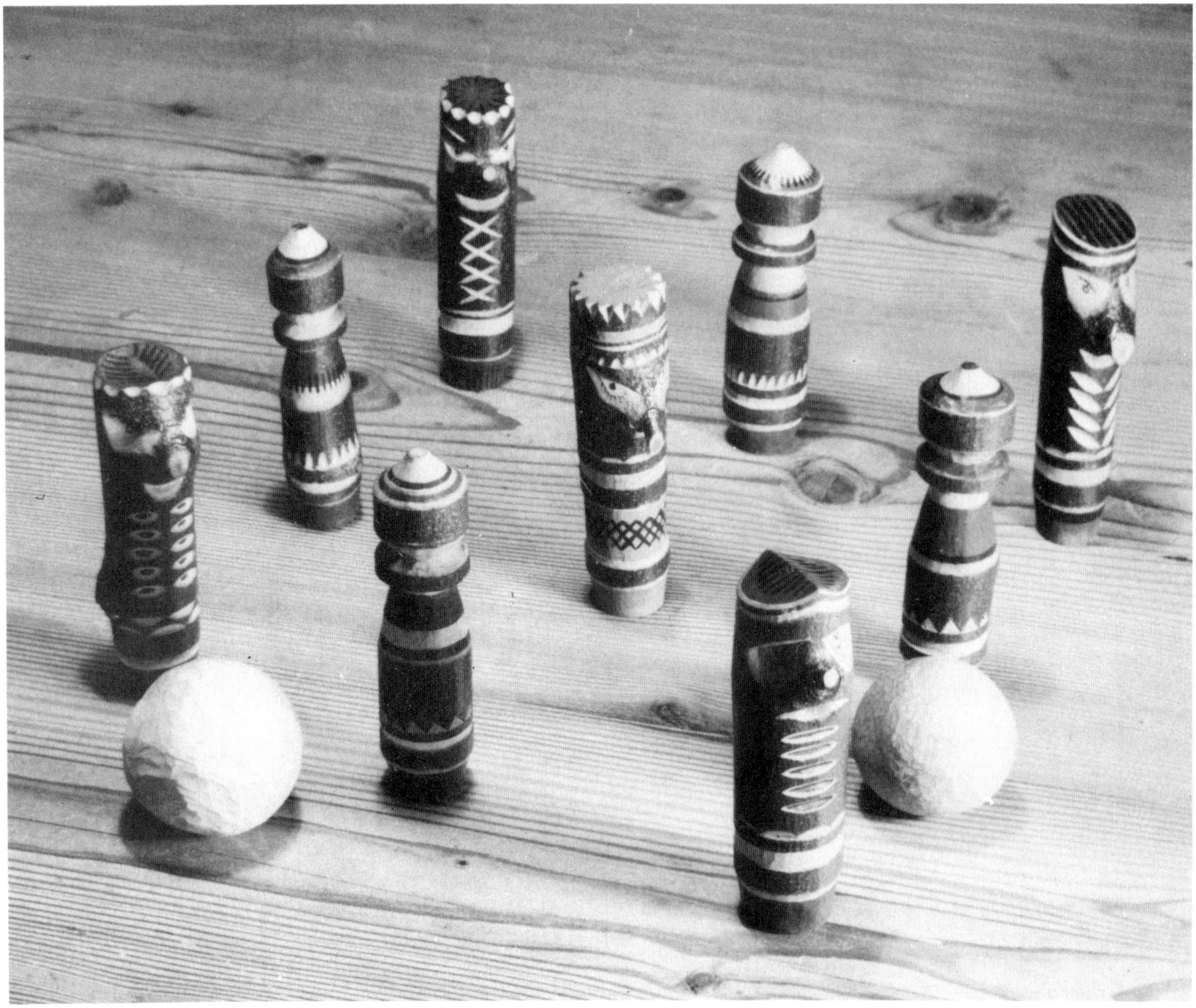

Steckfiguren

Diese bieten sich geradezu an, alle möglichen Gesichtsausdrücke zu formen und sind beste Vorübungen für die Handpuppen. Steckmännchen sind leicht in sauber verzierte Klötzchen zu stekken, so richtig für Kleinkinder zum Spielen. Solch kleine Arbeiten erziehen zur Exaktheit und zur guten und sicheren Messerführung. (Siehe auch Seite 50.)

Kegel

Für das selbständig geformte Kegelspiel eines 11jährigen Knaben waren einige Vorübungen vonnöten. Der Kegelkönig kann durch eine Krone gekennzeichnet werden. Die vier verschiedenen Eckfiguren bereichern das Spiel. Das heute so oberflächliche Basteln erzieht zur Ungeduld und Schlamperei. Erst wenn ein Kind den „Genuß" des Arbeitens erlebt, ist alles gewonnen. Wie die Kugel geschnitzt und wie mit dem Pendelkegelspiel gespielt wird, findest du auf Seite 135.

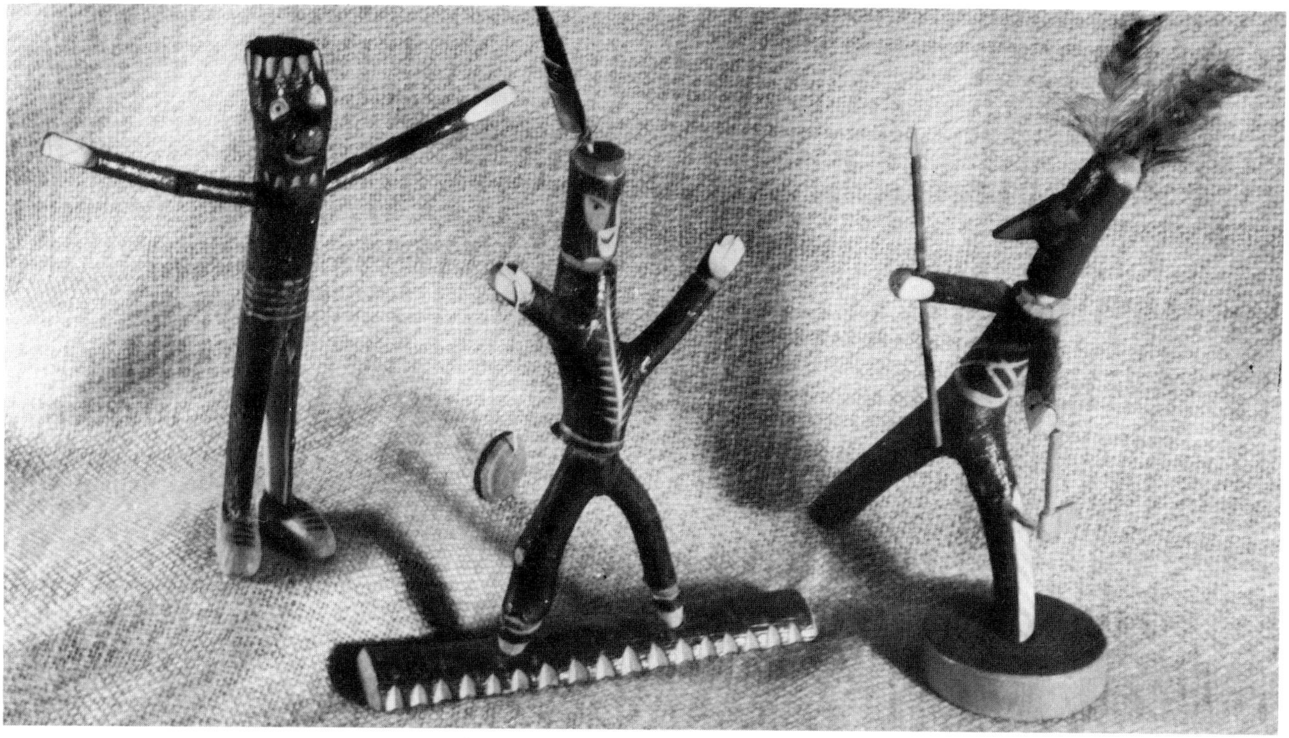

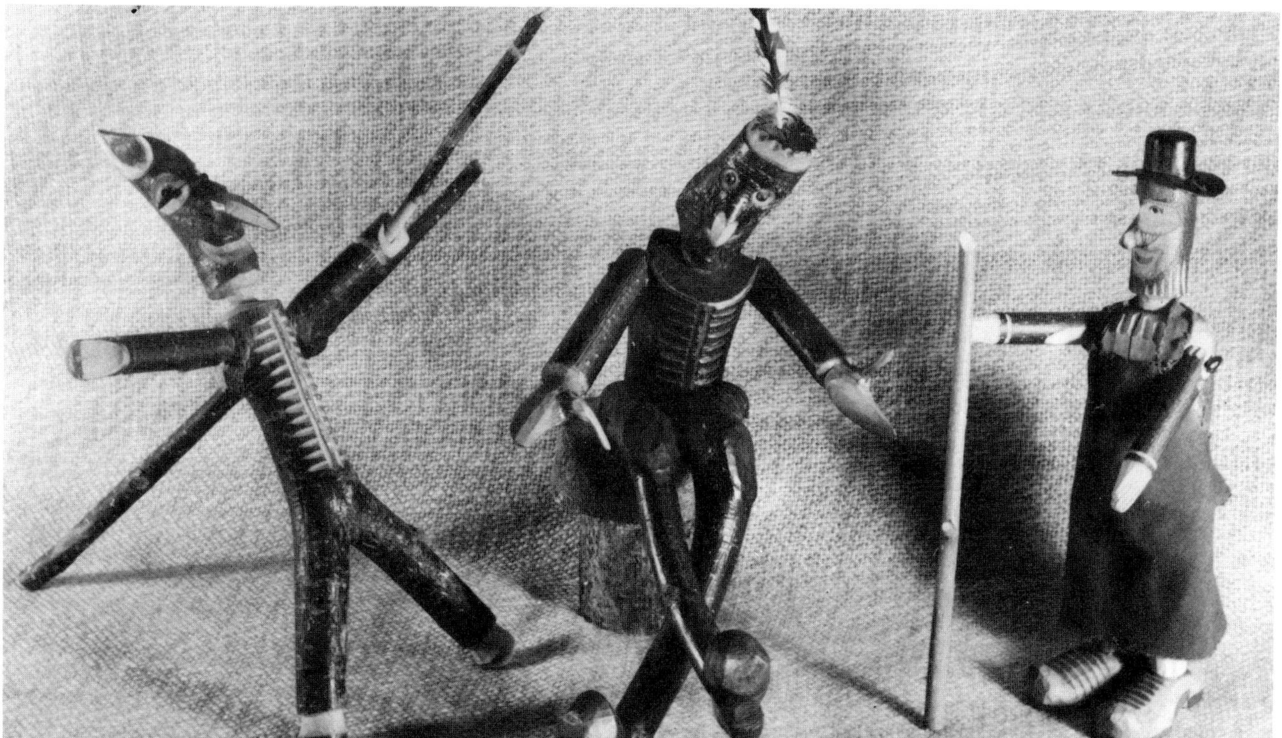

Steckfiguren

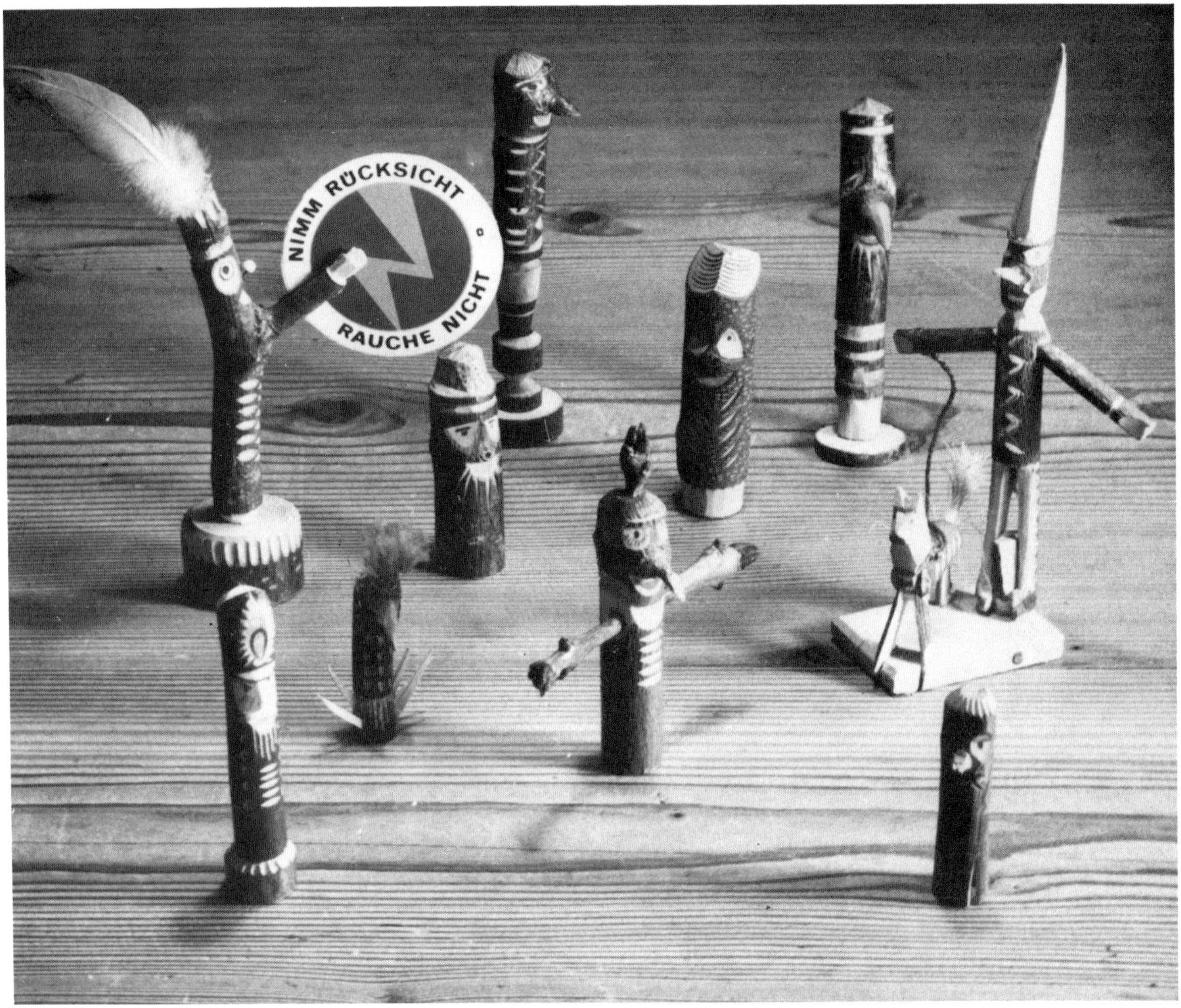

Stehfiguren

Der ganze Körper mit seinen Gliedern wird nun geformt. Versuche mit so wenigen Teilen wie möglich auszukommen. Das Jungholz wird lenken! Damit diese Figuren sicher stehen, müssen für sie entweder standfeste Schuhe geschnitzt werden, oder du fügst sie in Stehklötze ein. So wie der Zeichner eine Gestalt in Bewegung zeichnen kann, kannst du nun deinem Schnitzwerk eine bestimmte Bewegung verleihen. Überlege auch, wie und wo du solche Figuren verwenden kannst. Für Szenen aus einem Indianerlager, als Ergänzung zu deinen geformten Tieren, für einen freien Platz auf einer Stellage oder einen Kasten, im Garten als Wegweiser oder Ersatz für Gartenzwerge. Auch als Platzkartenträger auf festlichen Tischen dient ein schnell geschnitztes kleines Figürchen. Sieh jenes mit der Rundtafel: „Nimm Rücksicht, rauche nicht!"

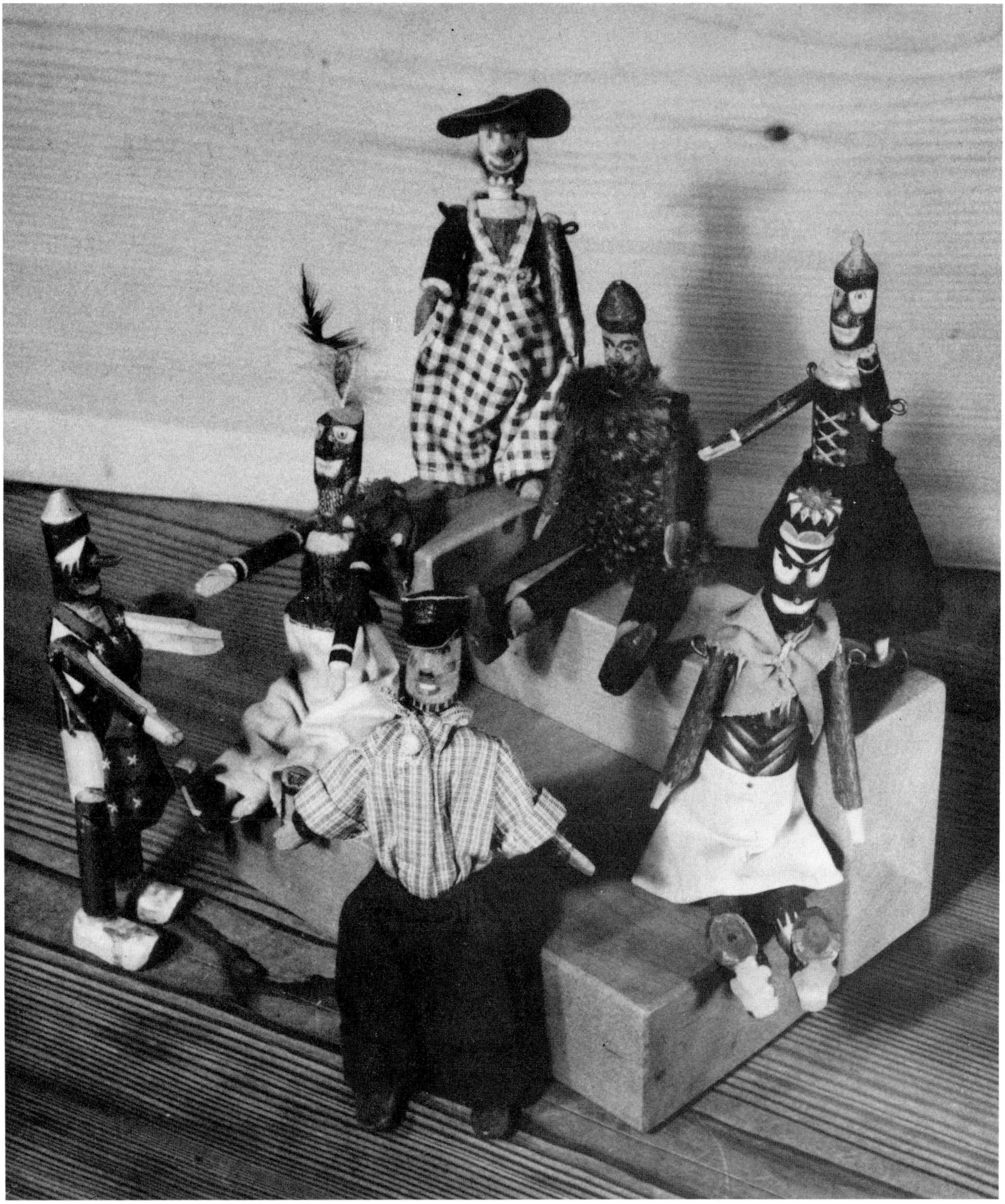

Gliederpüppchen

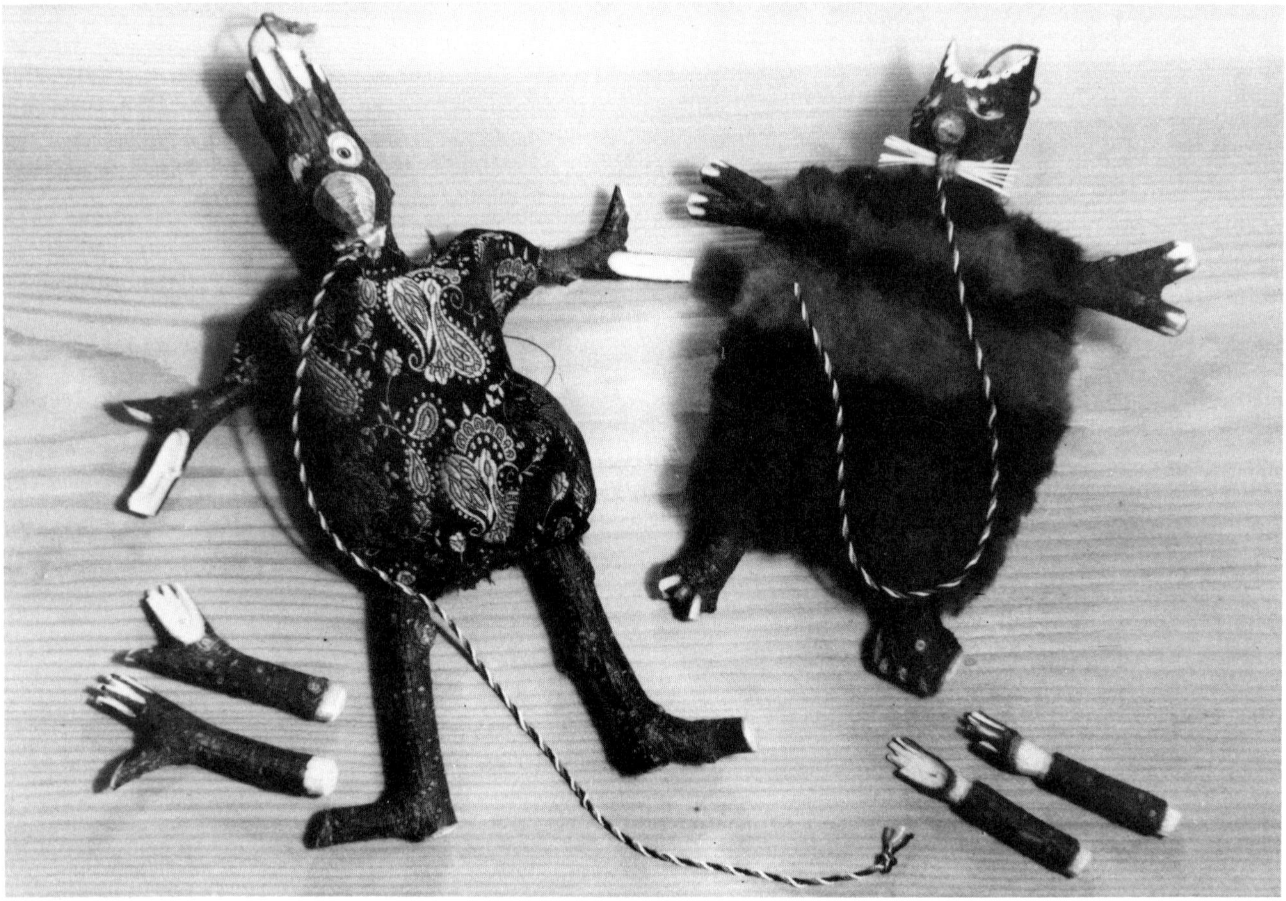

Knäuelmännchen

Gliederpüppchen

Sie sind nach Holzverbindung HG gemacht. Sie können sitzen und stehen und ihre Arme nach allen Seiten bewegen. Sie benötigen wenig Kleidung, welche übrigens auch ein Knabe nähen lernen soll. Oft genügt schon eine Schürze oder ein Rock.

Knäuelmännchen

Ihr sackförmiges Kleidchen hat auf der Rückseite einen offenen Schlitz, durch den ein Schnurknäuel gesteckt werden kann. Dessen Fadenende wird durch das Mundloch nach vorne gezogen. Dieses Knäuelbäuchlein hängt griffbereit, so daß man schnell eine benötigte Schnur zur Hand hat. Der Zug an der Schnur rollt im Bauche den Knäuel ab. Ein nettes, brauchbares Geschenk, leicht folgendermaßen herzustellen: Im verlängerten Kopf (Hals) werden Arme eingezapft. In die Beinenden wird je eine Rille geschnitzt, in welche das Kleid eingebunden wird. Der Kopf trägt eine Schlinge zum Aufhängen.

Wie schnitzt man Hände?

Solche mit weggestreckten Daumen benötigen auf ihrer Oberseite nur drei Rillen, welche die Finger trennen.

Die Unterseite der Hand forme mit einem Hohlmesser. (Siehe Abbildung!)

Bau von Geräten und Mechanismen

Unser technisches Zeitalter erfordert nicht nur klare, zweckbestimmte Gestaltung, sondern auch die ernste Auseinandersetzung mit Mechanismen, und zwar schon in früher Jugend. Zu den vom Handel angebotenen wenigen einwandfreien Spielzeugen gehören die Schachteln mit den verschiedensten Bauelementen, vor allem die Matadorbaukästen. Diese bieten dem mechanischen Bauen einen weiten Spielraum. Wo aber Naturformen einbezogen werden – seien es Bäume, Tiere oder Menschen –, *stimmt's* nicht mehr, da wird's kitschig. Dagegen fördert der Werkstoff „Jungholz„ auch bei solchen Werkaufgaben das Schöpferische, er schließt die Naturformen und das Mechanische gut zusammen.

Weiters läßt er nicht sklavisches Nachmachen und das Arbeiten nach vorgegebenen Vorlagen zu. Fertige Bauelemente verhindern wahres Gestalten und das so wesentliche Einfühlen und Eindringen in den Werkstoff. Gibt es doch nichts zu sägen, zu schnitzen, zu bohren, zu feilen, zu schmücken, es gibt keine Holzverbindungen herzustellen, denn alles ist, wie bei jedem anderen Zusammensetzspiel, vorgearbeitet. Der Wohlstandsmensch, aufs Bequeme und Schematische immer mehr dressiert und programmiert, verlernt die Scharferhaltung seines wichtigsten Werkzeuges – des Gehirns.

Nur bestes Spielzeug ab Säuglingsalter, das nicht etwas vormacht, sondern mit dem das Kind etwas machen kann, bereitet den Boden für späteres schöpferisches Bauen und Gestalten. Darauf wird im Abschnitt VII näher eingegangen.

Wie früh schon ist ein beobachtungsfreudiges Kind für die verschiedensten Mechanismen, denen es auf Schritt und Tritt begegnet, interessiert. Mit Vorsicht und Überlegung muß ihm geholfen werden, diese zu enträtseln. Nur „Begriffenes und Verstandenes“ wird zu einem festen Fundament, auf welchem weiter aufgebaut werden kann. Auch muß im Kinde die *Verpflichtung* für den Gegenstand, der ihm anvertraut wird, geweckt sein. Erst dann wird es ein Fahrrad oder die Taschenuhr achten, pflegen und zu verstehen versuchen.

Bahnschranken, Schlitten, Stehleiter, Aufzug, Säge, Schubkarren

Wie wertvoll kann ein bedachter Familienspaziergang sein? Da geht ein Bahnschranken nieder. Und schon die Frage: „Wie funktioniert das?“ Abends daheim wird ein solcher gebaut: Die Kur bel nach Holzverbindung HK. Die Verbindungen der sieben Gestellstäbe HD oder auch HZ. In die Scheibe, über die von der Kurbel aus die Schnur bis zum Hebegewicht am Schrankenende läuft, muß sorgfältig eine Rille geschnitzt werden. Damit das aufgedübelte Hebegewicht genug Schwere erreicht, kann eine gewichtige Schraube oder ein anderes passendes Metallstück aufgesetzt werden. (Abb.).

Zurück aber zum Spaziergang, der zu einem Bauernhof führt, wo herumstehende Geräte zum Nachbauen anregen. Stehleiter, Schlitten und Schubkarren sind in ihrer Konstruktion leicht zu verstehen. Wie sehr erleichtert der am Sägegestell oben aufgelegte Stein das Ziehen der Säge! Und der Futteraufzug funktioniert nach dem gleichen Gesetz des Bahnschrankens.

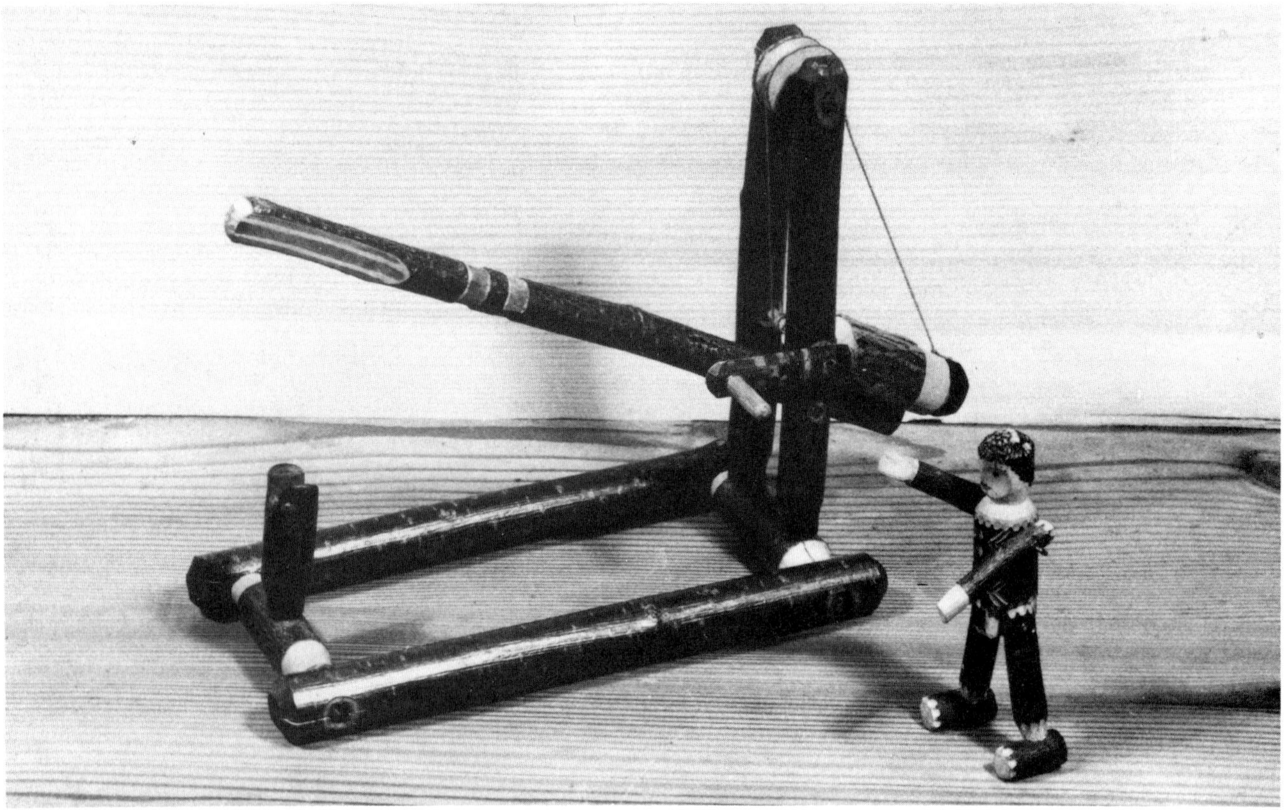

Bahnschranken

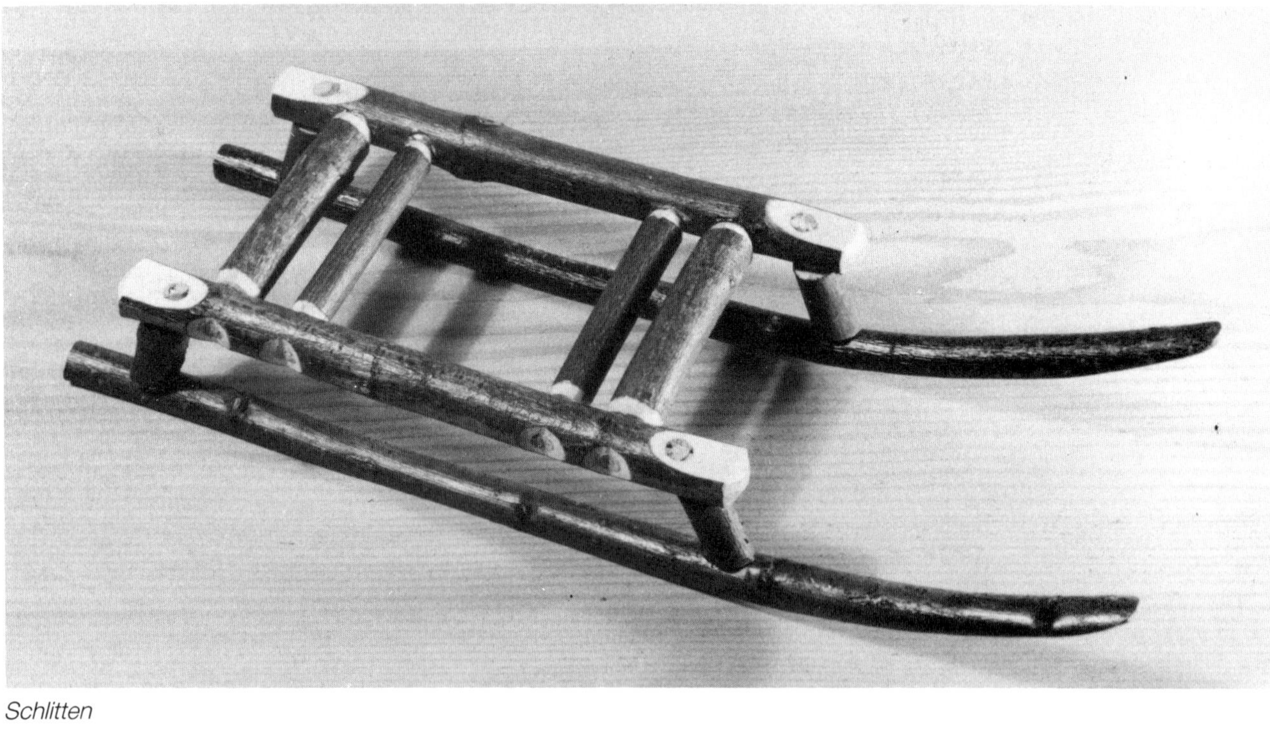

Schlitten

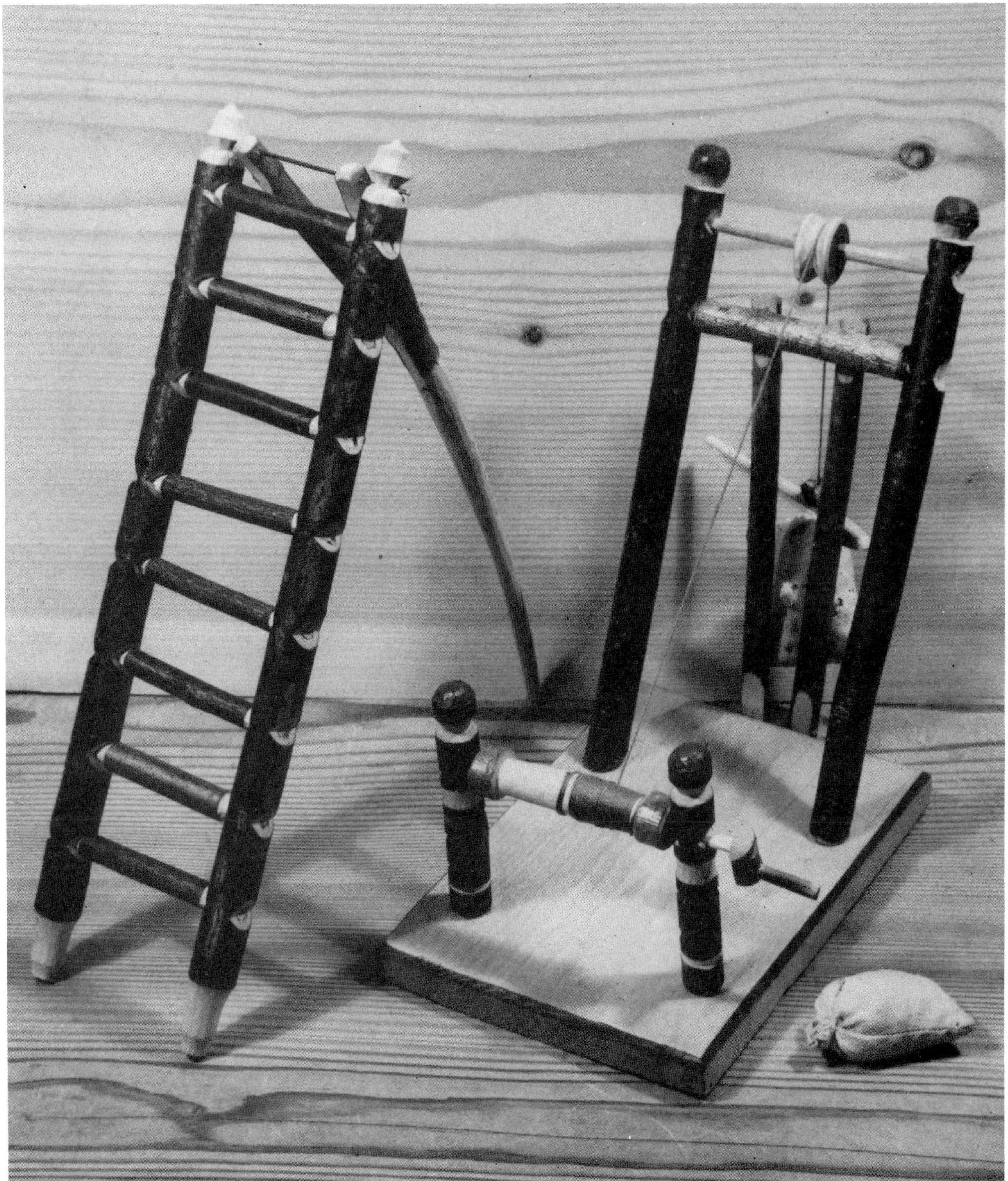

Stehleiter *Aufzug*

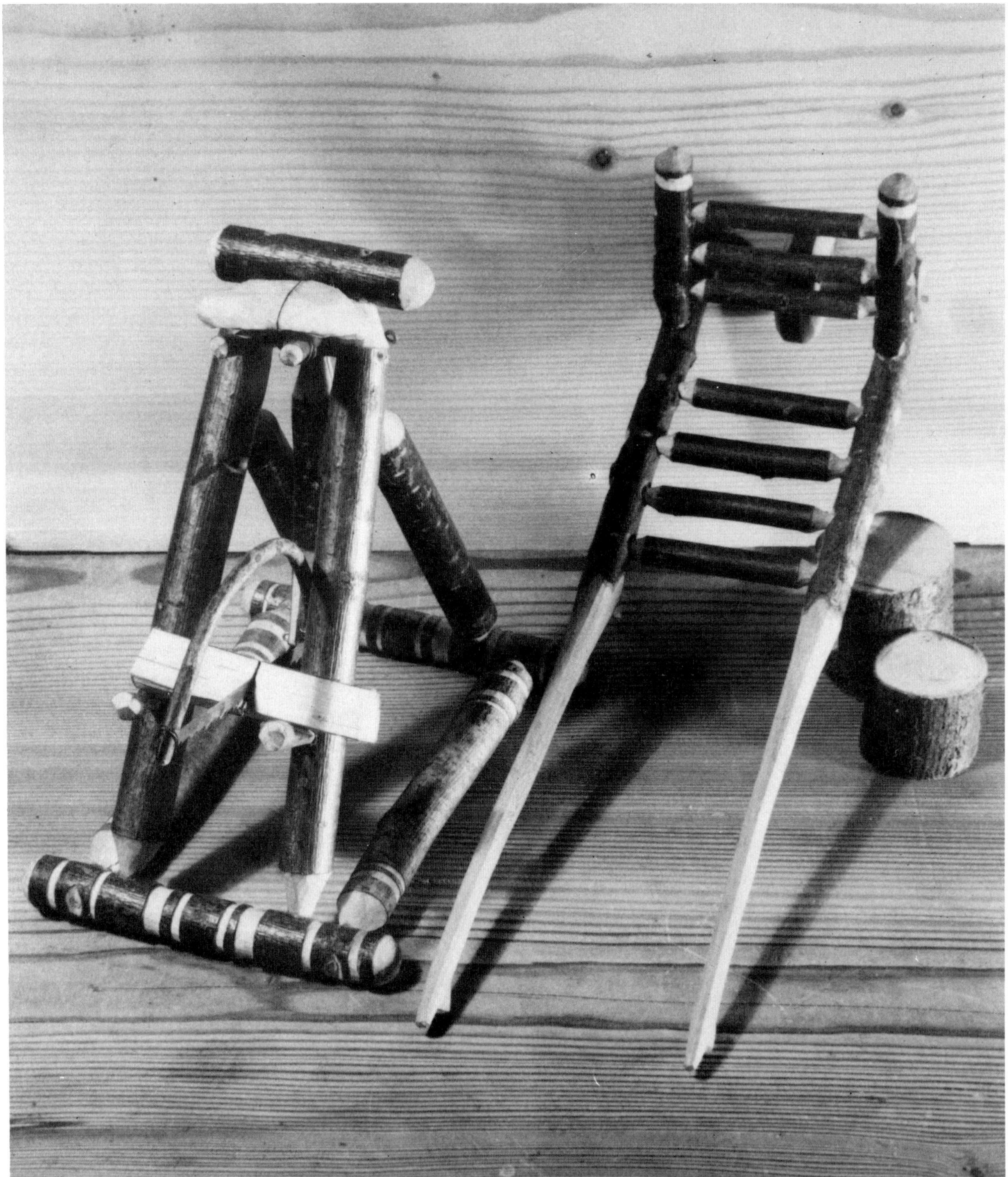

Gestellsäge *Schubkarren*

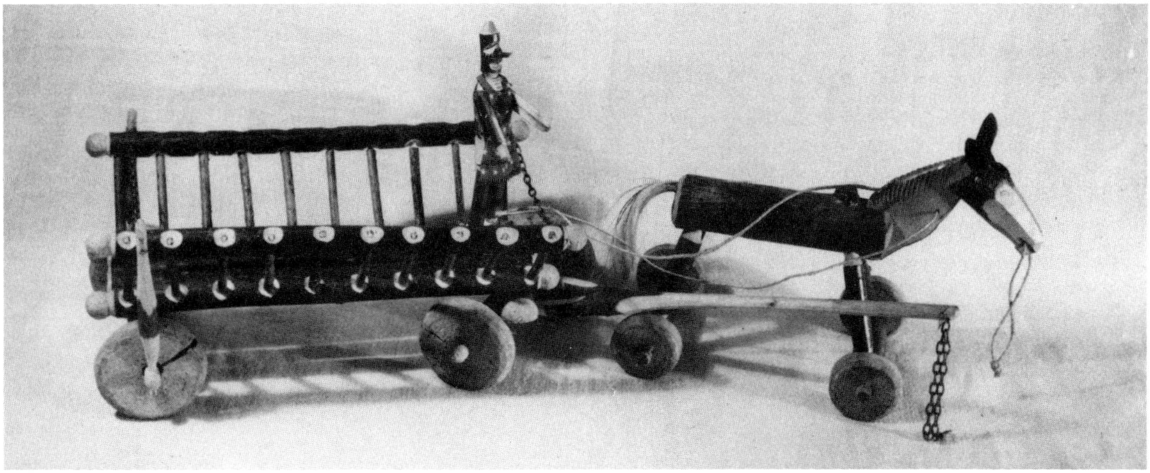

Pferd und Wagen

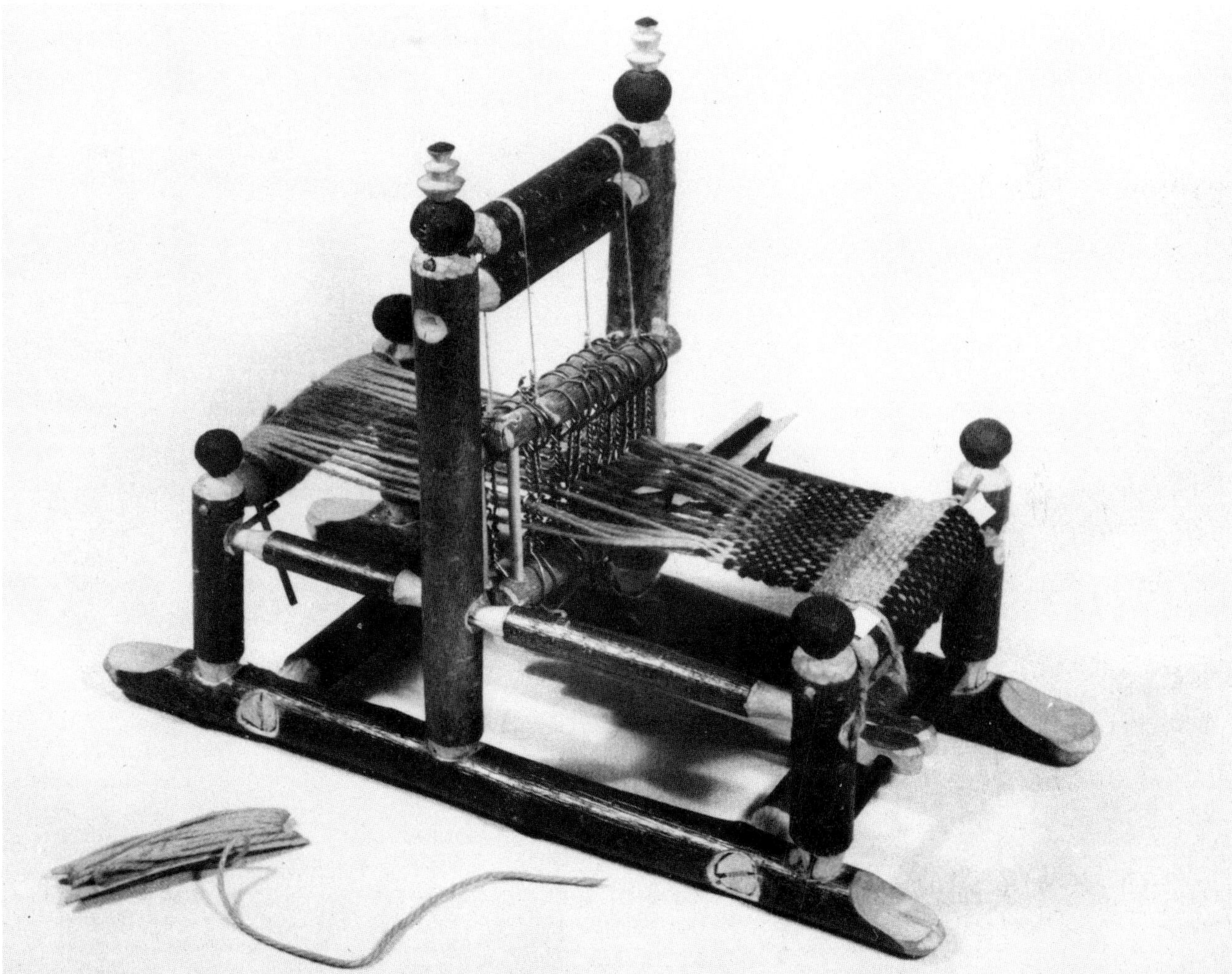

Webstuhl

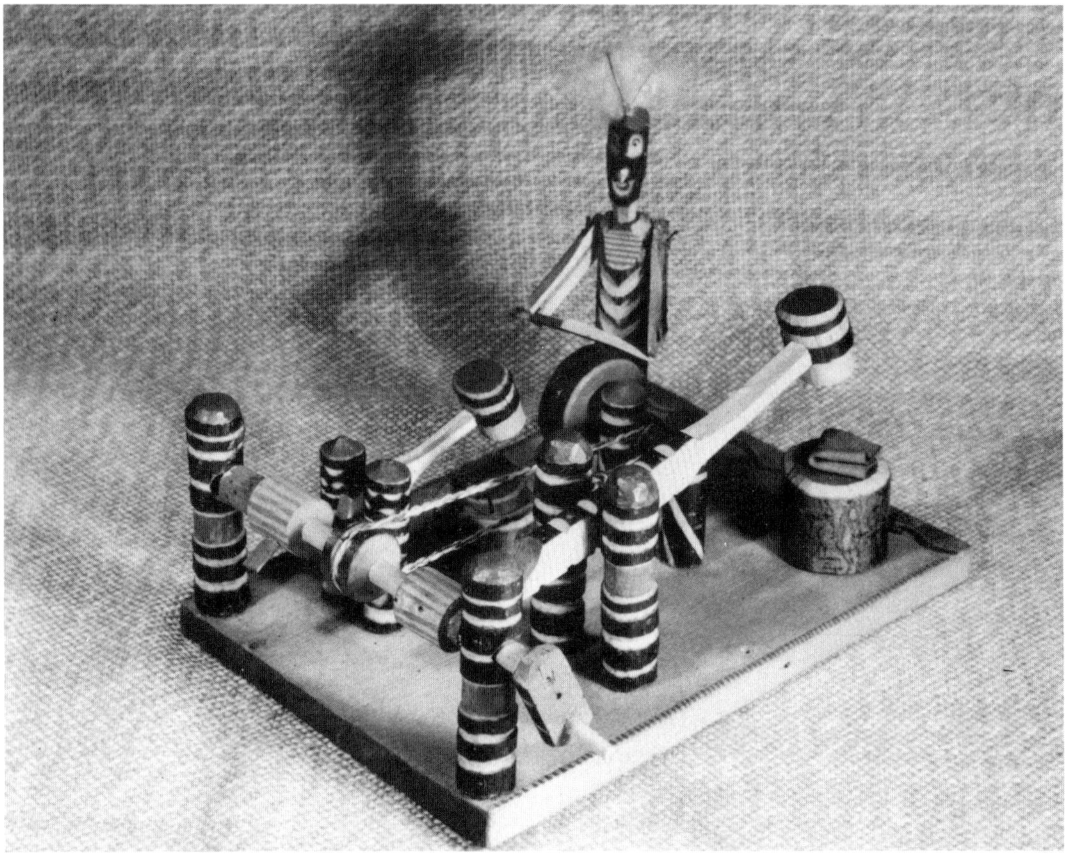

Pferd und Wagen

Alle Arbeiten sind von 12jährigen Knaben nach zweijähriger Schulung gewerkt. Selbstverständlich muß der Lehrer im Sinne der „eisernen Gesetze“ (Seite 147) mit Rat und Tat zur Seite stehen. Vergleiche das Pferd mit jenem auf Seite 38. Dieses würde doch niemals zum Wagen passen, kommt es doch aus einem anderen Stall.

Vier verschiedene Hammerwerke

Im ersten Hammerwerk treibt die Kurbel nicht nur zwei verschieden große Hämmer, sondern durch eine Übersetzung auch einen Schleifstein an. Das zweite Modell kann durch ein geschnitztes Zahnrad acht Hämmer in Bewegung setzen. Das vierte Modell wird vom Wind angetrieben.

Webstuhl

Der Werker muß nun so weit sein, daß er die Konstruktion aus der Abbildung ablesen kann. Die Schäfte des Webstuhls müssen gegenseitig zur Fachbildung mittels der zwei Trittstäbe hoch und tief gezogen werden. Durch das jeweilig gebildete Fach wird das Schifferl mit aufgewickeltem Faden gezogen. Ein gewebtes Band ist in Arbeit.

Aufzug und Fallhammer

Das hochzuziehende Hebebrett des Aufzugs läuft auf vier lotrecht gespannten Schnüren. Das Gewicht des Schlaghammers fällt, wenn sich oben das Zughäkchen auslöst.

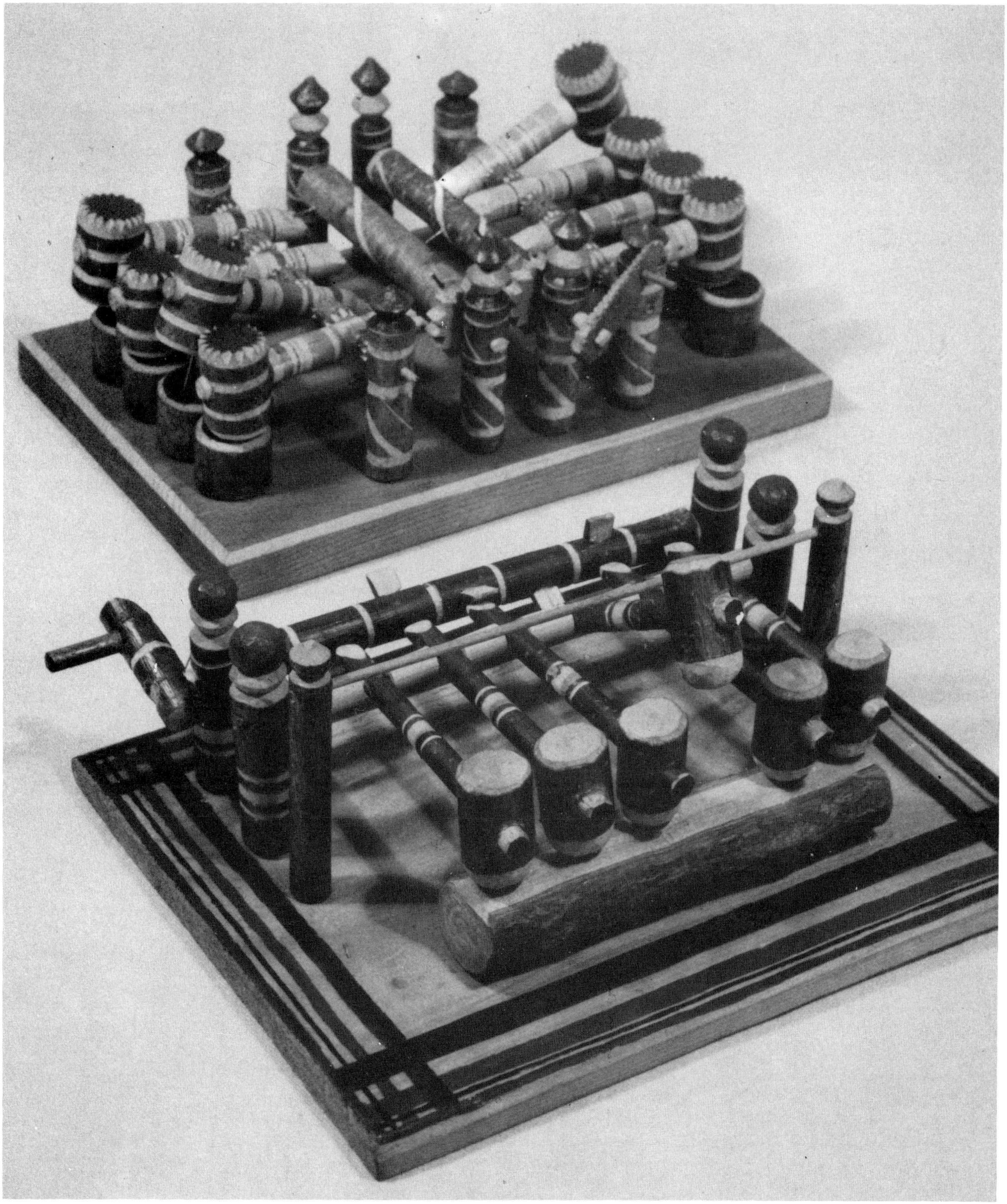

Hämmerwerke

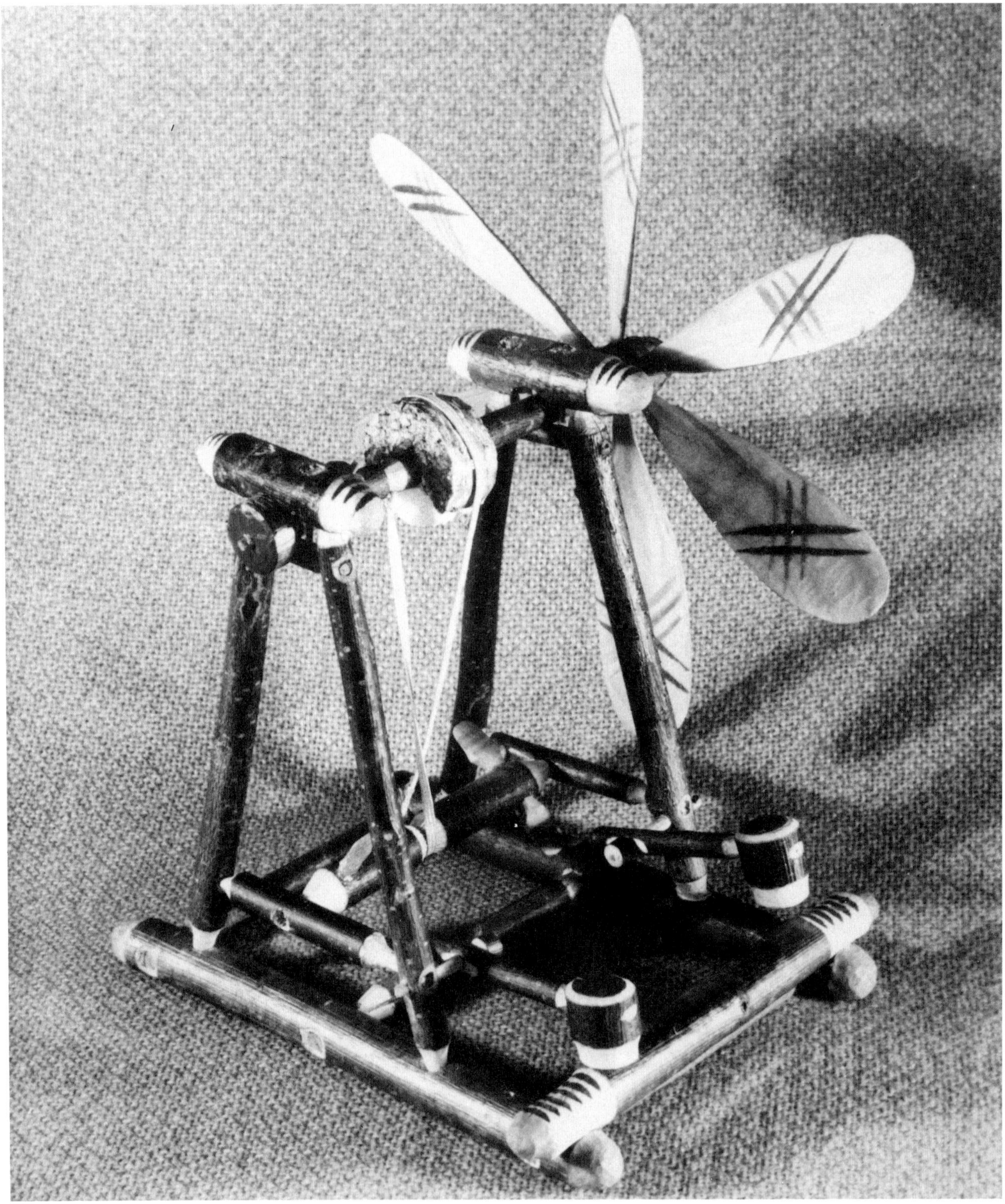

Hämmerwerke vom Winde getrieben

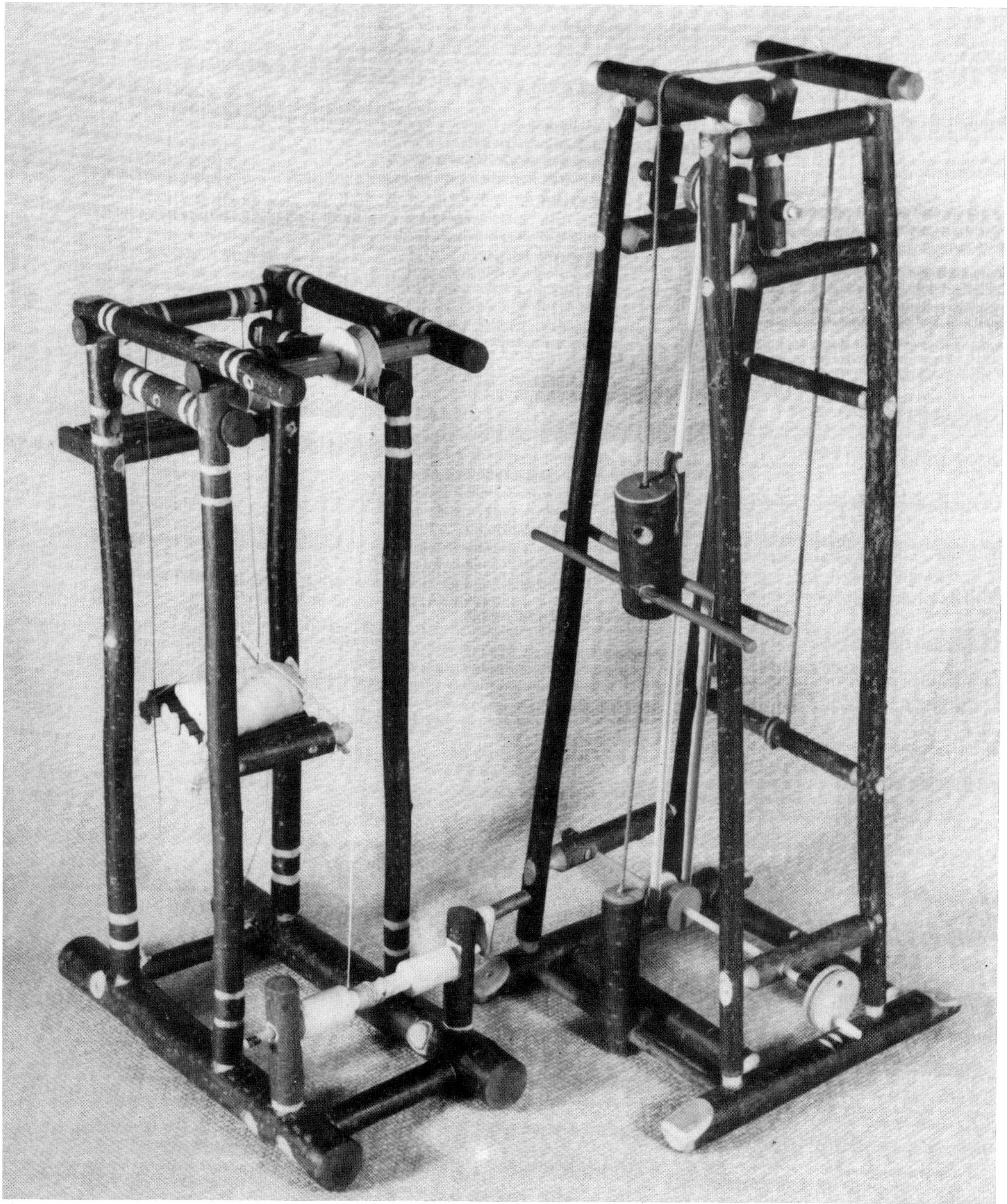

Aufzug und Fallhäuser

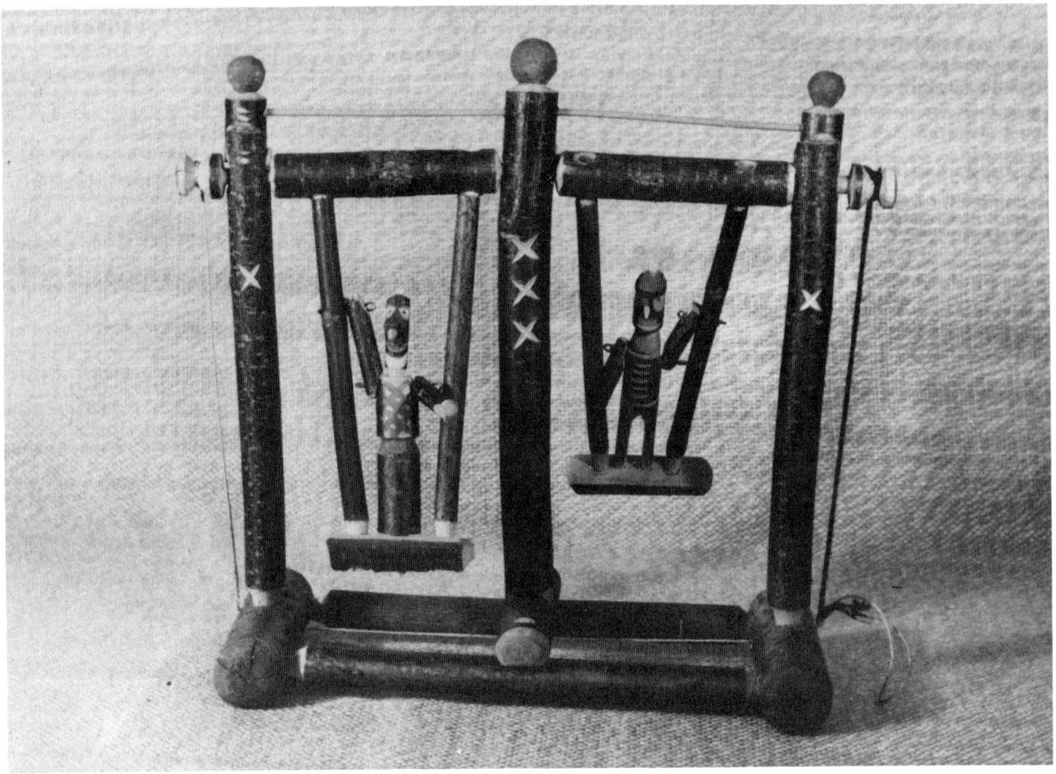

Doppelschaukel

Volksbelustigungen

Alles was der Romantik und der Abenteuerlust dient und alle Mechanismen, welche den Körper unbekannten Schwingungen aussetzen, sind für das Kind von großem Interesse.

Sowohl die einfache *Doppelschaukel* als auch die *mehrsitzige Doppelschaukel* werden durch zwei gegensätzliche Fadenzüge geschwenkt. Das *Schleuderringelspiel* kann mittels seines eingebauten Rillenrades und einer Transmission an einen Motor gehängt werden.

Farbmühle

Sie hat im Sinne des Farbkreisels (Seite 101) verschieden bemalte Kartonscheiben eingebaut. Diese, durch die Kurbel und die Transmissionsschnüre in Rotation versetzt, ergeben reizvolle Farbstimmungen.

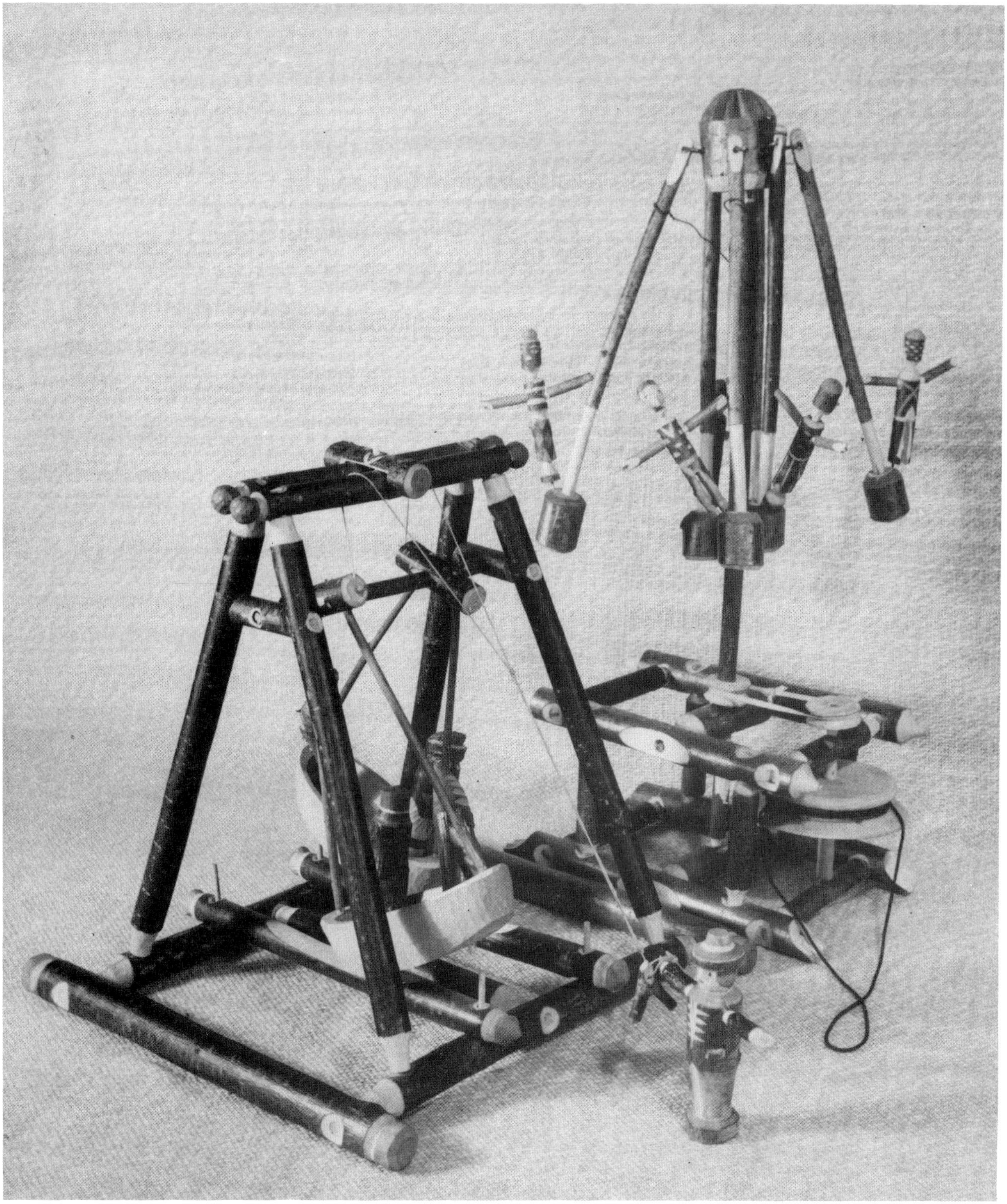

Mehrritzige Doppelschaukel *Schleuderringelspiel*

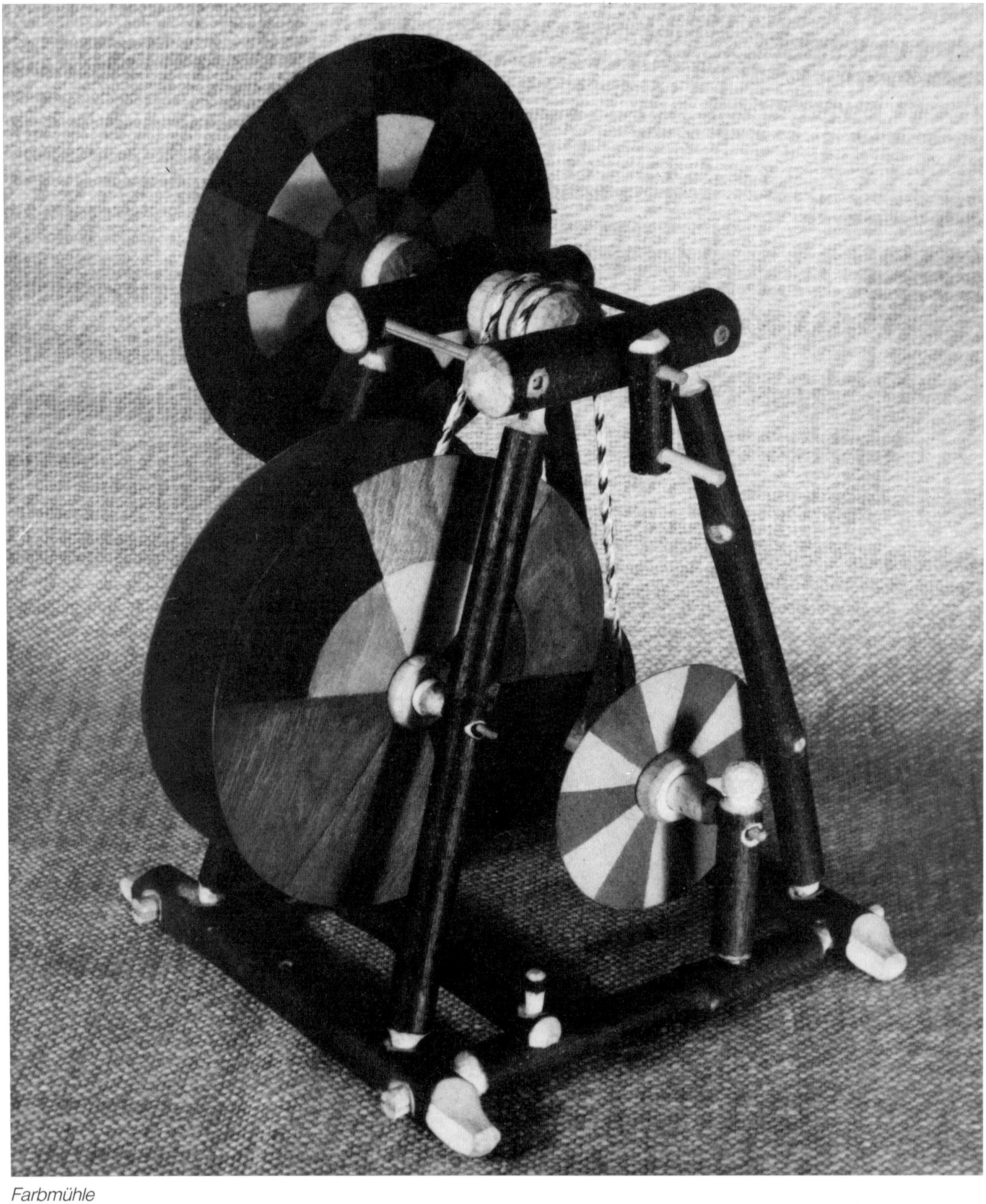

Farbmühle

Gruppenarbeiten

Schon die Themenstellung eines Werklehrers kann über eine gute, erfolgversprechende Ausführung entscheiden. Das Thema – der gewählte Gegenstand – muß nicht nur dem Interesse der jeweiligen Altersstufe eines Kindes entsprechen, es muß auch auf dem schon Gelernten, Erprobten, Gekonnten folgerichtig weiter aufgebaut werden. Auf Lücken aufbauen zu wollen hieße, das Kind in die Lücke fallen zu lassen.

Wie verschieden weit können Kinder in ihrer Entwicklung von Beobachten und Können sein. Werden z. B. Schüler einer Klasse, die noch nie mit einem scharfen Messer schnitzten, in eine andere Klasse überstellt, in welcher die ersten „Fingerübungen" schon längst sitzen, so werden diese durch ihre Ungeübtheit allzuleicht verzagt und entmutigt. Werken ist ein hervorragendes Erziehungsfach, das leider allzuoft geringgeschätzt wird. Welch anderes Lehrfach könnte aber besser die für das Leben so nötigen Werte zur Entfaltung bringen, wie scharfes Beobachten, Einfühlen, Findigkeit, Geschicklichkeit, Geduld, Exaktheit, Sauberkeit, Ordnungsliebe und Sparsamkeit, Zweckmäßigkeit, Unterscheidungskraft, objektive und gerechte Beurteilung, Verständnis für manuelle Arbeit und Achtung vor einem Werkstück, Schöpfer- und Geberfreude und lebendige, schemafreie Intelligenz?

Oft steht der *Werkerzieher* vor schweren Aufgaben. Seine jeweilige Themenstellung muß wohl im Technischen begrenzt, doch in der Gestaltung frei sein. Da wahre Erziehung auf Gegenseitigkeit beruht, kann der Werklehrer besonders bei Gruppenarbeiten – wenn eine Gruppe gemeinsam ein Thema bearbeitet –, sich immer wieder selbst erproben und Neues dazu lernen. Er muß den Plan entwerfen, diesen für alle *verständlich* machen, die Arbeiten gerecht und nach dem Können seiner Schüler verteilen und für ein *fließendes* Arbeiten sorgen. Kein Schüler darf lange Wartepausen haben, das hieße doch zum Totschlagen der Zeit verführen! Um Neulingen und Unbeholfenen zu helfen, können geübte Schüler (nicht Lieblingsschüler!) eingesetzt werden. Diese arbeiten schneller, ihr Helfen bedeutet für sie Lehren lernen.

Eine Welle der Freude überflutete einmal eine Werkstunde, als sich ein durch die Kinderlähmung verkrüppelter, vom Handarbeitsunterricht befreiter Schüler in den Werkraum verirrte. Alle wollten vorzeigen und helfen. Schließlich gelang es ihm, winzige Spänchen von einem Stab zu lösen. Doch erst nach Wochen war sein kleines, doch vollkommenes Werk geboren. (Siehe Abb. Seite 123) Freudig kamen die Eltern mit ihrem Dank; denn das gewonnene Selbstvertrauen ihres Kindes hatte dessen Ängstlichkeit und Schüchternheit weggewischt.

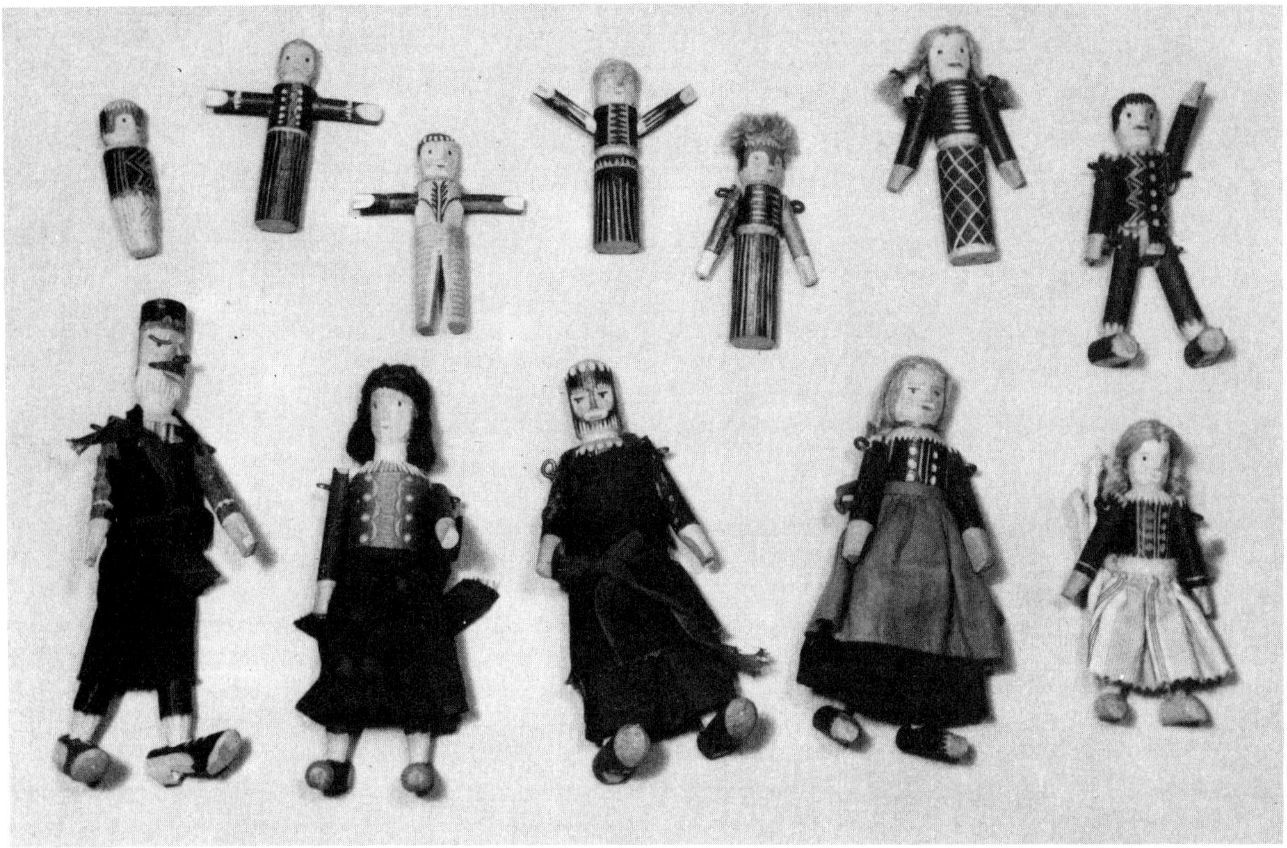

Daheim, in einer Großfamilie

Dies sei das einer Gruppe gestellte Thema. Angenommen, die Werkschar umfasse zwölf Schüler, jeder soll zwei Arbeitsstücke zu bewältigen haben. So müssen zwölf menschliche Figuren – vom Säugling bis zum Großvater – und zwölf einfachste Möbelstücke – vom Hocker bis zur Truhe – gemacht werden (siehe Abbildungen!) Schon die wenige Arbeit am Wickelkind wird bedächtig und liebevoll durchgeführt. Die kleinsten Püppchen, die etwa 3–5jährige Kinder darstellen, strecken ihre Ärmchen noch im rechten Winkel von sich (HZG). Dagegen zeigen die, welche 6–8jährigen entsprechen, schon anders gerichtete und auch bewegliche Arme (HB1). Die nach 9–12jährigen Kindern geformten Püppchen sind voll beweglich (HB2) und reicher geschmückt. Puppenvater und Großvater haben gewichtige Schuhe, um besser stehen zu können. Der Mütter Haare sind aus Wolle geflochten. Die in ihren Abstufungen gereihten Figürchen verdeutlichen die sich steigernden Schwierigkeitsgrade.

Bei den einfachen Möbelstücken zeigt der Arbeitsaufwand noch größere Unterschiede. Ist doch der 1. Hocker nur eine geschmückte dicke Scheibe. Schemel, Bank und Tisch tragen vier eingesetzte Füße (HZ3). Die Sprossen der Sessel- und Banklehne zeigen HK auf, jedoch ohne Keil. Die Füße der zwei Böcke für eine Tischplatte sind eingekeilt. Die Truhe, mit Hohlmessern ausgehöhlt, schließt ein geschmückter Schiebedeckel ab.

Nun müssen mit Hilfe der Schüler je zwei dieser

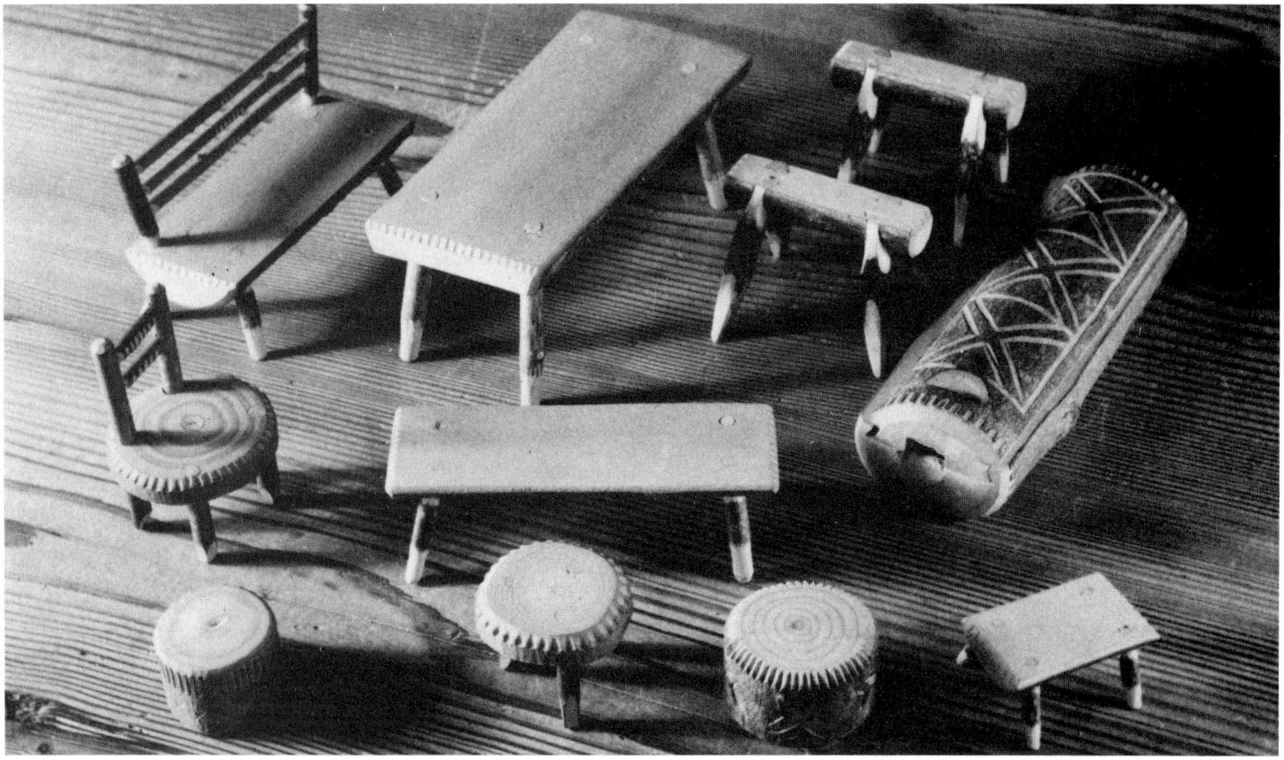

besprochenen Werkaufgaben so gerecht wie möglich verteilt werden. Der Geübte läßt sich gerne stärker belasten, er ist auch bereit, den Ungeschickten vorzeigend zu helfen. Die Maße, welche die Proportionen vom Ganzen aus bestimmen, werden beim Werklehrer eingeholt. Wer fertig ist, hilft den Langsameren. Der Lehrer selbst entdeckt sich bei solcher Gruppenarbeit als „Betriebsleiter". Er beobachtet aufmerksam seine kleinen Arbeiter und springt da und dort mit Rat und Tat ein. Ist er doch verantwortlich dafür, daß ein gutes Ganzes geschaffen wird.

Wie aber soll nun benotet werden? (Da wäre vorauszuschicken, daß die Benotung in allen musischen Fächern ein Unding ist – dies wurde schon reichlich diskutiert und vom *Erzieher* erkannt!)

Jeder Schüler arbeitet nach seinen Kräften, so wie auch der Arbeiter in der Werkshalle seine ihm zugeteilte Aufgabe nach seinem Vermögen getreulich zu erfüllen hat.

Wäre es gerecht, ein Kind mit einer verkrüppelten Hand oder einen Neuling, etwa auch ein psychisch schwer belastetes oder durch überstandene Krankheiten gehemmtes Kind in ungenügender Erfüllung seiner Aufgabe mit einer schlechten Note zu bestrafen? Und was könnte es dafür, wenn ein Lehrer im vorangegangenen Schuljahr versagte? Berechnete nur mehr ein starrer Computer im menschlichen Gehirn die Note, so wäre dies aber auch das Ende der Menschlichkeit in der Schule. Nur wenn das Werkstück durch Faulheit, Drükkebergerei, Unpünktlichkeit, Schlamperei und dgl. zu Schaden kommt, ist eine schlechte Note gerechtfertigt. Und selbst diese Schüler dürfen nicht entmutigt werden.

Die selten gemachten Gruppenarbeiten verlangen vom Erzieher gründliche Vorbereitung mit Einbeziehung der Leistungsfähigkeit jedes seiner Schüler. Solche Arbeiten rücken die Schule jedoch dem praktischen Leben näher. Gruppenarbeiten sind oft für Ausstellungen nötig und eignen sich besonders für Landschulwochen und Sommerlager. Sie legen im Kinde den Keim, einmal selbst als Vater dieses oder jenes köstliche Spielzeug seinem Kinde bauen zu helfen (siehe Seite 111 und 113 Kugelbahn).

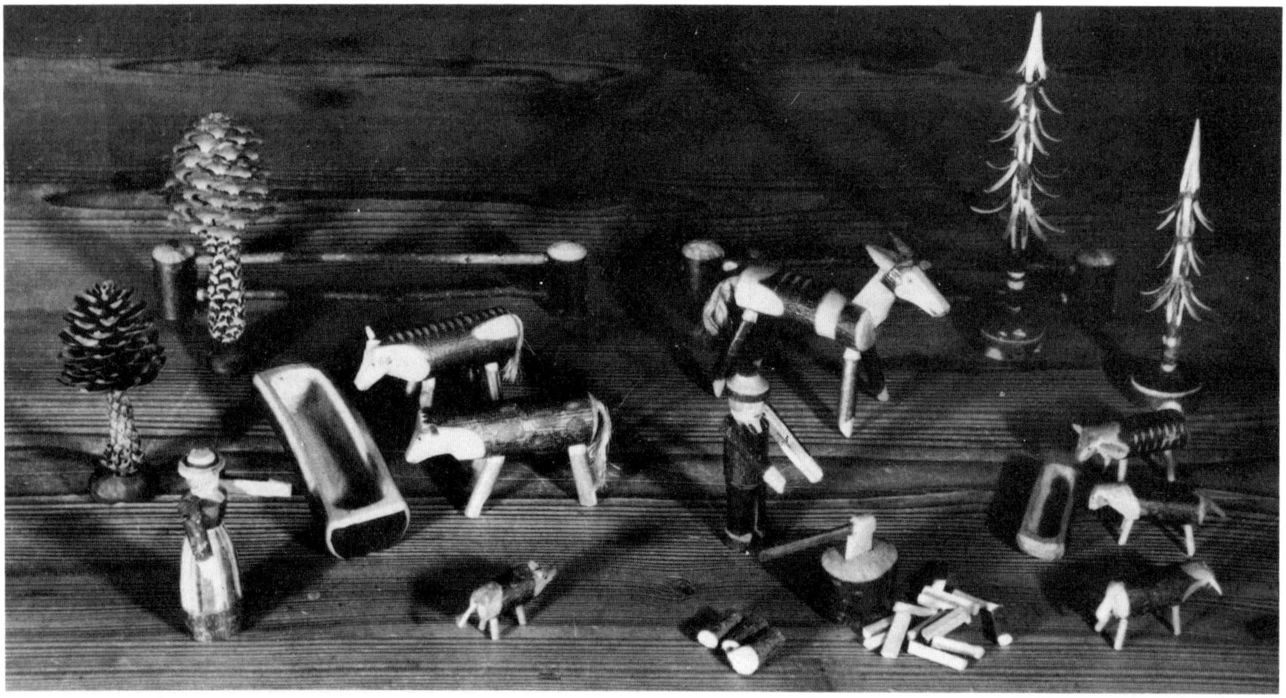

Am Bauernhof

Prüfe vorher die oben stehenden Abbildungen, was und wie alles zu machen ist. Da es diesmal um die Herstellung einer Vielzahl gleicher Haustiere in gleicher Größe geht, können gewachsene Formen nicht verwendet werden. Das Charakteristische der jeweiligen Tiere zeichne mit wenigen, kräftigen Schnitten! Verwende zur Einsetzung von Ohren, Gehörn und Beinen HZ. Eingeklebte Schnurstücke bilden die Schwänze, die aufgezaust werden. Ein Verbindungsbrettchen (ähnlich der Garngabel, Seite 31) hält den Kopf des Pferdes an seinem Rumpfe fest. Futtertröge aushöhlen ist eine gute Übung für die Handhabung von Hohlmessern.

Zäune: Klobige, oben gut abgeformte Stabstücke werden mit dünnen Ruten verbunden HZ. Bilde Nadelbäume durch reiches Aufschlitzen konischer Stäbchen und Laubbäume aus Zapfen.

Überfahrt, Krippe (S 93) und Golgatha (S 143)

Diese drei Beispiele für Gruppenarbeiten wollen weitere Anregungen geben. Die „Überfahrt" (ein alter Brauch an Gebirgsseen, im Herbst die Weidetiere auf einer Plätte heimzubringen) zeigt so wie die Krippe, daß auf gefundenen Schwemm- und angerotteten Hölzern gut aufgebaut werden kann. Besonders Krippe und Golgatha öffnen der Phantasie alle Tore zu weiterem, noch reicherem Ausbau. Sind doch schon in alten Krippen, außer den Hirten und den drei Königen, Szenen aus dem Alltagsleben eingefügt. Und wie mannigfaltig zeigen sich erst die Bilder Golgathas.

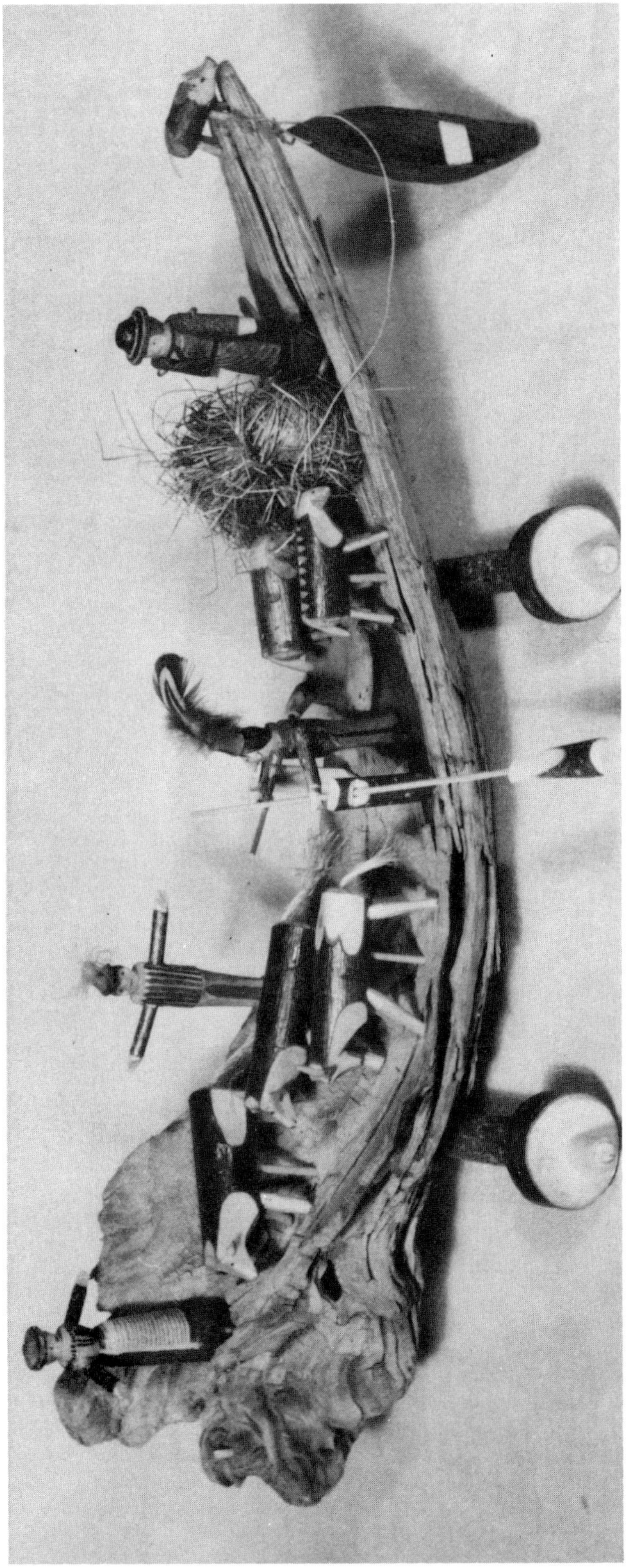

Überfahrt

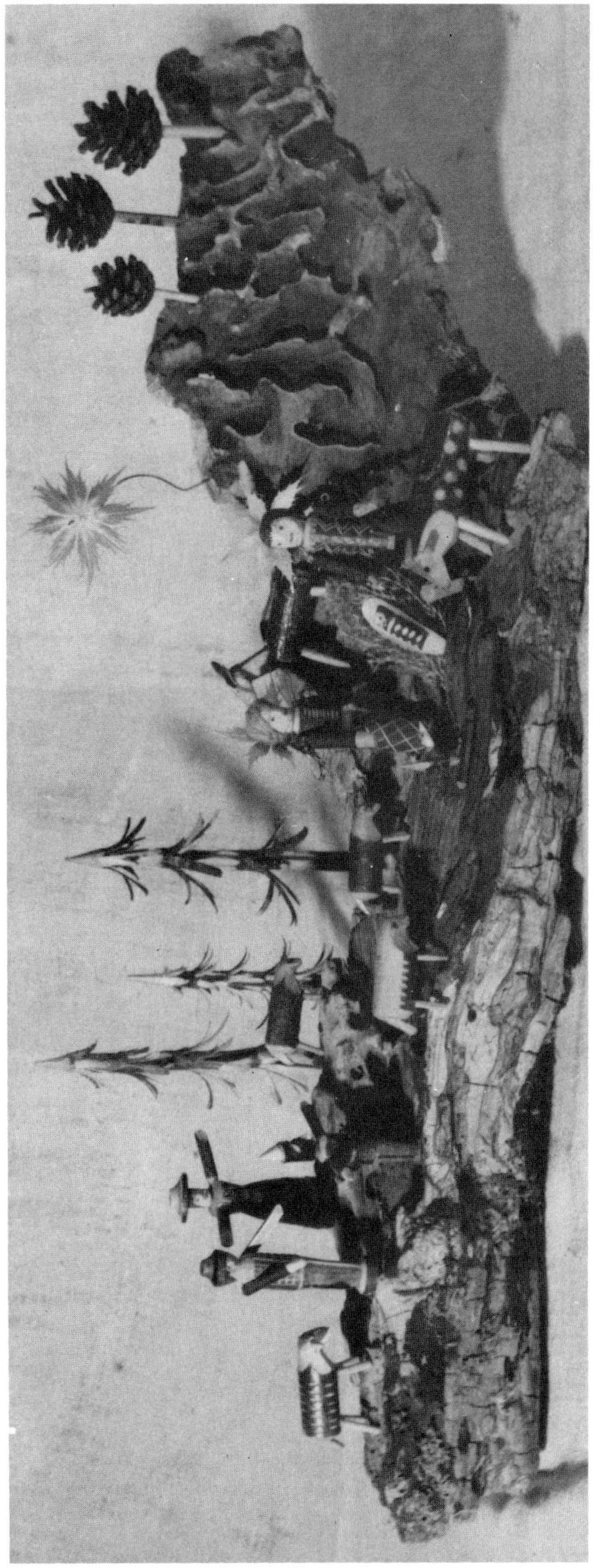

Krippe

Spielzeug

Die Gruppenarbeiten „Daheim, in einer Großfamilie" und „Am Bauernhof" führten bereits unter anderem in das wunderbare Reich des Kindes, welches die heutige Jugend allzu schnell verlassen muß. Wie schwer wird ein Zurückfinden sein, trotz der Mahnung: „Wenn ihr nicht werdet wie die Kinder . . ." Der Pädagoge Friedrich Fröbel sah schon im 18. Jahrhundert die immer größer werdende Notwendigkeit einer umfassenden Ausbildung *aller* Menschenkräfte voraus. Der einseitige „Fortschritt" ist aber nun daran, jene Menschenkräfte zu vernachlässigen, welche die innere und äußere Gesundheit und das Glück der Erdenkinder verbürgen.

„Spielzeuge sind die Herzblätter des künftigen Lebens." Spielzeuge müssen *kindgemäß* und *spielbar* sein. Die naturalistische Puppe aus der Fabrik, welche den Verbildeten lockt, macht nicht nur ihre Augen auf und zu, sie kann lutschen, trinken, ein Wässerlein lassen, gehen, reden und singen. Da es meist Eltern und Erzieher am liebevollen Hinein- und Mitfühlen und an der *Zeit* für das eigene Kind mangelt, wird dieses unbedacht – auch aus schlechtem Gewissen – mit untauglichen und kitschigen Spielzeugen *überhäuft*. Dadurch wird es schon früh verdorben. Dazu kommt das unselige Vergleichen der Alten, daß dieser oder jener Besseres leistet, mehr weiß, mehr kann und auch mehr hat. So wird gedemütigt, Widerwillen und Neid hervorgerufen oder der Begehrer und Angeber erzogen. Nur wenige Eltern erfreuen ihre Kinder und sich selbst mit selbstgefertigten Spielzeugen. Wie wertvoll aber erst für die „Herzblätter des künftigen Lebens", wenn Eltern *gemeinsam* mit ihren Kindern Spielzeuge bauen. Durch dieses Tun wird das Kind zur Arbeit der Hände geführt – immer noch die erste große Aufgabe, die dem Menschen von jeher gestellt war und gestellt ist. Welch innigeres Verbundensein von Eltern und Kind erwächst bei diesem gemeinsamen Schaffen! Welch besseres Verstehen der noch glücklichen Welt des Kindes! Das Selbsterwerken wird zu einer kraftspendenden Erholung!

Gutes Spielzeug erfordert allseitiges Betätigen: Der Kreisel wird gedreht oder angetrieben; die schiefe Ebene läßt ablaufen; mit Schnurzügen, Kurbeln und Hebeln kann etwas in Bewegung gebracht werden; aneinander schlagende Teile lösen die verschiedensten Geräusche aus usf. Aber nicht nur die Sinne werden geschärft, die Gemütswerte erfahren nicht mindere Bereicherung. So spielt sich das Kind mit gutem Spielzeug in unsere Heimat, in unsere Kultur- und Arbeitswelt glücklich und unbeschwert hinein.

Windräder

Kann man etwas so Einfaches, wie es ein Windrad ist, überhaupt „werken?" Auf das „Wie" kommt es an; das „Wie" macht in erster Linie den Unterschied. So sei versucht, die Herstellung eines Windrades vorerst gründlich zu durchdenken, als Beispiel für die vielen folgenden Aufgaben.

Sieh dir genau den Verlauf der Zeichnungen auf Seite 97 und 98 an: Wähle ein quadratisches, etwas steiferes Papier, am besten Packpapier oder Umschläge von alten Schulheften. Die vier üblichen diagonalen Einschnitte werden gemacht. Damit sich das Windrat schon beim Abheben vom Tisch bewegt, also feinst reagiert, muß die Reibung des Rades auf ein geringstes Maß gebracht werden. Die Löcher für Nadel oder Nagel werden nicht gestochen, sondern rund ausgestanzt. Brauchbare Stanzen in allen Größen sind aus Nägeln leicht herzustellen, deren Spitzen abgezwickt

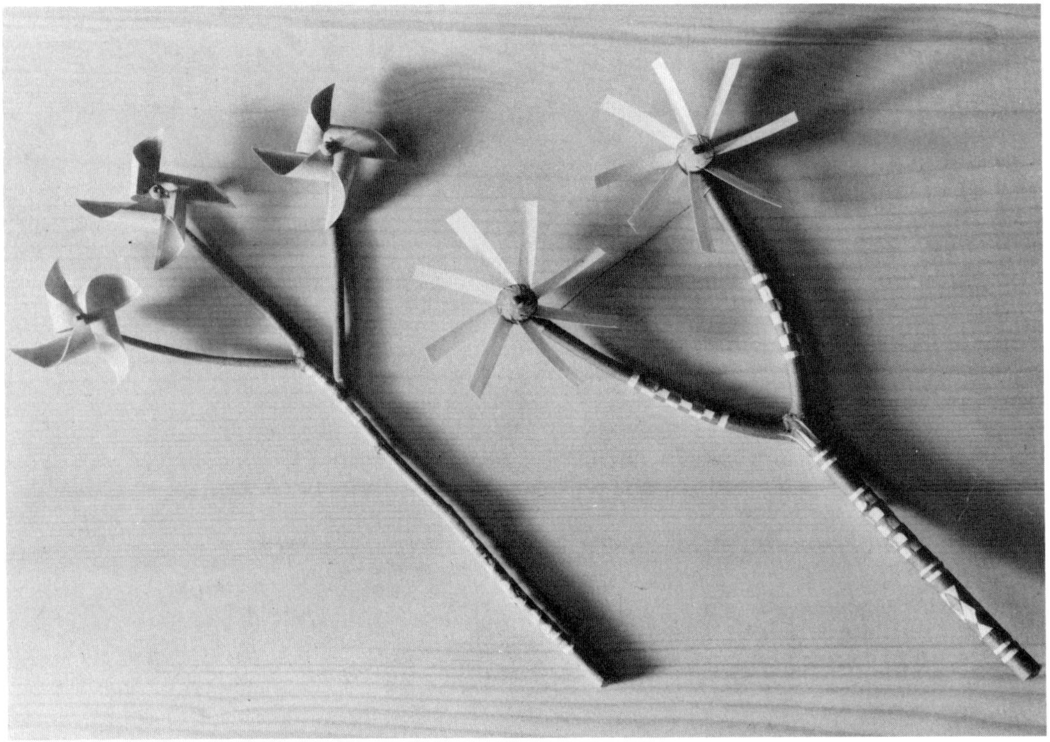

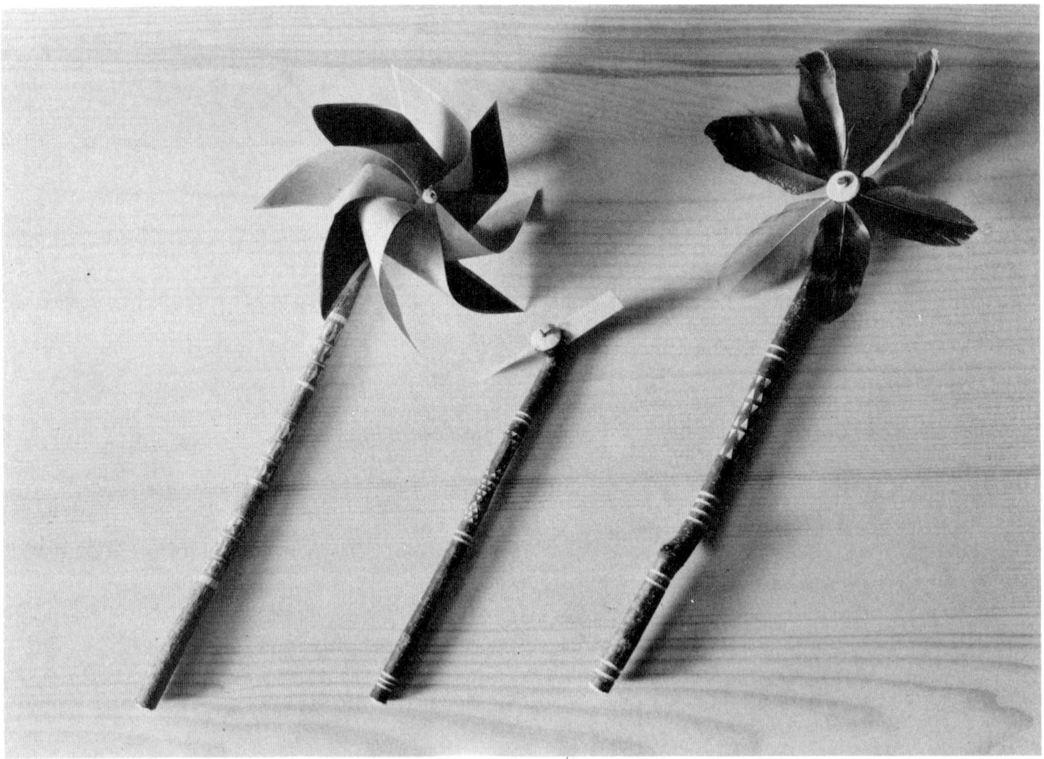

Windräder

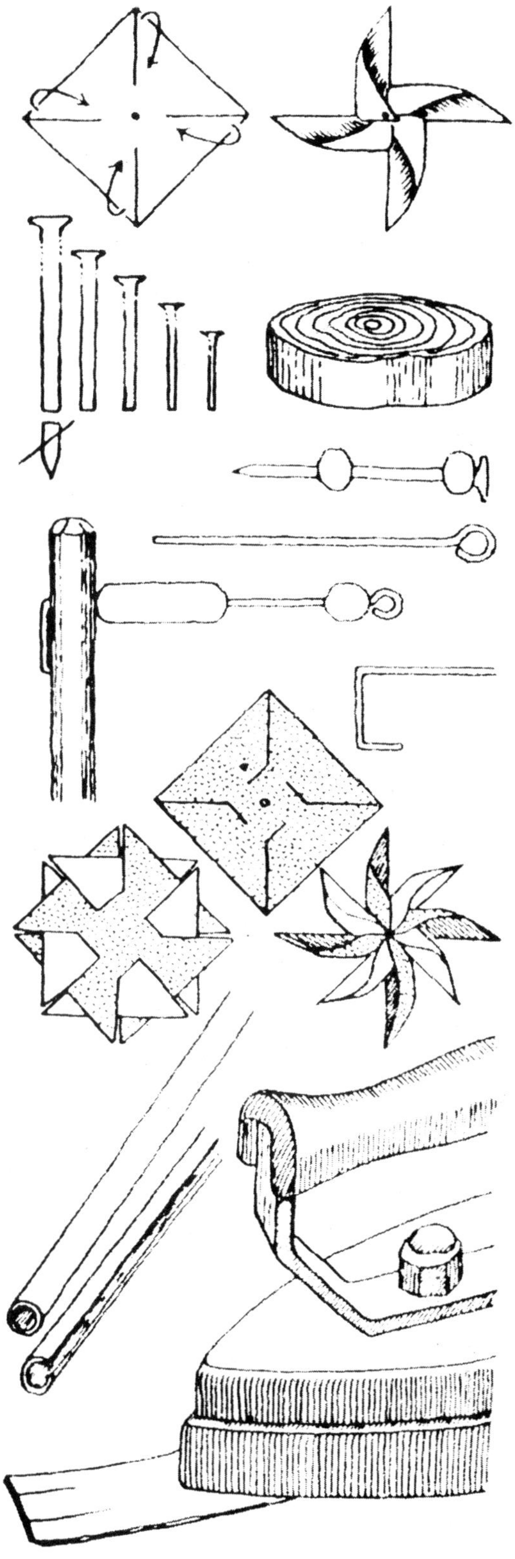

und dann ebengefeilt werden. Als Stanzunterlage taugt am besten Hirnholz: also eine abgesägte Scheibe. Damit das Windrad einerseits nicht am Stabe reibt, andererseits der zusammenhaltende Nadelkopf nicht durchbricht, muß ein Lager geschaffen werden. Zwei Holundermarkkügelchen oder Holzperlen besorgen dies am besten. Beim achtflügeligen Windrad, das noch weiter vom Haltestäbchen abstehen muß, damit dieses die Lappen des Rades nicht bremst, muß ein etwa 3 cm langes Hollermarkstück oder Stäbchen als hintere Beilage verwendet werden.

Nun wird bei größeren Windrädern der Nagel, bei kleineren die Nadel der Reihe nach durch die Holundermarkkugel, durch die gestanzten Löcher der eingezogenen Lappen, durch das Loch in der Mitte des Windrades und schließlich durch die zweite Holundermarkkugel oder das Holundermarkstück gesteckt und in das Tragstäbchen geklopft. Aber halt! Je größer das Windrad, desto weiter muß es vom Tragstock abstehen. Je länger der Nagel aber, desto dicker wird er. Er sprengt das Stäbchen und wirkt plump. So wird eine Achse am besten aus hartem Draht anstatt des Nagels hergestellt. Zuerst muß mit der Rundzange am Ende des Drahtstückes ein Ringelchen – „das Auge" – gebogen werden, damit das Windrad gehalten wird. Zwei Bohrlöcher, etwas enger als die Dicke des Drahtes, werden hierauf in das Tragstäbchen gebohrt und die Achse (nach Aufstekken des Windrades und der Beilagekügelchen) befestigt, wie die Abbildung zeigt. Fürs Freie aber, fürs Naßwetter bei Regen würde sich das Papierwindrad nicht eignen. Federn sind da besser oder Strohflügel.

Ein Strohhalm wird eingeweicht, aufgeschlitzt, ausgebügelt. Versuch es vorerst einmal mit einem Luftschraubenrad. Der leicht drehbare Holzkern wird aus einem dickeren Aste etwas kegelig geschnitten, um so die Reibung zu vermindern. Dann werden seitlich zwei gegenüberliegende Schnitte mit der Feinsäge 45gradig eingeschnitten und die Strohflügel hineingeklebt. Auch ein Holzluftschraubenrand läuft schon recht gut – noch besser freilich das vierflügelige Holzwindrad.

Windrad mit Wetterfahne: Setze das Rad auf das Ende eines kurzen Stabstückes auf und füge

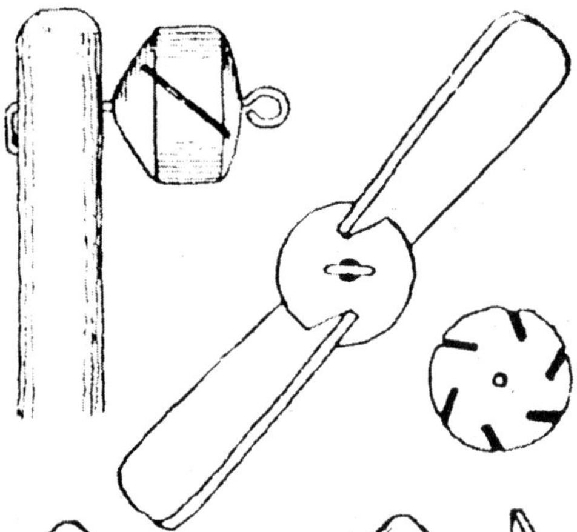

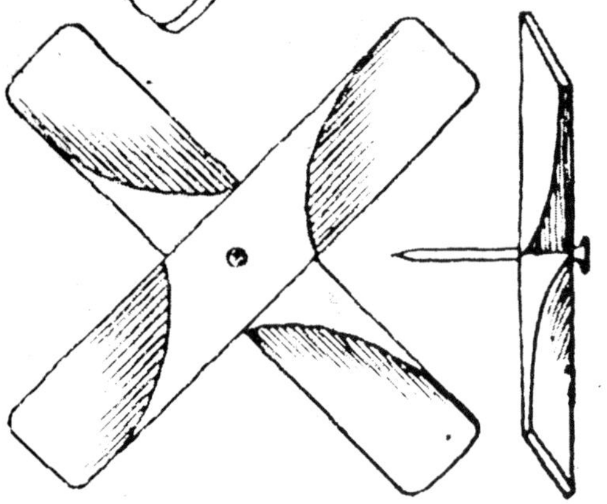

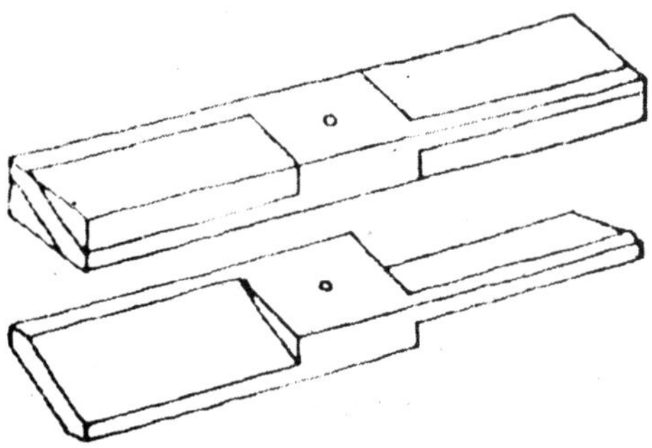

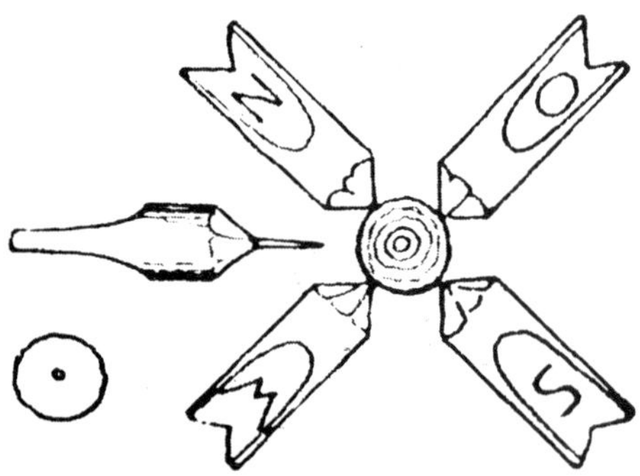

auf dessen anderem Ende Strohstreifen oder ein breiteres Holzblättchen als Windfahne ein. Suche in diesem Gebilde die gut ausgewogene Stelle für den lotrechten Nagel, der es am Ende eines naturgebogenen Haltestabes leicht drehbar festhält. Seine Biegung erlaubt ein unbehindertes Laufen des Rades, wenn du den Stab außen an eine Fensterleiste schraubst. Stecke noch die Himmelsrichtungen ein, sieh letzte Zeichnung! Nun kannst du jederzeit beobachten, ob der Wind weht, wie stark und aus welcher Richtung.

Fasse zusammen, was das Werken eines Windrades lehrt: Das Stanzen von Löchern, Herstellung empfindlicher Lager, Behandlung von Strohhalmen, Biegen von Drahtaugen, das Gefühl für Größenverhältnis und Gestaltung und die Freude am Windspiel. Gewöhne dich, jedes weitere Werkstück gleichermaßen zu durchdenken!

Scheibenspielzeuge

Sich drehende bemalte Scheiben zeigen bunteste Farbspiele. Saubere Farbringe malt schon ein fünfjähriges Kind mit Hilfe des rotierenden Plattenspielers: Lege auf diesen eine durchbohrte Scheibe, auf welcher drei 6 mm lange Stecknadelspitzen an ihren abgezwickten Enden in vorgestochene Löcher 3 mm tief versenkt sind. Auf diese herausragenden Nadelspitzen stecke gut zentriert die zu bemalende Scheibe. Die farbgefüllte Spitze des Pinsels braucht nur einen Punkt der Scheibe zu berühren, deren Drehung zeichnet den exakten Kreis. Unterschätze nicht den Wert dieser einfachen Geschicklichkeitsspiele für das Kind.

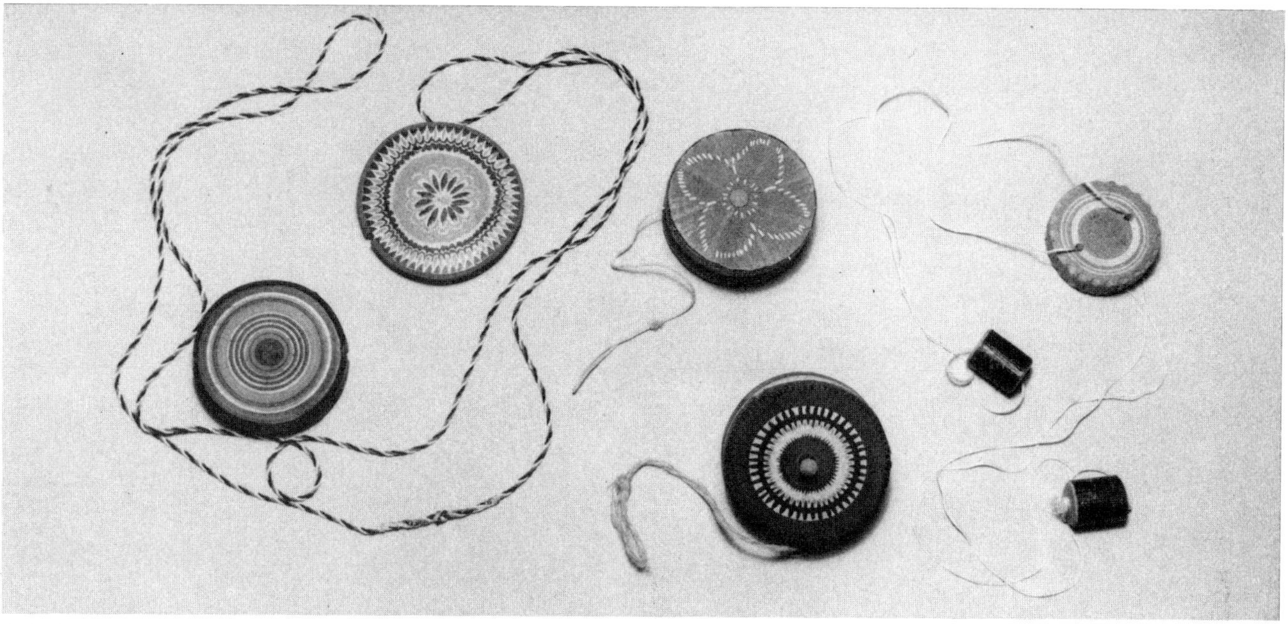

Scheibenspielzeuge

Die Rennscheibe (Abb. 1 und 2): Schnitze in eine Scheibe (d = 6 cm) zwei einander gegenüberliegende Rillen. Grätsche deine Beine in dreißiggrädigem Winkel und knüpfe mit einer festen Schnur über Knöchelhöhe beider Beine eine Schlinge. Lege hierauf die Schnur in die Rillen der Scheibe inmitten der gespannten Schlinge. Drehe die Scheibe etwa 20mal nach hinten. Spanne die Beine nach außen an und laß die Scheibe los! Sie wird ein langes Wegstück durchsausen.

Jo-Jo (Abb. 3,4): Zwei Scheiben werden mit einer 7 mm dicken Achse in einem Abstand von 3 mm verleimt. Ein fester 70 cm bis 80 cm langer Faden wird mit einem Ende an die Achse geknüpft und aufgewickelt. Durch eine kleine Doppelschlinge wird sein anderes Ende an der Spitze des Zeigefingers festgezogen. Läßt du bei vorgestrecktem Arm die Scheiben los, so wickeln sich diese nicht nur im Fallen ab, sie steigt durch ihren Schwung der Schwere wieder sich aufwickelnd in die Höhe. Durch einen rechtzeitigen Ruck nach aufwärts erreichst du die vollständige Aufwicklung.

Die Surrscheibe (Abb. 5): Durch ihre zwei Löcher läuft eine Schlinge, in welche links und rechts ein Halteknopf gefädelt ist. Ähnlich wie bei der Rennscheibe wird die Schlinge beiderseits eingedreht. Ein fester, elastischer Zug an den Handhaben bewirkt sowohl das Ausdrehen als auch die abermalige Eindrehung mit surrendem Getön.

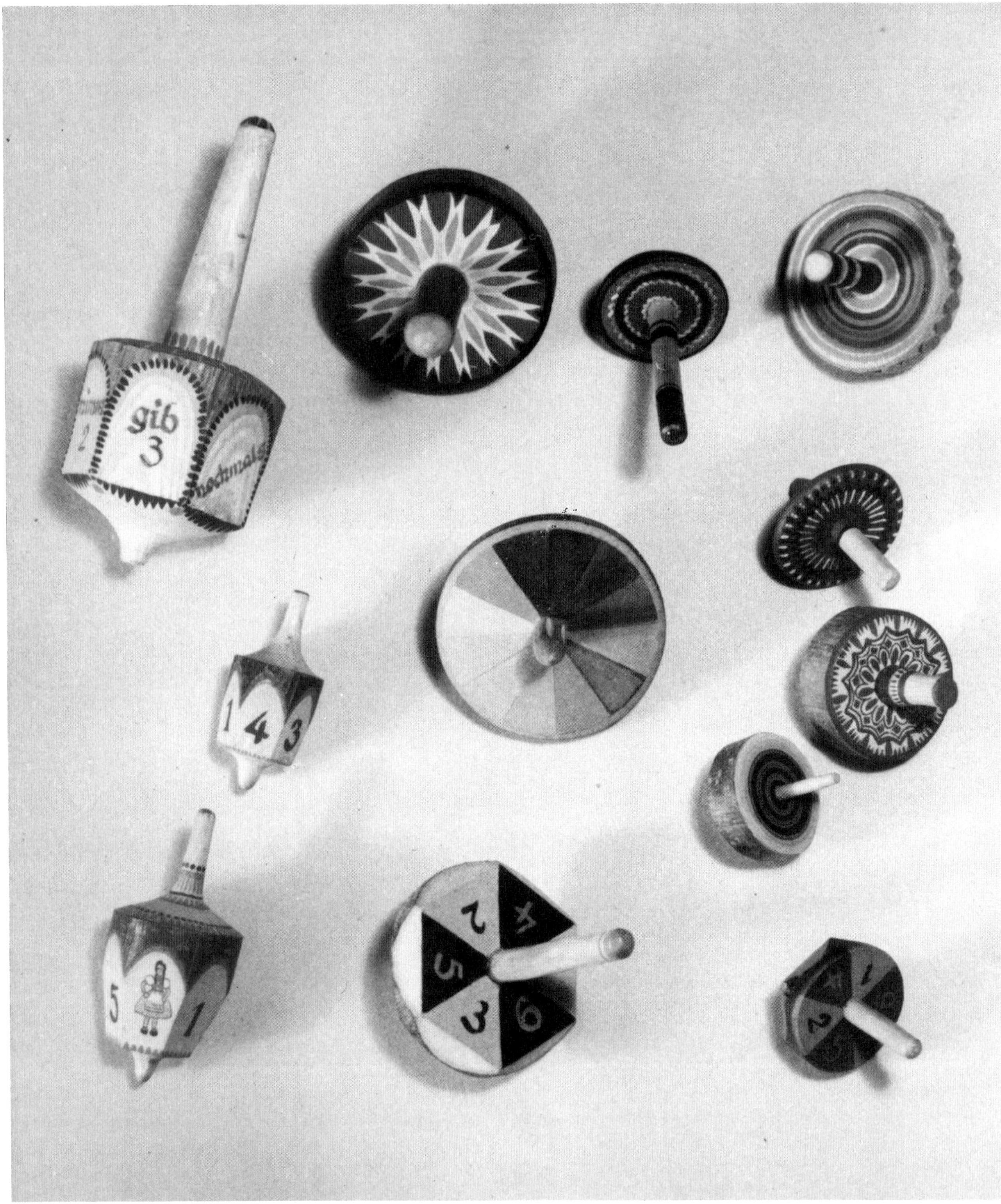

Kreisel

Wer *macht* heute noch einen Kreisel? Gehört er doch zu den billigsten Massenartikeln aus irgendeinem Kunststoff. Und auch als solcher verliert er seinen Wert – er wird kaum mehr verkauft.

Wir unterscheiden den Fingerkreisel (Antrieb mit Daumen und Zeigefinger); den Handkreisel (seine längere Achse erlaubt es, diesen mit gefalteten Händen zum Laufen zu bringen); den Farbkreisel (die Sektoren der Scheiben tragen jene Farben, die in ihrer Mischung neue Farben ergeben); den sechsgeteilten Spielkreisel (er wird anstatt eines Würfels verwendet); den Wurf, Brumm- und Luftkreisel (Antrieb mittels einer Schnur).

Die Herstellung aller Scheibenspielzeuge erfordert Exaktheit und Sauberkeit. Zum Sägen der Scheiben ist eine am Werktisch festgeschraubte Schneidlade und eine geschärfte Säge unerläßlich. Die Kanten der Scheiben werden immer gebrochen. Feilen und Glaspapier glätten die zu bemalenden Flächen. Die Achsen sind gemäß HZ einzusetzen. Spielkreisel werden meist aus einem Stück geschnitzt, tragen sie doch seitlich ihre Ziffern und Figuren (Abb. links). Einer davon zeigt die „Mariandl" statt Ziffer 6. Der Spieler muß, so lange sein Kreisel läuft, mit dem Aufsagen eines Mariandlsprücherls fertig werden, dann zählt die gefallene Zahl doppelt. Zeigt der gefallene Kreisel die Mariandl, so wird mit einer weiteren Sechs aufgewertet. So wird das Werkstück „Kreisel" zum Spiel!

Schon der erste Handkreisel (Abb.) verlockt dazu, trägt er doch auf seinen Flächen der Reihe nach die Aufschriften: gib drei – nochmals – gib fünf – nimm alles – gib eins – nimm zwei. Lege statt Geldstücke Bohnen in die Kasse. Das Rotieren des Spielkreisels bringt Spannung. Erschwere diese erste kleine Rechenaufgabe nach dem Lernvermögen des Kindes.

Die Farbkreisel verdeutlichen dem Kinde anschaulich, wie sich die drei Grundfarben mischen. Wird die Scheibe in sechs Sektoren geteilt und werden diese abwechselnd blau und rot bemalt, so ergibt die Drehung ein Violett. Blau und gelb mischt sich zu einem Grün, gelb und rot läßt ein Orange aufleuchten. Andere gute Farbklänge können erprobt werden. Oder es wird ein für alle Male dem Kind verständlich gemacht, welche Farben in ihrer Mischung schmutzige, graue Töne ergeben. Eine gute Werkaufgabe, die dem Zeichenunterricht dient!

So ein einfacher, selbstgemachter Kreisel kann aber für Kind und Familie noch mehr bewirken: endlich wieder einmal in einer geschlossenen, fröhlichen Runde beisammen zu sein. Die Kleinsten können schon mitspielen, wenn sie den Handkreisel benützen. Geschicklichkeit wird gefördert, Sprüchlein und Wortspiele werden gemeinsam ersonnen und geübt. Neue Spielregeln werden ausgedacht und erprobt. Groß und klein wird angeregt und tut freudig mit. Kleine Preise können für den Sieger ausgesetzt werden. Wer kann auf „los" am längsten seinen Kreisel zum Laufen bringen? Wer kann die meisten Kreisel zur gleichen Zeit innerhalb einer Minute am Laufen erhalten? Da muß dann jeder stürzende Kreisel rasch erkannt und neu angetrieben werden. Eine weitere Variante: Auf einem Brett werden verschiedene Zahlen in kleineren und größeren Kreisen eingesetzt. Ist der Kreisel angetrieben, so darf das Brett so gehoben und geschwenkt werden, daß er die verschiedenen Kreise schneidet und deren Werte addiert. So werden die Aufgaben immer schwerer, und damit größere Geschicklichkeit und Wendigkeit erreicht. Welche Freude auch in der Werkstunde, wenn zum Schluß solche Spiele vorgeführt und angeregt werden, wenn Gruppe gegen Gruppe spielt. Wer noch die Zeit und die Besinnlichkeit zu solchem Tun aufbringt, wird bald erkennen, wie sehr ein kleiner selbstgemachter Kreisel das Kind, die Familie und den Werkunterricht bereichern kann.

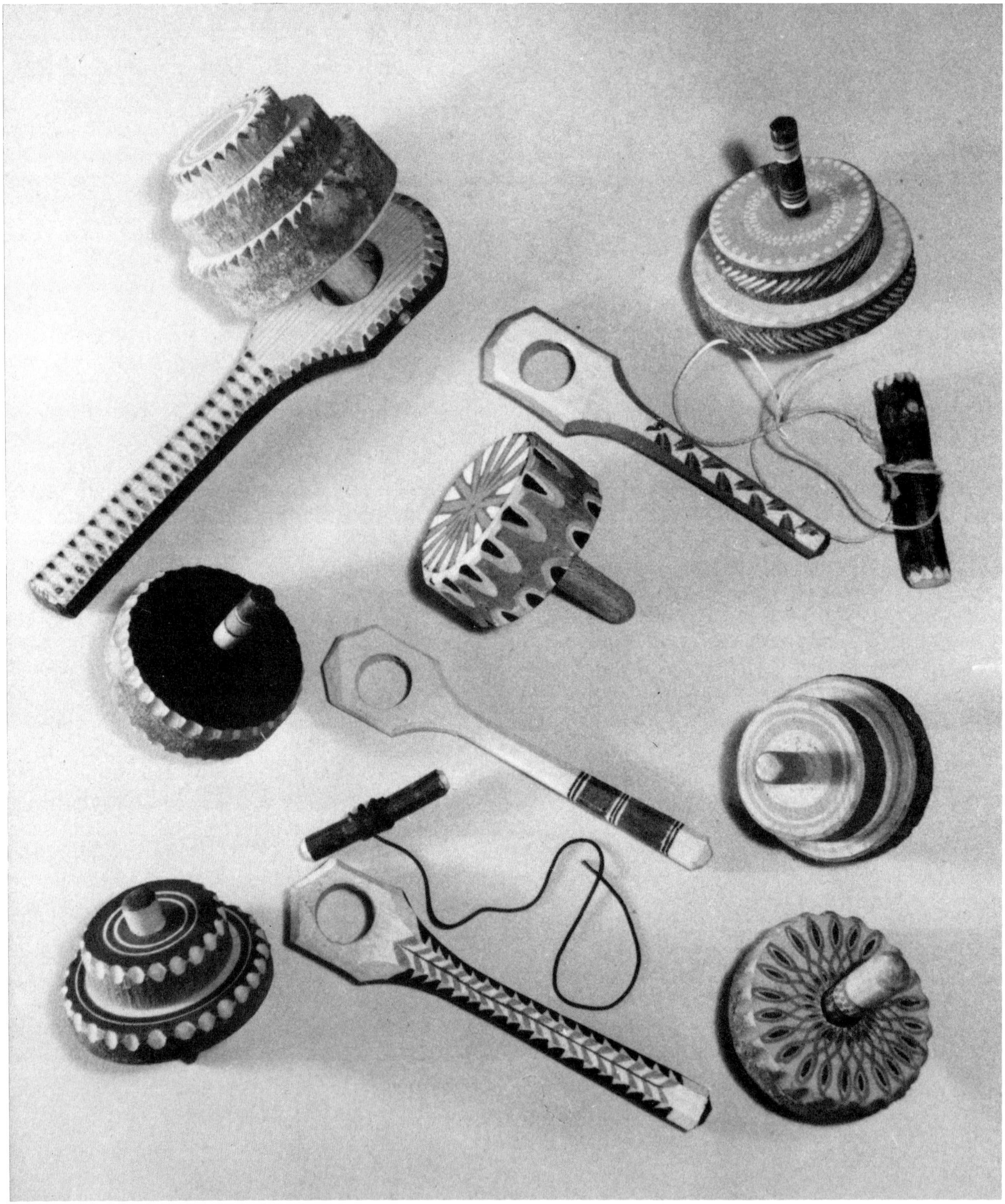

Wurfkreisel

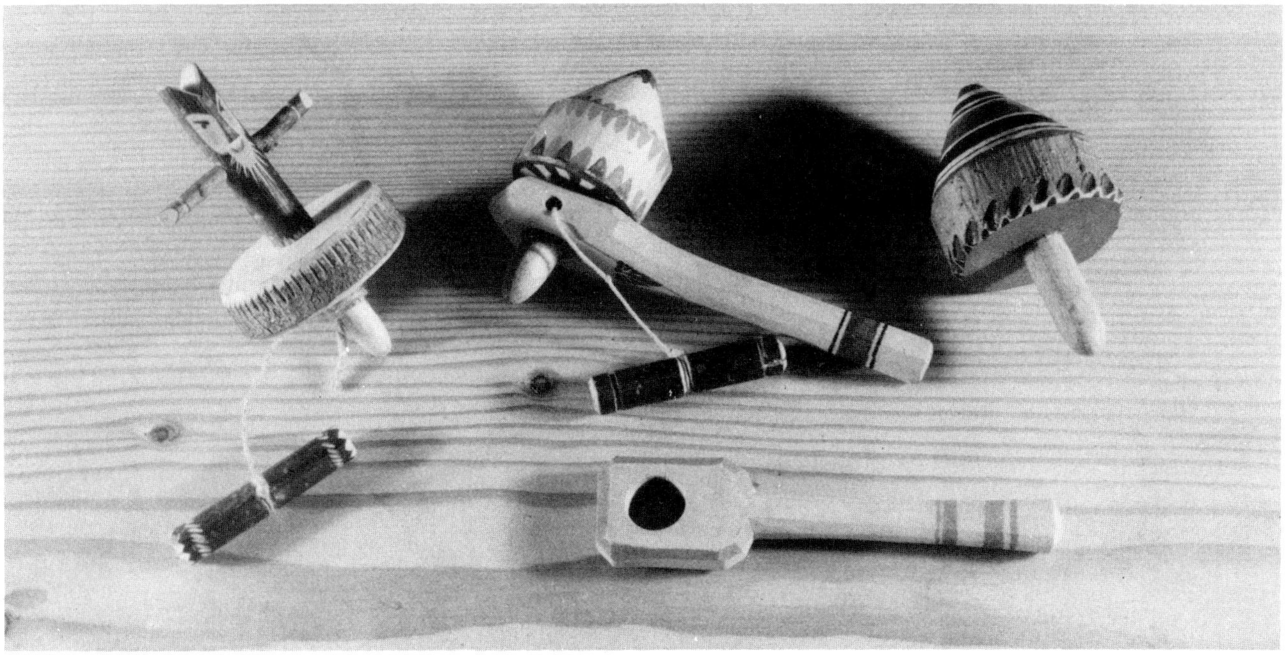

Verschiedene Wurfkreisel

Ihr massiger Scheibenkörper – durch zwei und drei gekoppelte Scheiben verstärkt! –, das fehlende oder zu kurze obere Stück der Achse und der verlängerte Fuß (Abb. Seite 102) weisen schon auf eine andere Antriebsart hin. Hiefür ist ein Schleuderholz nötig. In dieses ist ein Handgriff geschnitzt und ein größeres Loch gebohrt, in welchem der Kreiselfuß (ein massiver Dübel!) von einer Schnur wenigstens 10mal umwunden noch locker Platz findet. Die feste Schnur für den Antrieb ist an einem Ende an ein Zughölzchen geknüpft. Für dieses ist seitlich – in der Dicke des Schleuderholzes – ein Loch gebohrt. Durch dieses wird das freie Ende der Schnur in das große Loch für den Kreiselfuß eingezogen. Auf diesem wickle sie fest! Deine linke Hand hält nun waagrecht das Schleuderholz in das der Kreisel gesetzt ist. Deine rechte Hand, das Schnurklötzchen haltend, zieht in einem kräftigen Ruck die Schnur heraus, wodurch der Kreisel in's Drehen kommt. Damit sich aber dieser nicht abbremst, muß der Kreisel fast gleichzeitig aus dem Schleuderholz geworfen werden. Brummend läuft der Kreisel 30–60 Sekunden auf dem Boden weiter. Dies zu erreichen benötigt meist ein gründliches Üben, was jeden richtigen 8–10jährigen Knaben nur anreizen wird.

Die oben abgebildeten Wurfkreisel erreichen ihre hohe Schwungkraft durch ihren schweren, verjüngten Schwungkörper, in welchen ein kräftiger Fuß eingedübelt ist. Auch kleine Tanzfigürchen kannst du auf schweren Scheiben aufsetzen.

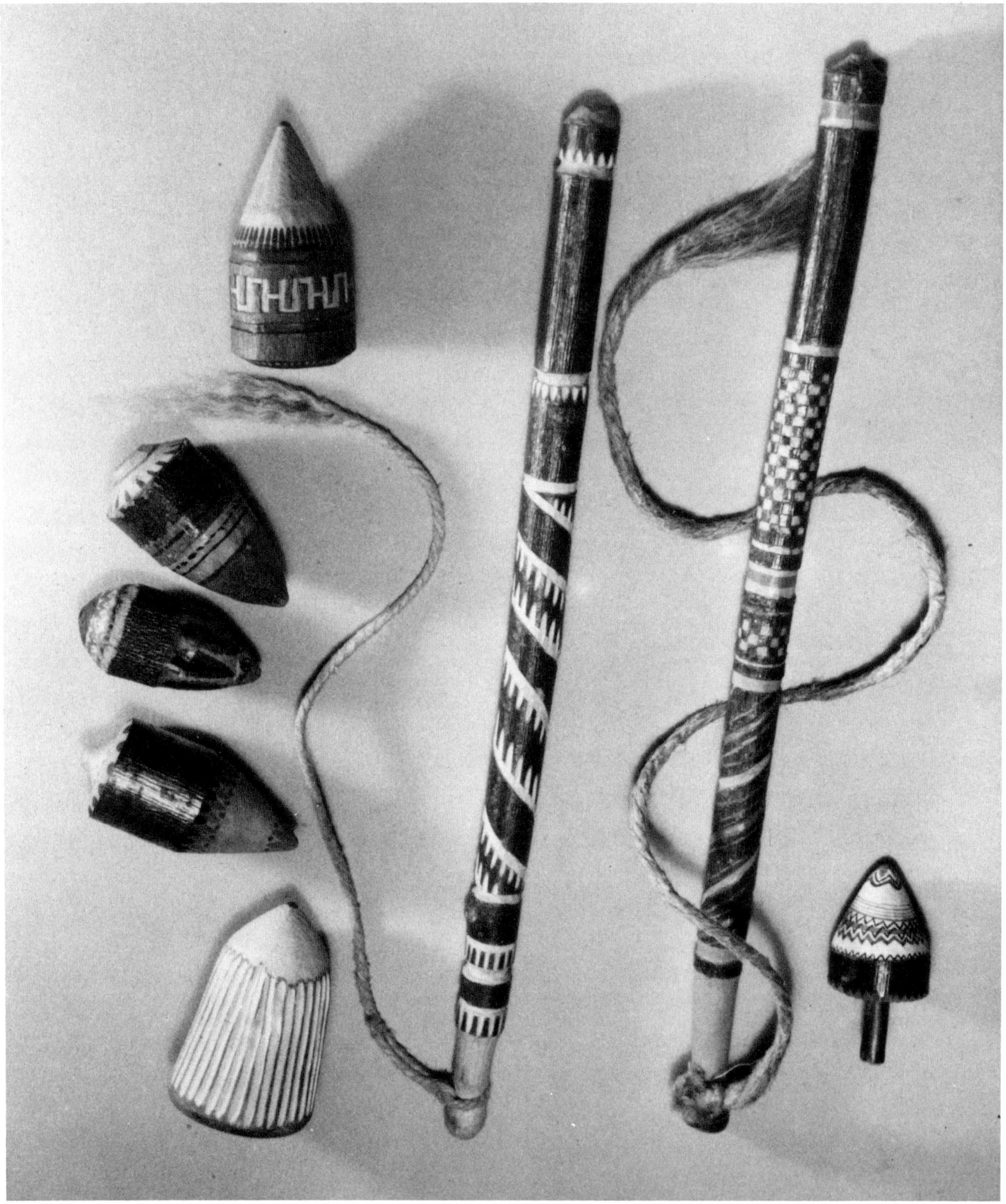

Peitschenkreisel

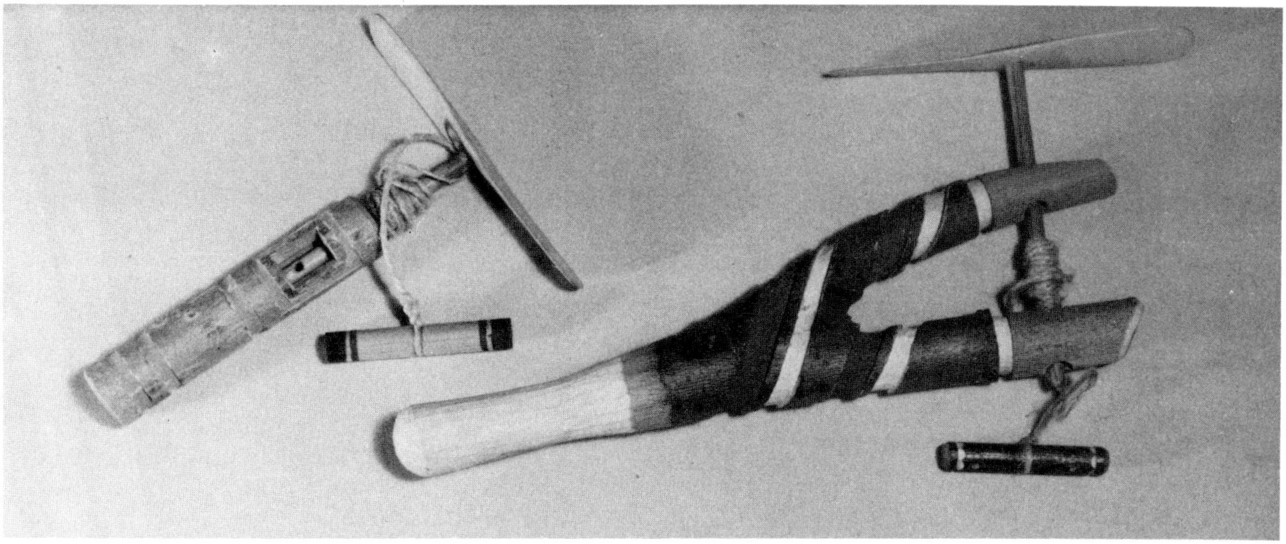

Peitschenkreisel

Einst ein vielgeliebtes Spielzeug, das sowohl Geschicklichkeit als auch Beobachtung verlangt, viel Sauerstoff in die Lunge und viel Freude ins Gemüt brachte. Der Kreisel (Wolferl!) ist aus einem 3–4 cm dicken Ast gut zentriert geschnitzt. Damit sich die Spitze nicht so schnell abstößt, was auch die Reibung vergrößert, ist in sie ein Rundkopfnagel geschlagen. Zur Erleichterung des Anlaufenlassens ist die obere Abschlußfläche des Kreisels etwas ausgebaucht. Die Peitschenschnur aus einem 4–5 mm dicken Spagat ist 40–50 cm lang. Ihr freies Ende wird zu einer Quaste aufgedreht. Wickle nun die Peitschenschnur am Kreisel über die Quaste von links nach rechts auf, stelle das Wolferl auf einen glatten Boden und halte es an seiner Ausbuchtung mit dem Zeigefinger der linken Hand fest. Die rechte Hand, welche den Peitschenstiel hält, rollt durch einen festen Ruck parallel zur Unterlage die Schnur ab – der Kreisel läuft. Nun kannst du den Kreisel immer wieder rechtzeitig mit einem Peitschenhieb antreiben, bevor er müde wird und strauchelt.

Luftkreisel

Sieh die Zeichnung und Erklärung des vierflügeligen Holzwindrades Seite 97 und 98. Schon ein zweiflügeliger Propeller schraubt sich haushoch in die Lüfte. Nur mußt du in seiner Mitte einen 5 mm dicken Holzdraht einsetzen. Kürze diesen so lange stückweise, bis der Flugversuch zeigt, daß dessen Länge zum Gewicht des Propellers gut ausgewogen ist. Als Antriebshilfe schnitze einen Gabelast zurecht (Abb.) und bohre die nötigen Lagerlöcher. Auch in ein dickes Hollerrohr kannst du die zwei Lager einbauen. Der Vorgang des Anlassens ist gleich dem des Wurfkreisels.

Schwungräder

Mit diesen kann schon ein 12jähriger seinem kleinen Geschwisterl große Freude machen. Wie diese zu bauen und anzutreiben sind, zeigt die Abbildung auf Seite 106.

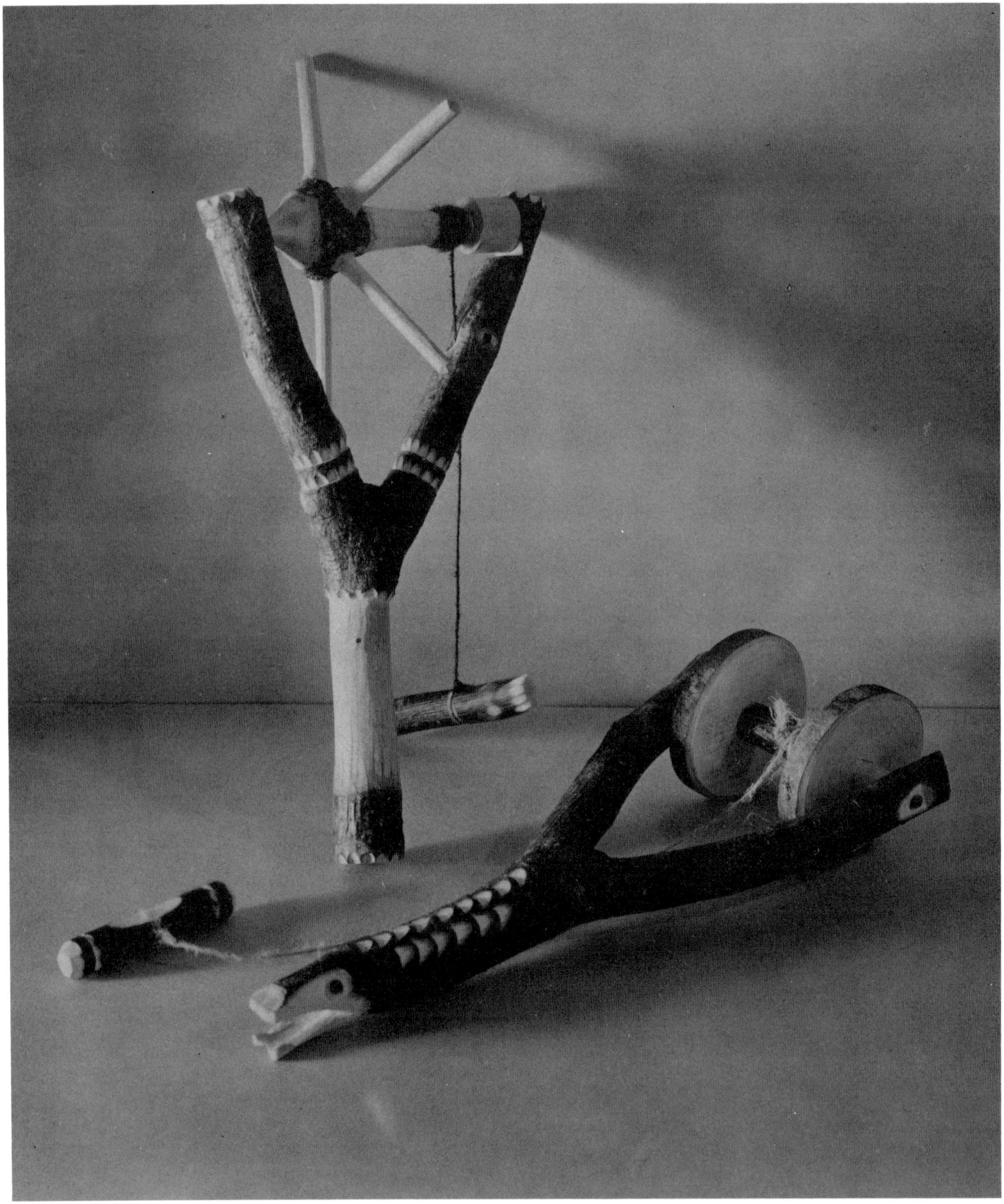

Schwungräder

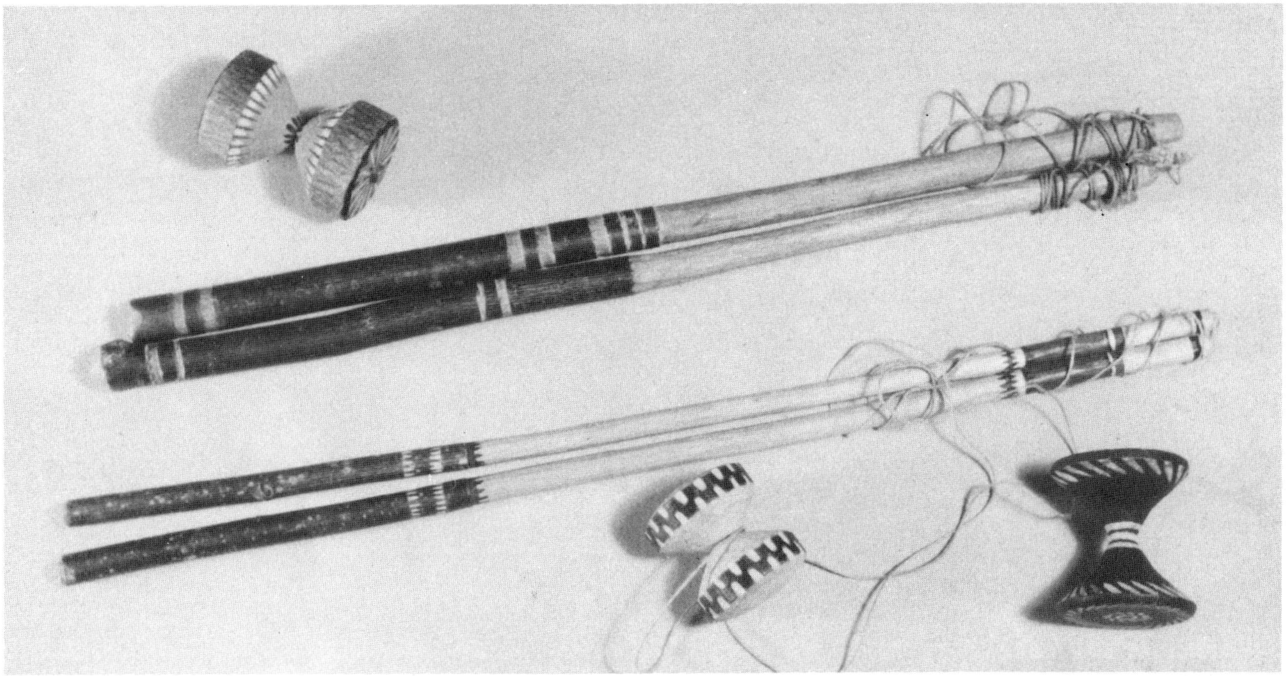

Diabolo

Schnitze die zwei kegeligen Teile getrennt. Durchbohre sie und verbinde sie mit einem starken Holzdraht. Machst du die Spule nur aus einem Stück, so besteht die Gefahr des Brechens – schwächt doch der Markstrahl ihre Mitte. Wie du das Diabolo in die Schnur legst, es mit Hilfe der zwei Stäbchen in Bewegung setzt, es hochschleuderst und wieder sicher auffängst, kann dir wohl noch ein Großelternteil zeigen. Stammt dieses Spiel doch aus einer Zeit, wo in ganz Europa Bewegungs- und Geschicklichkeitsspiele zur Freude aller gepflegt wurden.

Springschnur

Diese ist heute noch in allen ihren Spielvariationen beliebt. Du kannst sie wirklich leicht selbst machen! Durchbohre zwei Aststücke für die Griffe mit einem größeren Schneckenbohrer. Die Schnur knüpfst du am selbstgemachten Knüpfhasperl – siehe Seite 47 und 48.

Schneemesser

Wer denkt daran, was für ein köstliches Geschenk dieses unter dem Christbaum sein könnte? Hergestellt aus einem leicht gebogenen, gewichtigen Ast! Die Schneide des Messers braucht keine Schärfe, der Griff muß griffig sein, die Spitze abgerundet. Da wird oft lange beraten, was dem 8jährigen Hansl Freude machen könnte. Der Wert des Geschenkes wird meist in seinem Geldwert gewogen, nicht aber in den Werten fürs Leben. Steht der Knabe am Christtag draußen im Schneegestöber und schneidet er aus dem gefrorenen Schnee die ersten Bauelemente für seinen Iglu, so ist dieses Tun ein solcher Wert.

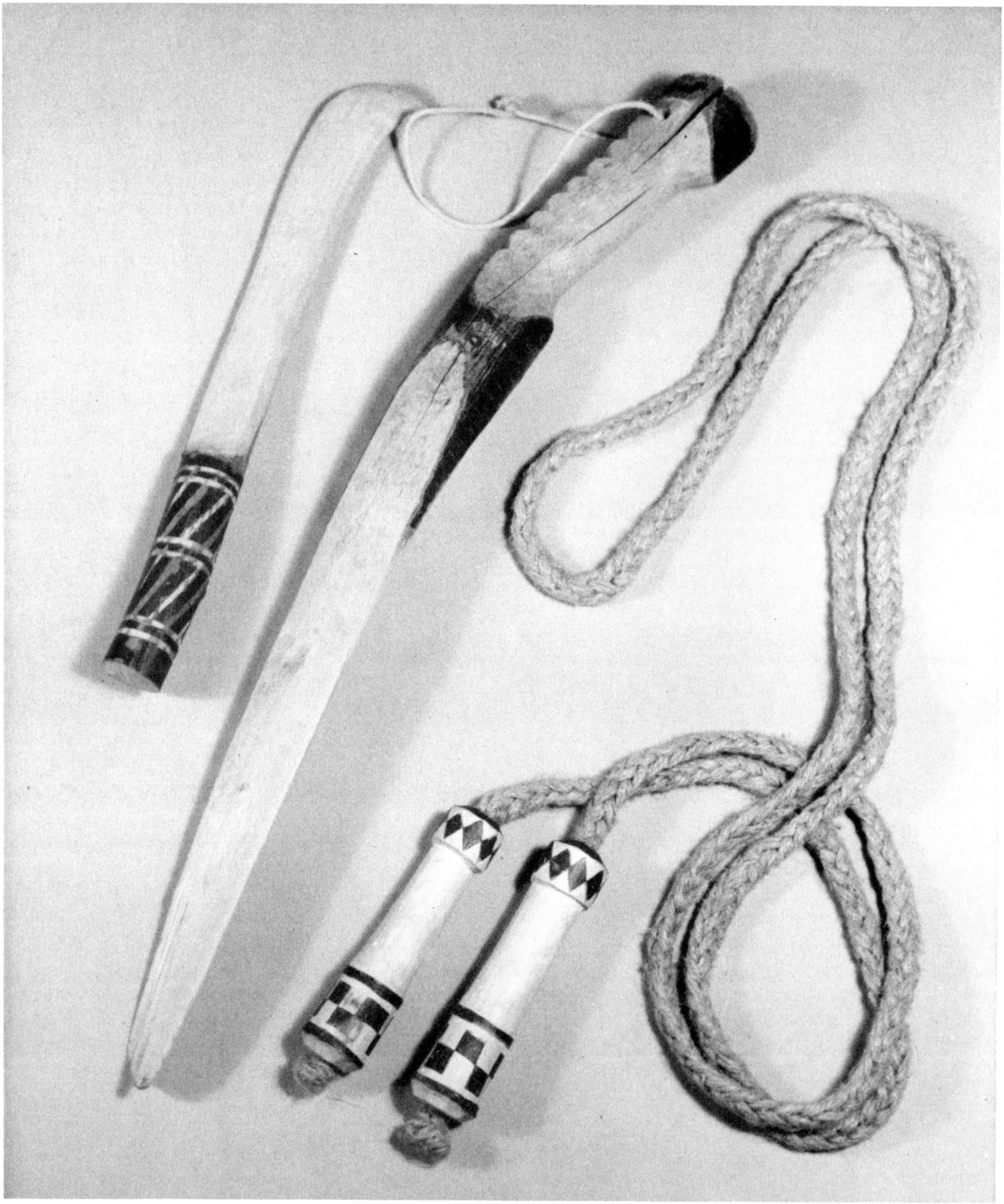

Schneemesser *Springschnur*

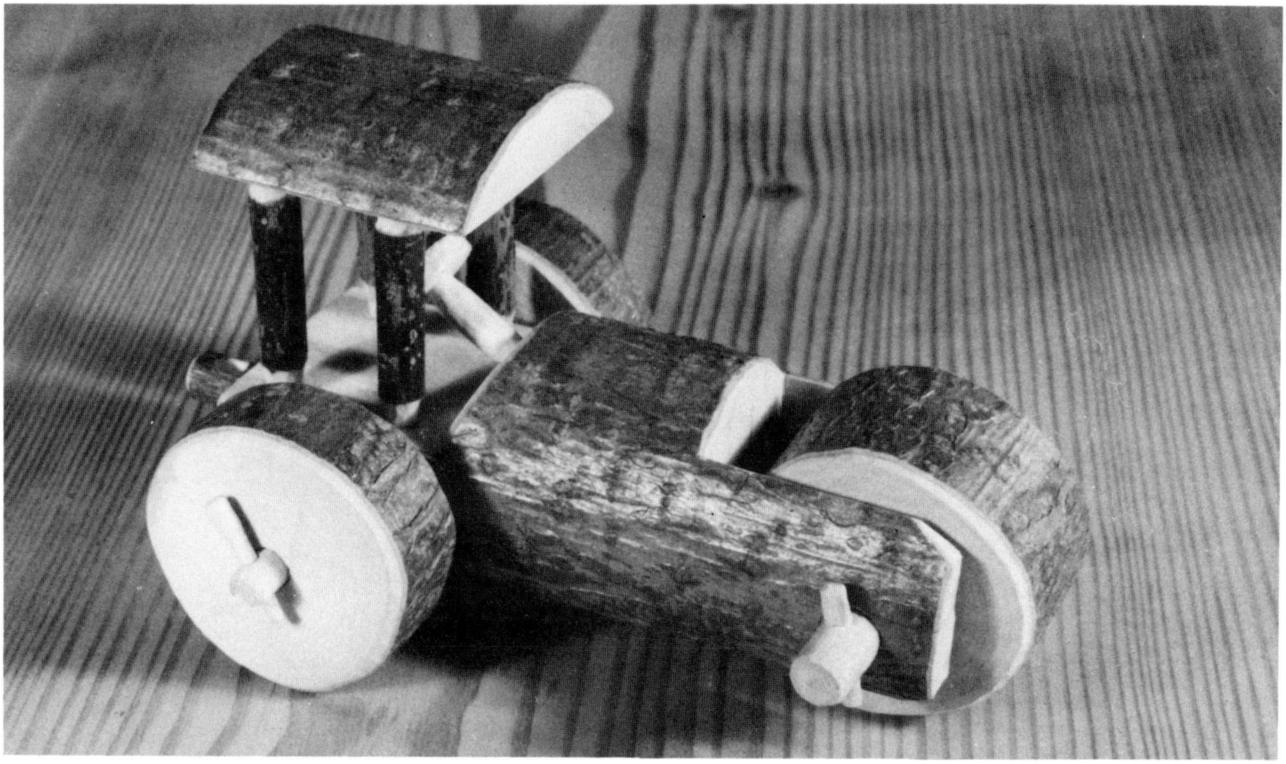

Traktor

Traktor und Auto

Es ist nur verständlich, wenn in einer Zeit, wo der Traktor am Bauernhof unerläßlich wird und das Auto im Mittelpunkt der Familie steht, auch das Spielzeug eine Änderung erfuhr. Tausendfach werden diese Fahrzeuge in Fabriken für die Kinder gestanzt. Die Spielmöglichkeiten verändern sich mit dem Spielzeug. Der Ruf nach dem „Mehr" auch da, um die verschiedensten Typen mit Stolz vorführen zu können. Die Bewegungs- und Geschicklichkeitsspiel wird verdrängt. Aber gerade das Jungholz könnte diesem Spielen ein schöpferisches Gestalten und handwerkliches Können beiordnen.

Fast unzerbrechlich fest steht der Traktor auf seinen drei Rädern (Abb.), die auf ihren Achsen richtig gelagert und werkgerecht verkeilt sind (HR!). Das Führerhaus schützt vor Regen, alle Teile sind jungholzgemäß proportioniert, was ein blindes Nachmachen ausschließt. Sind beim Traktor die Radachsen fest eingeleimt und sitzen seine Räder reibungsarm und locker auf diesen, so haben die so leicht dahinfahrenden Autos die Räder mit ihren Achsen verleimt – es ist nun die Achse, die im Fahrkörper locker und reibungsarm sitzt.

Diese Autos aus massivem Holz, in ihrer Form sehr vereinfacht und in ihren Teilen fest verdübelt, laufen schon durch ihre Schwere besser als die Fabrikserzeugnisse aus Blech oder einem Kunststoff. Mit dem abgebildeten größeren Auto kann schon ein Knirps fröhlich bergab fahren, vorausgesetzt, daß er das Gleichgewicht halten kann.

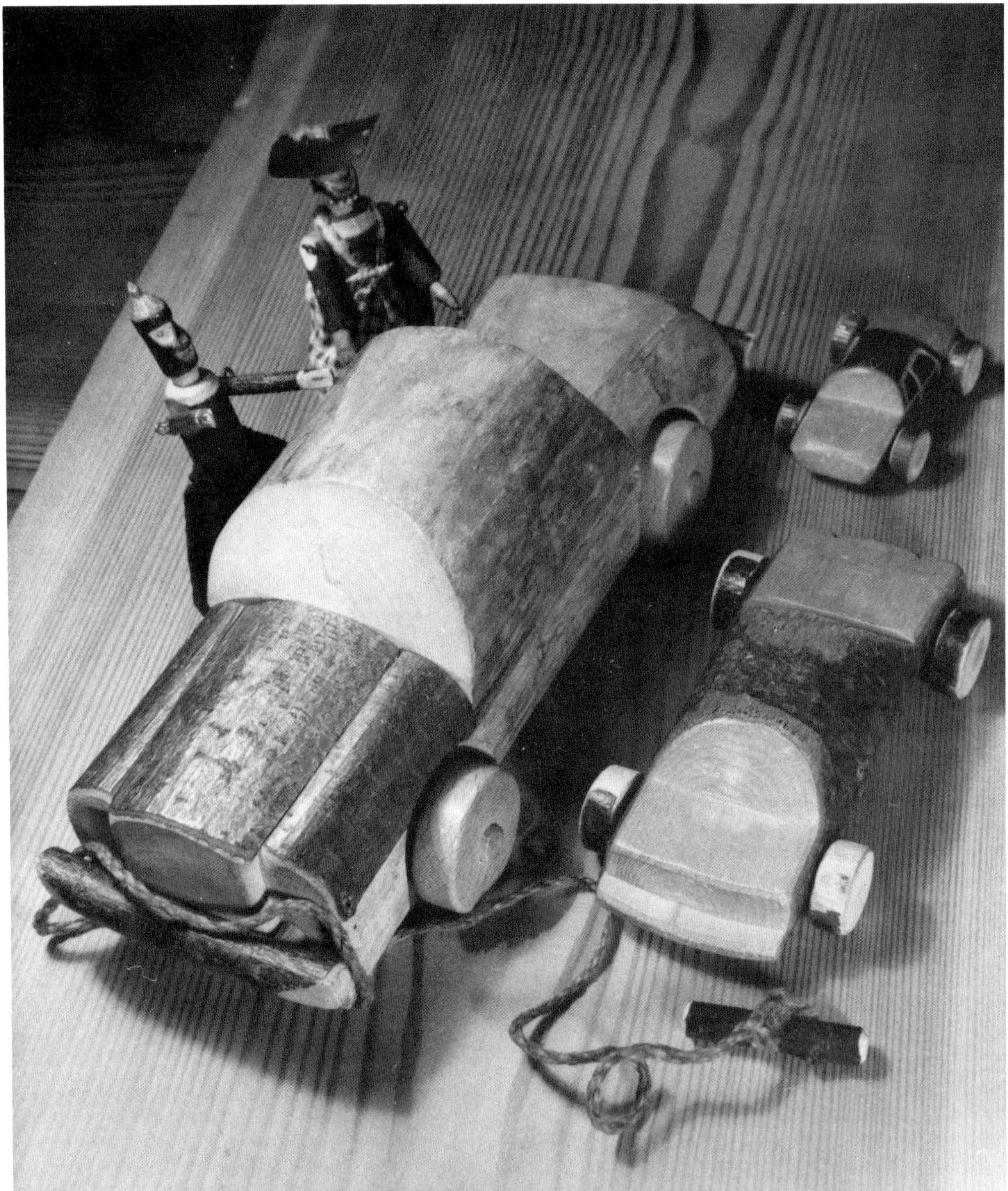

Autos

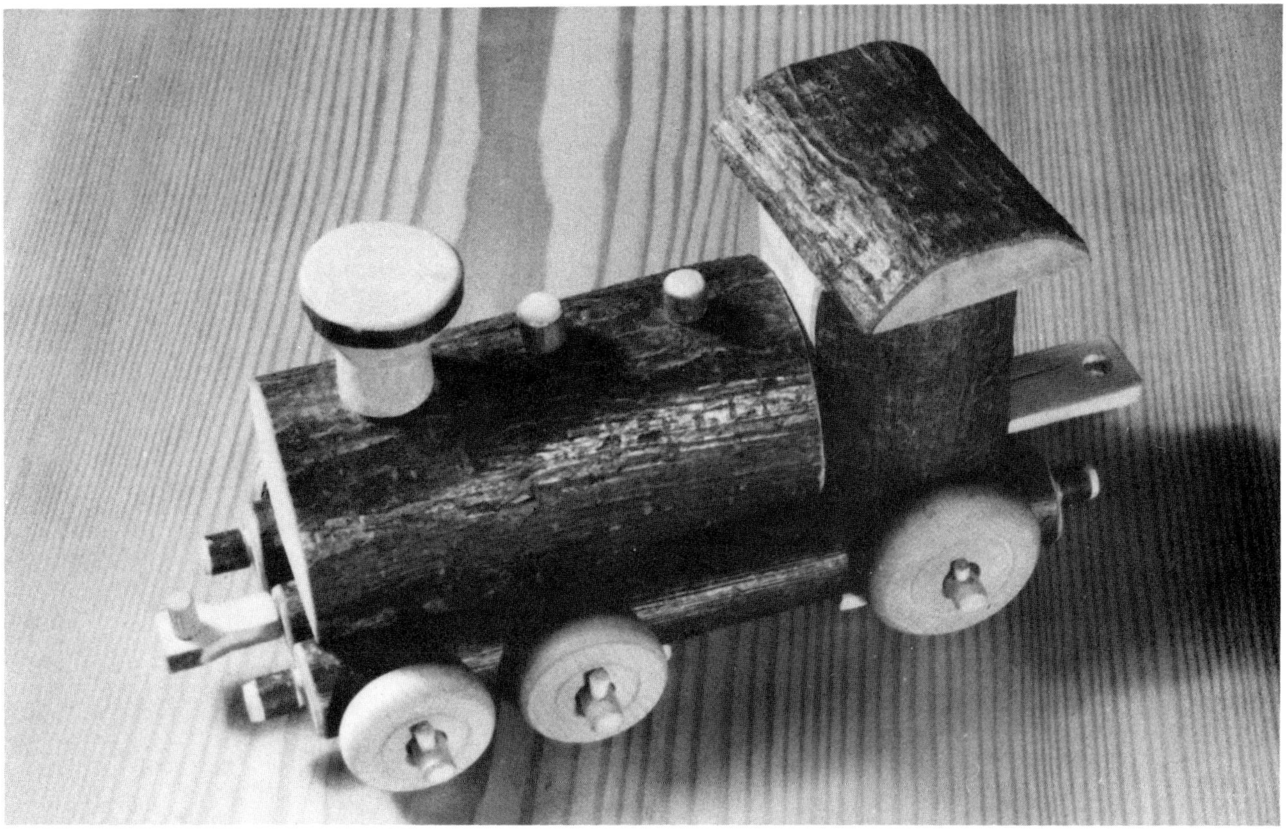

Eisenbahn

Bedingt durch die Vielfalt ihrer Lokomotiven, Waggons und Frachtwagen, erfolgt ihre Herstellung am besten in einer Werkgruppe (Kapitel 6). Es muß ein Ganzes geschaffen werden, in welches sich die Teile einfügen müssen: in Größe, Spurweite, einer gleichen, leichten Kupplung. Da die Loks und besonders die Frachtzüge viele zylindrische Formen und Zylindersegmente aufweisen, dient das Jungholz dem Bau einer Eisenbahn besser als jedes Brett. Schon die alte Lokomotive mit ihren verschieden großen Rädern, ihren Kesseln, dem Rauchfang, den Auspuffröhren und Puffern, ist leicht herzustellen. Die Holztransport- und Tankwagen schreien geradezu nach Jungholz.

Kugelbahn

Wie fesselnd ist die Herstellung einer solchen durch den Vater für die Kinder, die zusehen, wie durch Sägen, Bohren, Schnitzen und Schrauben für sie ein Spielzeug entsteht. Dieses Zusehen ist für das Kind von *größter* Bedeutung! Endlich kann die Kugel aus Glas oder Metall oben eingeworfen werden. Sie durchläuft Rinnen, verschwindet in Tunnels, macht Sprünge um Ecken und an Gefällen, stößt an Glocken und klingende Hartdrähte, bringt im eingebauten Farbrad eine neue Farbe ins Blickfeld, um schließlich in einer Kokosnuß zu landen.

Schiebe – und Nachziehspielzeug (Abb. S. 114)

Das „Ringl-Radl“, welches das Kleinkind vor sich schiebt, hat auf seinen 2 cm dicken Achse zwei breite Laufräder (HR) aufgesteckt. Weiters trägt diese Achse noch zwei 7 mm dicke, leicht drehbare senkrechte Achsen, welche oben mit eingeleimten Rädern abgeschlossen sind; welche aber mit ihren Rädern noch an den Fahrrädern ruhen. Drehen sich diese, so drehen sich auch die aufsitzenden Räder im Kreise mit. Die darauf aufgebauten Figuren beginnen zu tanzen.

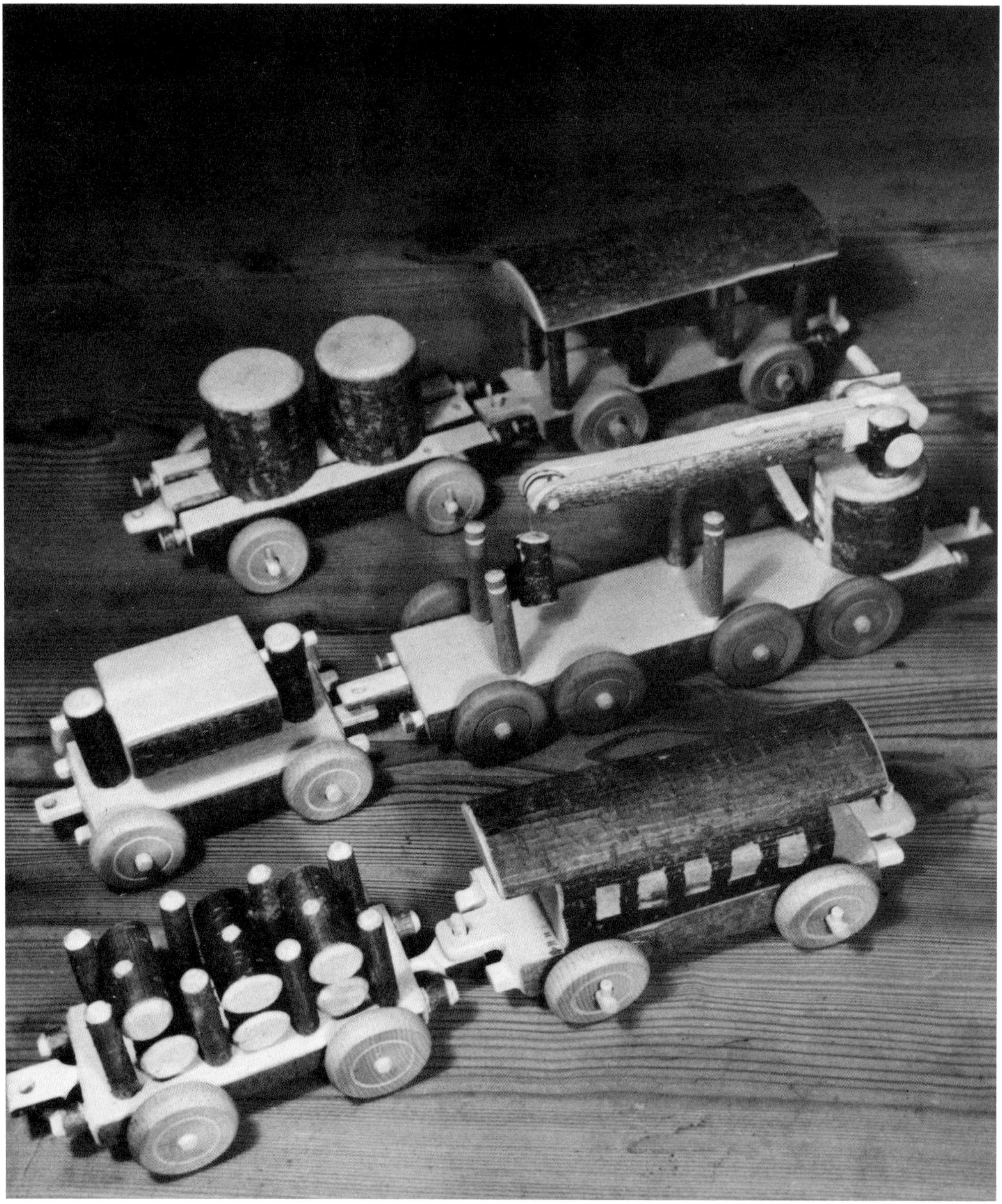
Eisenbahn

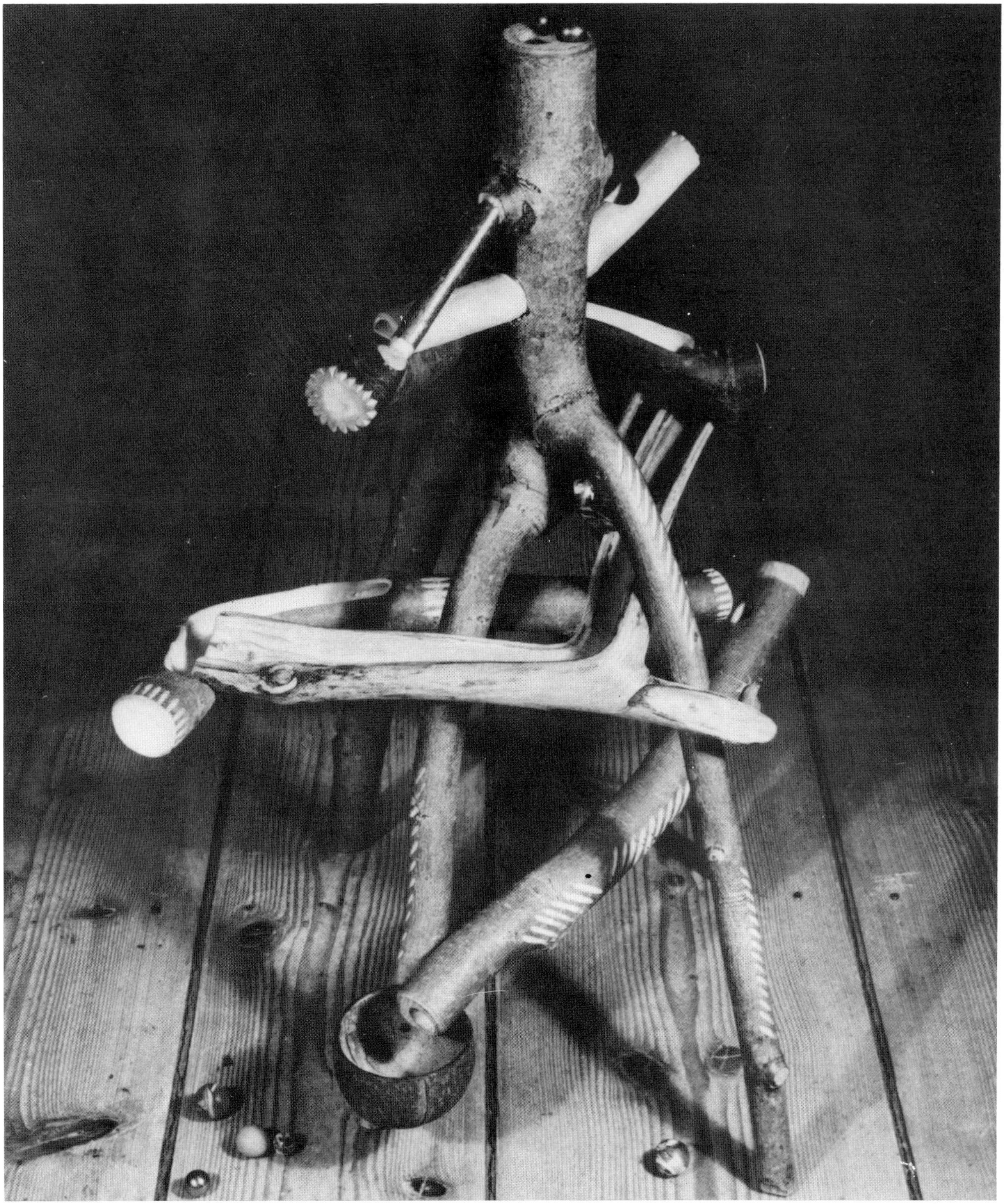

Kugelbahn

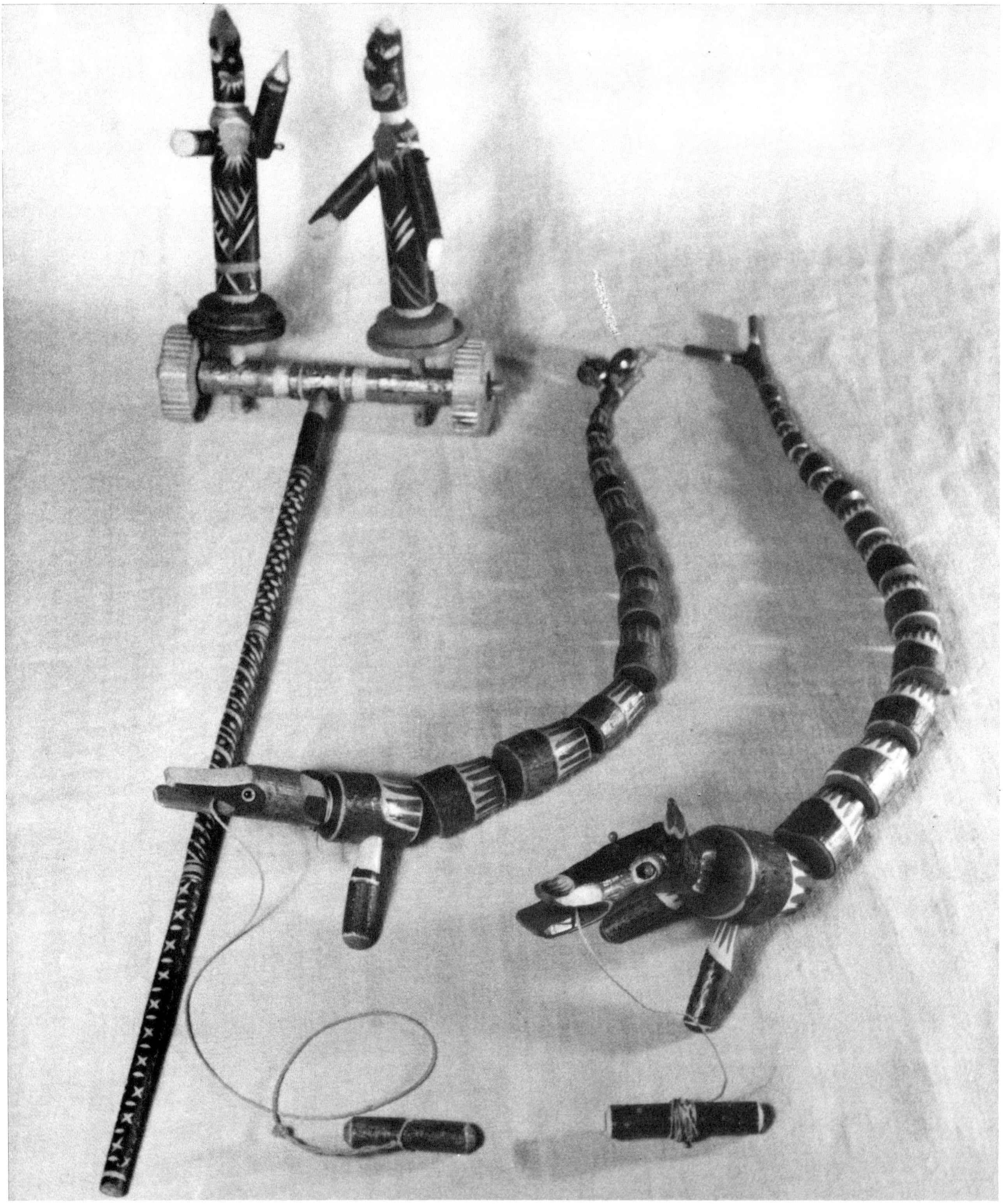

Schiebe- und Nachziehspielzeug

Welches Jungholzspielzeug für welches Alter?

Spielsachen sollen sein: altersgemäß, spielbar, verschiedenartig, formschön, materialgerecht, dauerhaft, bewegungs- und geschicklichkeitsfördernd, ungefährlich, anregend, kameradschaftsbindend, freudebringend.

Erstes Spielen (Tasten, Greifen, Schauen, Horchen, Hantieren):

Verschieden große und dicke Scheiben (Räder) mit verschieden großen Löchern und entsprechenden dickeren und dünneren Stäbchen in verschiedenen Längen; andere saubere Jungholzabfälle; alle Kanten brechen und Spitzen abrunden. Kugelbahn.

Ab 2. Lebensjahr (Bewegen, Fortbewegen, Bewegungsbeobachtungen, Schiebe-, Nachzieh- und Steckspielzeuge):

Ringl-Radl, Gliederkrokodile und -lurche, Klettermax, Stehaufmännchen, Steckengaukler, Hampelmänner, Steckfiguren, Windräder, Handkreisel, Püppchen, Wägelchen.

Ab 4. Lebensjahr (Selbständiges Überlegen; zusammengehörendes Aufstellen; zum Gernhaben):

Pferd und Wagen, Autos, Traktor und Anhänger, Eisenbahn, Schaukelpferd, Puppen, Möbel, Familie, Bauernhof, Handkreisel, Schwungräder, Schaukelreck, Verschiebefiguren, Specht, pickende Vögel, Wedelstab.

Ab 6. Lebensjahr (Förderung der Geschicklichkeit und der Sprechfähigkeit, rhythmisieren mit Geräusch- und Lärminstrumenten):

Fingerkreisel, Farbkreisel, Rekturner, Wippfiguren, Hammerwerk, Wetterfahnenwindrad, Pendelspielzeuge, Surrscheiben, Rennscheiben, Jo-Jo, Zehenmännchen, Puttenmännchen, Stelzengehen, Burrer, Klopfer, Ratschen.

Ab 8. Lebensjahr (Kniffliges Hand- und Körperübendes: erstes Werken – Sägen, Bohren, Schnitzen):

Wurfkreisel, Peitschenkreisel, Spielkreisel, Zitterspiel, einfache Brettspiele, Kegelspiel, Schneemesser, Knollenschleuderstock, Reifen werfen, Federball, Hasperl, Springschnüre, bewegliche Schlangen, Handpuppen.

Ab 10. Lebensjahr (Erhöhte Anforderungen vom Spielzeug zum Spiel: richtiges Werken, wichtigste Holzverbindungen):

Luftkreisel, Turn- und Balancierstock, Stafettenstab, Diabolo, Spitzelspiel, Pendelkegeln, schwierige Brettspiele, Waldteufel, Jungholzmarionetten, Türme von Hanoi.

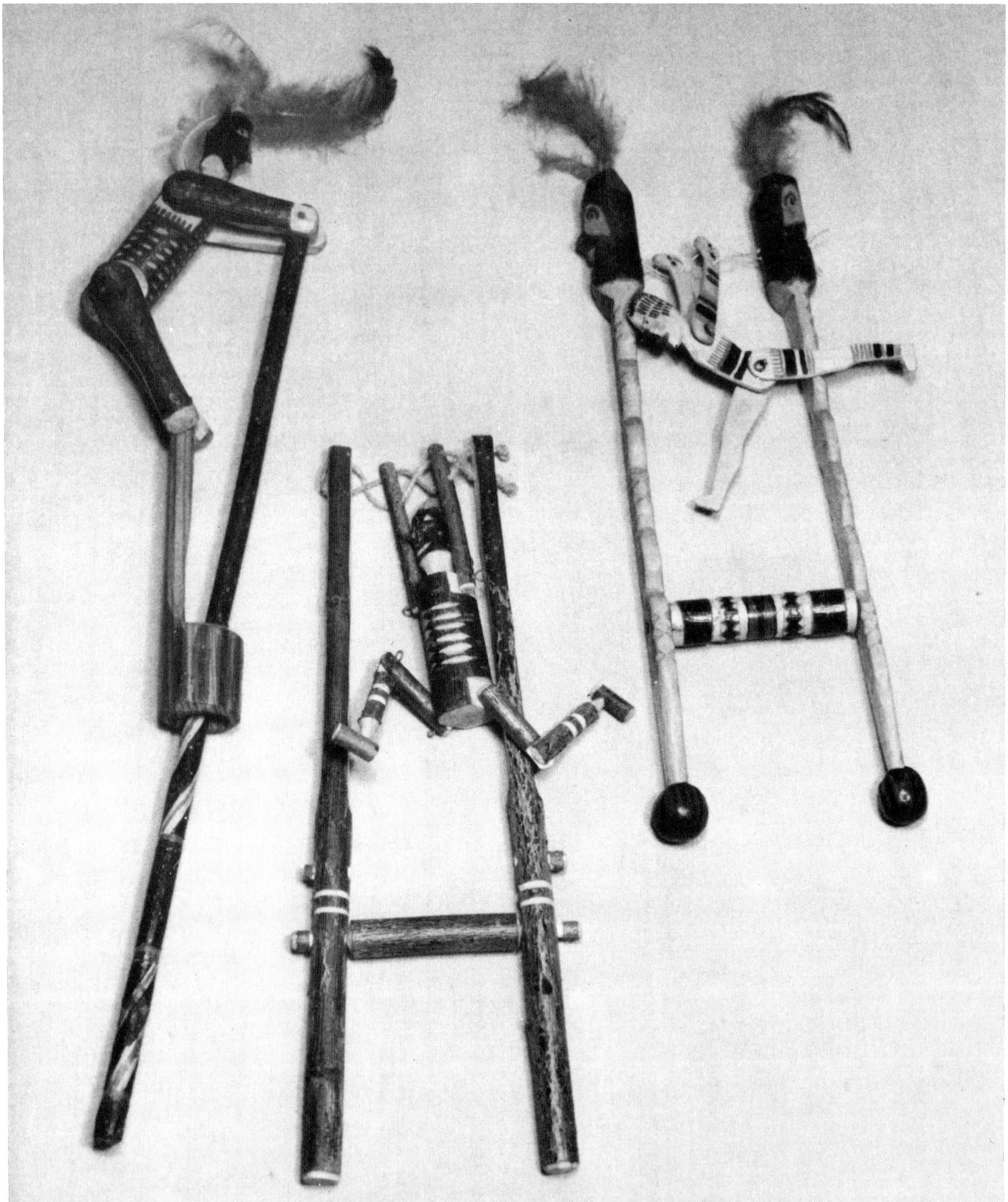

Steckengaukler *Reckturner*

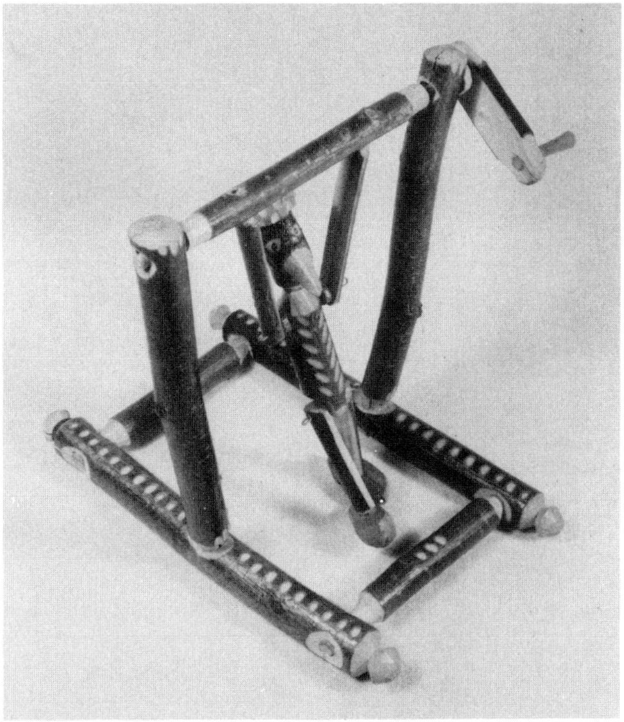

Schaukelreck

Steckengaukler

Ein lustiges Spielzeug, das einst auf Jahrmärkten angeboten wurde, das überraschende Bewegungsmöglichkeiten aufweist. Die Figur wird nach HB 1 zusammengesetzt. Hände und Füße sind durch je einen Holzdraht fest verbunden. Auf dem oberen dreht sich locker der Stab für die Bewegung der Arme und auf dem unteren einer mit einer verdickten, durchbohrten Handhabe für die Bewegung der Beine. Der Stock wird durch das Loch in der Handhabe gezogen. Ihre Auf- und Abwärtsführung zaubert so richtig die Bewegungen des Gauklers hervor.

Reckturner

Die Gelenkigkeit des Turners wird durch seine Holzverbindung HB 2 bewirkt. Bohre in Hände und Stäbe je zwei Löcher im Abstand von 1 cm und fädle die Schnur so ein, daß sie sich in den drei Zwischenräumen kreuzt. Drückst du nun die unteren Ende der Stäbe zusammen, so spannt sich oben die gekreuzte Schnur an, wodurch sich die Figur emporschwingt.

Schaukelreck

Der leicht bewegliche Reckturner ist diesmal mit seinen Armen in der Reckstange fest eingebunden. Diese kann mit einer Kurbel (HK) ruckweise vor und rückwärts bewegt werden, was die tollsten Bewegungen auslöst. Gleichmäßiges Drehen bewirkt die Riesenwelle. Die zwei senkrechten Stangen sind in einem Jungholzrahmen eingezapft.

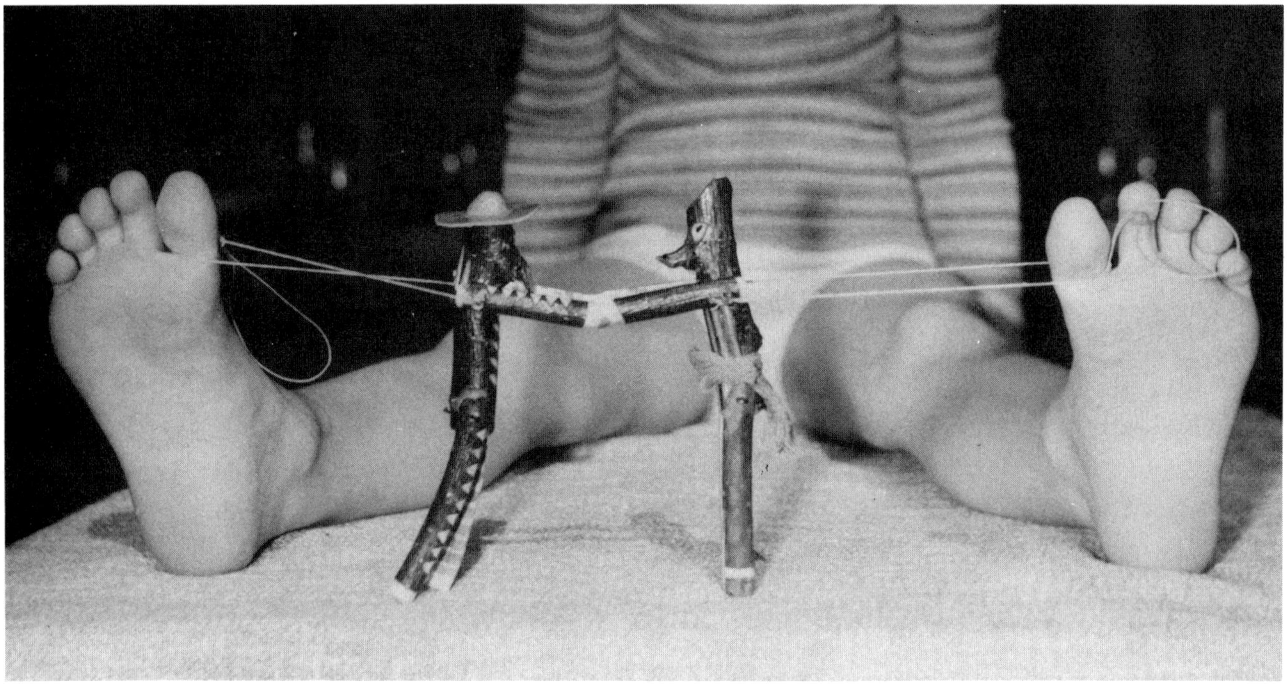

Zehenmännchen

Zwei bewegliche Figürchen HB 2 sind mit ihren Armen, die aus einem Stück gemacht sind, fest verbunden. An die Drahtaugen der Schultergelenksachsen ist je eine Schlinge gebunden und an deren Ende eine Schlupfe für die große Zehe. Und die kleine Theatervorstellung kann beginnen: Die Figuren können sich setzen, einer kann den anderen aufheben, es kann ein Fußtritt ausgeteilt werden, beide können sich tief verbeugen, herzlich begrüßen und ihr Gespräch durch Bewegungen verstärken. Das Kind sieht selbst in größerem Abstand sein Spiel, es übt seine Zehen. Es spielt auch für sich allein, beherrscht zwei verschiedene Figuren zu gleicher Zeit, läßt sie miteinander in verschiedenen Stimmlagen sprechen, übt so Ausdruck und stärkt seine Phantasie. Eine treffliche Vorübung für's leider immer mehr vernachlässigte Kasperlspiel in der Familie.

Wer ist größer?

Zwei 120 cm lange Latten aus einem auseinandergesägten geraden Ast, sollen anzeigen, wie das Kind wächst. Vorne sind sie durch eingeschnitzte Lebensbäume, durch Blumensterne oder lustige Gesichter geschmückt. Auf der geglätteten Rückseite werden an Geburtstagen Maße, Daten und Gewicht verzeichnet. Bei Kleinkindern womöglich auch viertel- oder halbjährig! Wächst das Kind über die Latte hinaus, wird diese als Verlängerung auf ein Metermaß gestellt. Dem abermals eingetragenen Maß muß nun ein Meter zugezählt werden. Diese Schmucklatte an der Wand dient auch jederzeit einem Messen, sind doch auf der Rückseite mit Tintenstift die Einer- und Zehnerstriche des Metermaßes genau vermerkt, Abb. S. 13.

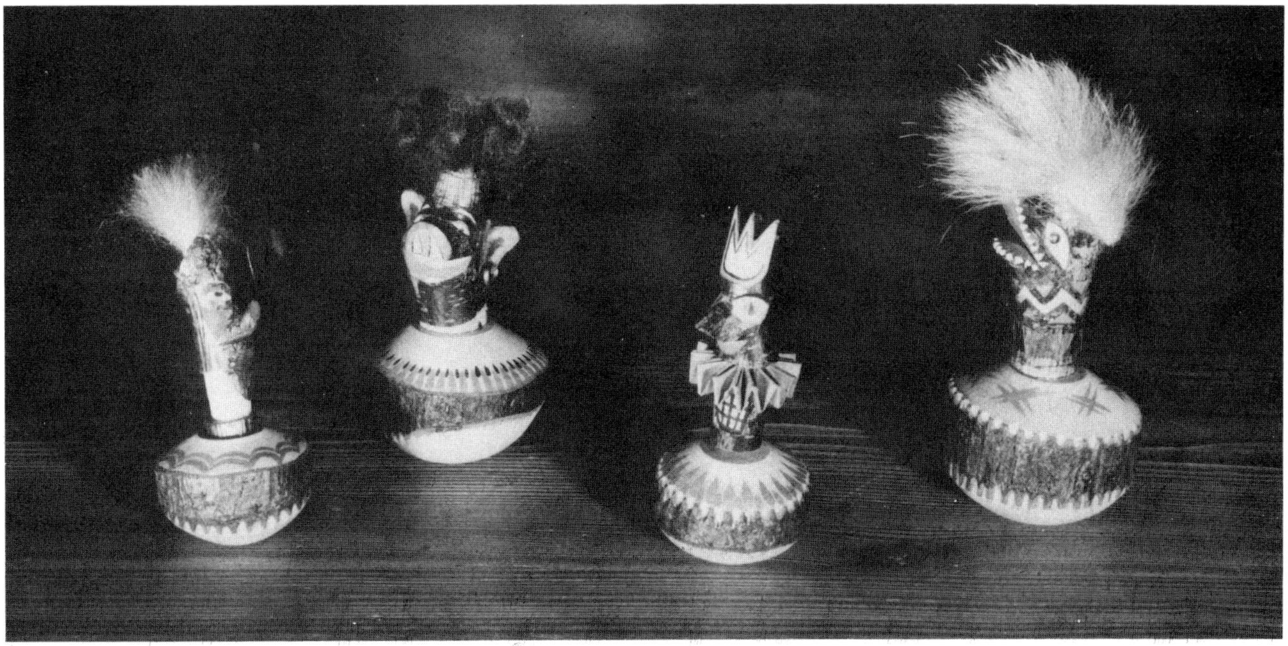

Stehaufmännchen

Der Schaukelkörper des Stehauferls muß im Sinne eines Stopfholzes (Stehauferl sind auch als Stopfhölzer zu verwenden!) bestens abgerundet und gut verschliffen werden. Das Bohrloch für die Figur wird mit einem Zentrumbohrer so tief wie möglich gebohrt; denn es muß zur Hälfte mit Blei ausgegossen werden. Ein alter eiserner Schöpfer wird mit Bleistückchen belegt, welche, über einer heißen Flamme flüssig gemacht, in das Loch gegossen werden. Erst das Gewicht des Bleis bringt das umgelegte Stehauferl immer wieder zum Aufstehen.

Buttenmännchen

Den beweglichen Spielzeugen immer neue Bewegungen zu entlocken, fördert die Wahrnehmungsfähigkeit des Kindes. In stiller Besinnlichkeit beobachtet das Kind, und der stille Beobachter des Kindes kann wieder in dessen Gesichtchen lesen, wie jede neue Bewegung des Püppchens anspricht: Ein leichtes Lächeln, eine Falte auf der Stirn oder eine Überraschung im Auge. Wie glücklich leiten diese Spiele zum Handpuppenspiel als Krone allen Spielzeugs. Auch für dieses hat das Fernsehen die Initiative zerstört!

Die Herstellung des Buttenmännchens gleicht der des Lavendelfigürchens (Seite 69). Im Kopf steckt ein 5 mm dicker Holzdraht, der durch den gebohrten, gut getrockneten Kürbis gezogen ist und mit dem die Bewegungen des Püppchens zu vollziehen sind: Das Verschwinden in der Butte, das vorsichtige Hervorlugen usf. Ein Ring aus Blei, der an den unteren Rand des Kleidchens genäht wird, zieht dieses stets abwärts. Wie gut zwei Spieler sich dabei sprachlich äußern lernen!

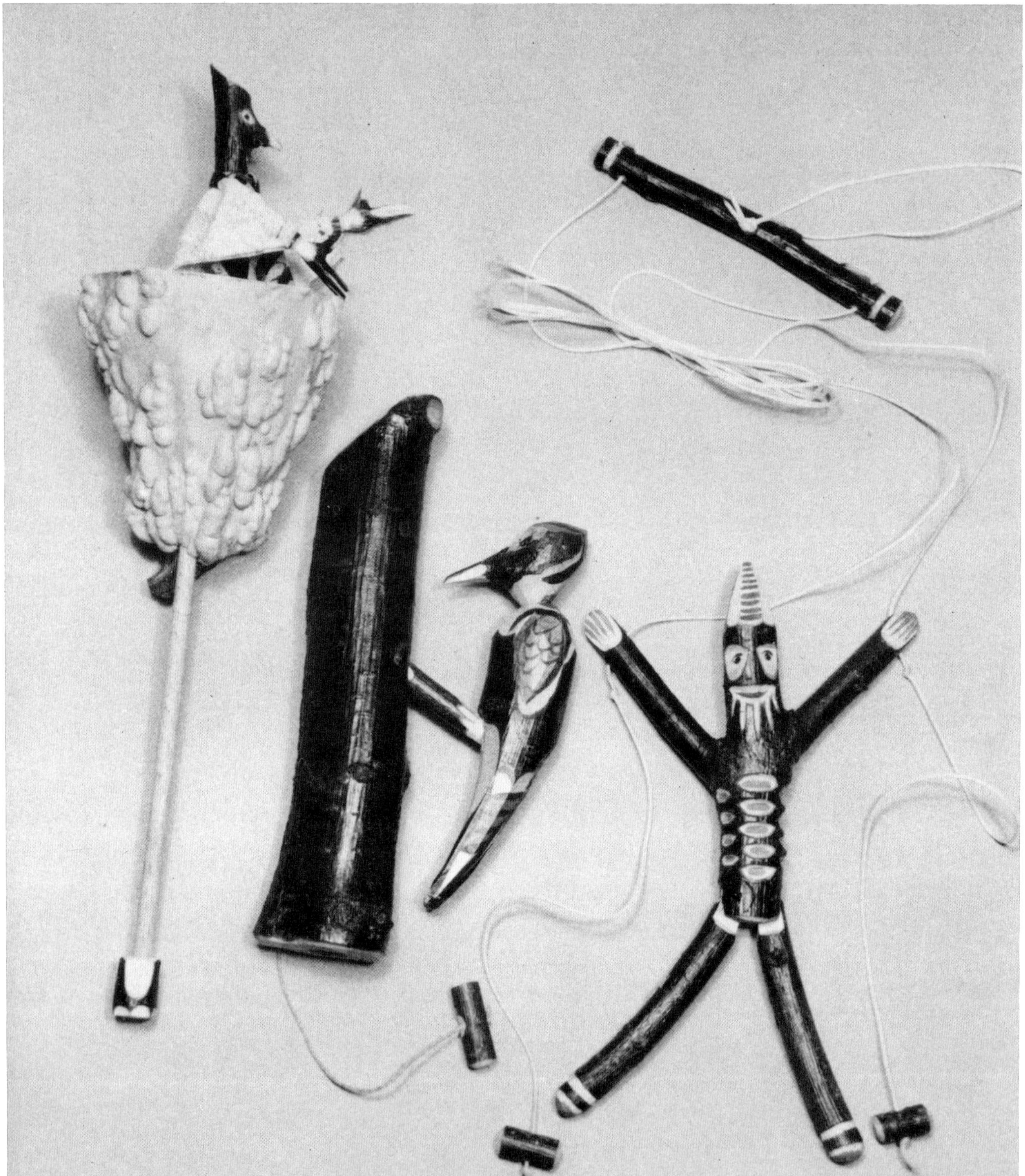

Buttenmännchen *Specht* *Klettermax*

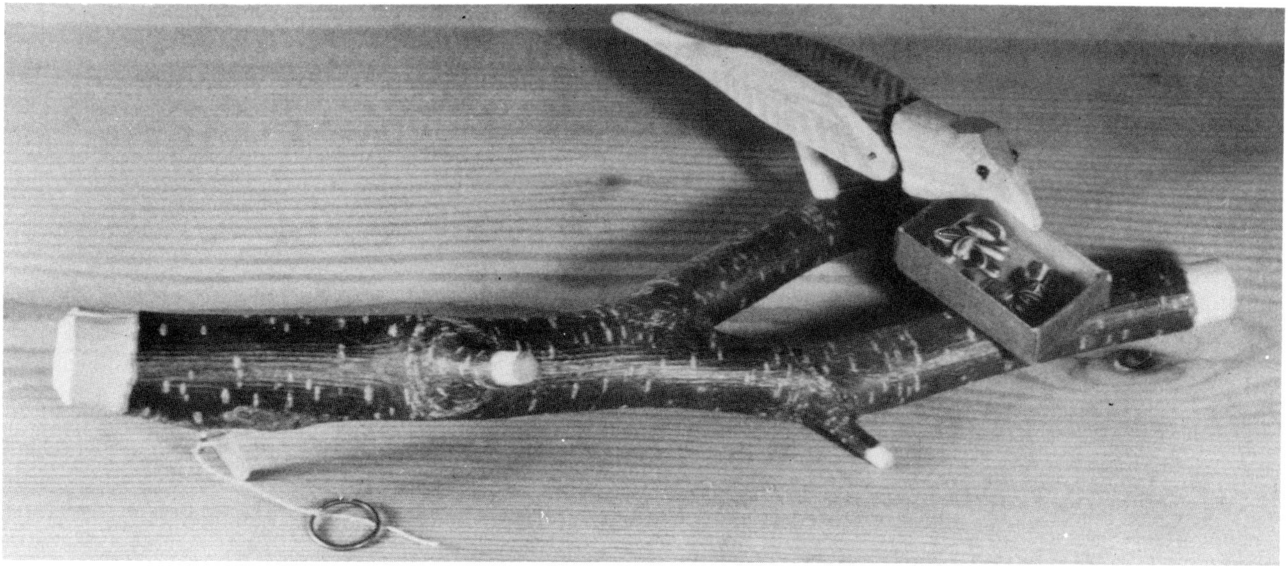

Pickender Vogel

Klettermax

Geheimnisvoll klettert er immer höher bis zum Plafond des Zimmers! So schraube in die Decke oder Wand des Kinderzimmers ein kleines unauffälliges Schraubhäkchen und hänge die 12 cm lange Achse mittels einer Schlinge ein. Die zwei parallel von den Enden der Achse ablaufenden Schnüre werden durch die an den Händen des Klettermaxen gebohrten Löcher gefädelt und an ihren Enden durch ein Holzknöpfchen abgeschlossen. Die Arme des Kletterers sind im Gegensatz zu seinen Beinen unbeweglich und aufwärts gespreizt. Der Trick liegt in der Bohrung der Hände, die zur Vertikalen in einem spitzen Winkel nach außen verlaufen muß. Ziehst du nun abwechselnd links und rechts an den Knöpfen, so steigt Maxi in die Höhe.

Specht

In das Stämmchen, auf dem der Specht klopft, muß von unten ein größeres Loch gebohrt werden, das mit dem Schlitz für den Spechtfuß in Verbindung steht. Dieser Fuß ist durch einen Nagel beweglich eingesetzt. Von seinem unsichtbaren Ende verläuft innen eine Schnur abwärts. Wird diese gezogen, so hämmert der Specht.

Pickender Vogel

Ähnlich wie der Specht sitzt der einfüßige Vogel auf einem Gabelast. Ein geschnitzter Zapfen an seinem Kopfende greift in einen Schlitz am Körper. Ein Nagelgelenk hält wieder den nickenden Kopf fest. Die unsichtbare Zugschnur ist durch den durchbohrten Fuß auf der Unterseite des Astes über einige Schraubringerln zu einer Handhabe geführt und dort zu einer kleinen Schlinge geknüpft. Leichtes Ziehen daran läßt das Vögelchen picken.

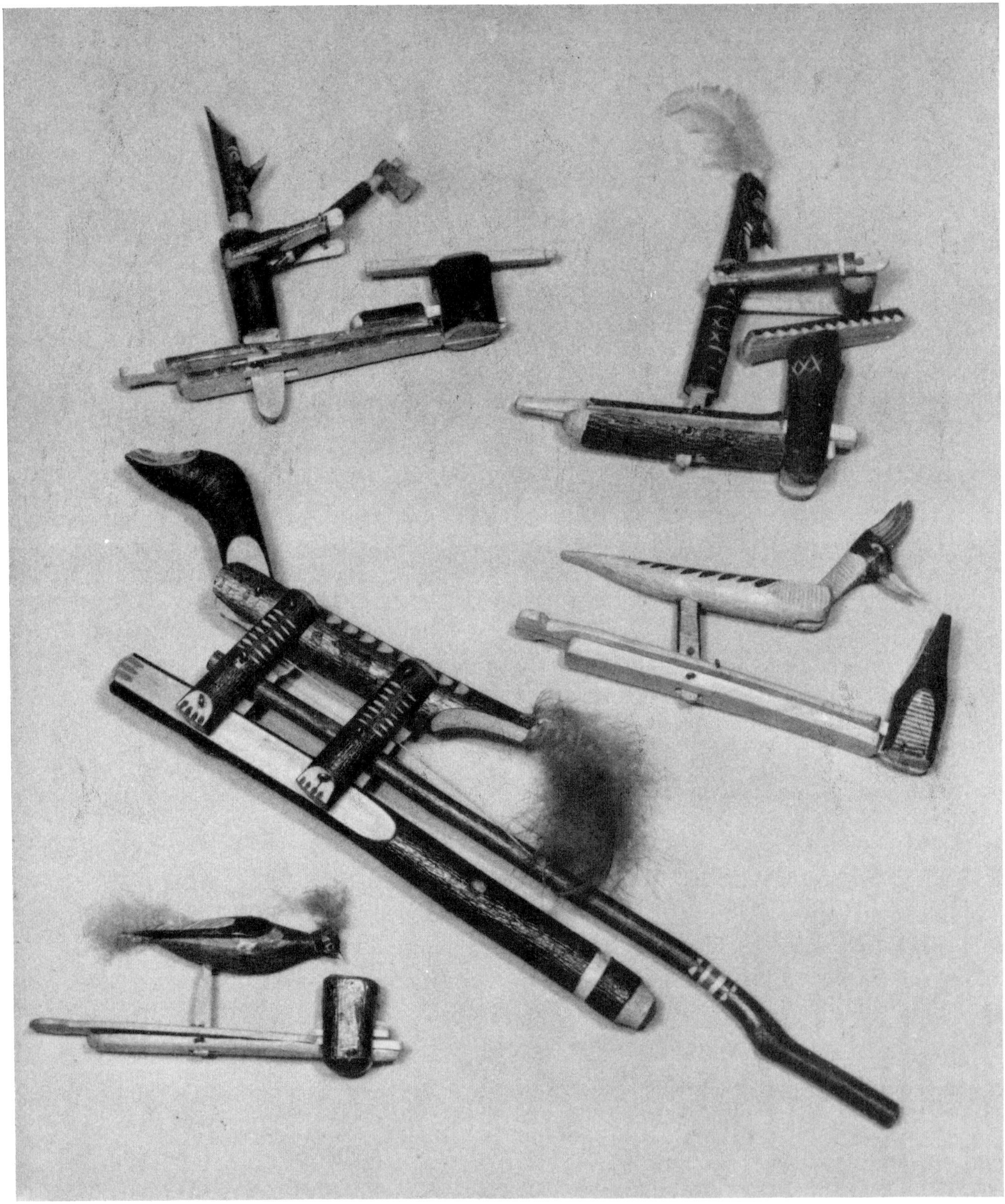
Verschiebefiguren

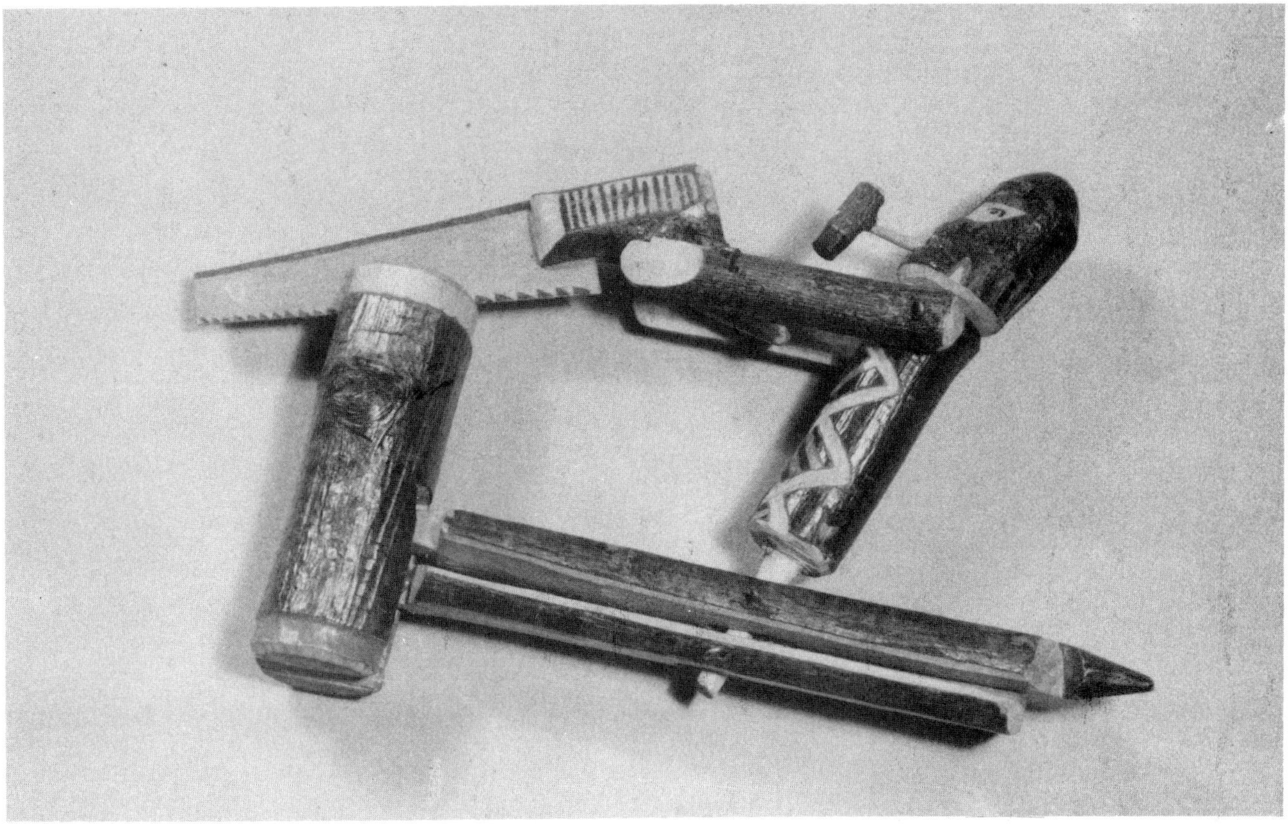

Verschiebefiguren

Die zehn folgenden Beispiele sind von 12jährigen Kindern gefunden und gemacht. Niemals soll im Werkunterricht eine Aufgabe bis in kleinste vorgegeben werden. Wohl beruht sie diesmal auf der Anweisung, die Bewegung der Figuren durch zwei verschiebbare, abgeflachte Stäbchen zu erreichen. Nach eingehender Erklärung an Hand einer früheren Schülerarbeit sucht jeder Schüler selbständig sein Thema zur Bearbeitung und Gestaltung.

So wurde der Holzhacker (Abb. 2) durch den ersten eigenen Versuch des Schülers, Holz zu hacken, angeregt. Jener der den Bäcker mit seinem rollenden Walcher machte, sah zufällig in einem Buch über Alt-Ägypten dieses mehrere Jahrtausende alte Spielzeug (Abb. 1). Die Anregung zum Höllenhund (Abb. 4) gab das besonders schön gewachsene Kopfstück. Zu diesem Kopf mußte etwas Passendes gefunden werden. Auch Überlegungen und Versuche reiften diese Arbeit. Mittels einer eingebundenen Schnur schnellte schließlich der Kopf bei der Aufrichtung des Tieres in die Höhe. Welche Genugtuung und Freude für den 12jährigen, der etwas Erstmaliges schuf.

Ähnlich entstand „Zwergnase mit der Gans". Der Bub trug schon lange seinen geschnitzten Zwerg in der Hosentasche herum. Dazu mußte etwas gesucht werden. Das Wort „Zwergnase" eines Kameraden brachte blitzartig das Thema. Sogleich erinnerte man sich an weitere Märchen: „Der gestiefelte Kater" wurde geboren (Abb. Seite 124). Der Säger mit der Pfeife (Abb. oben) war die erste mühevolle Arbeit eines Kindergelähmten (siehe auch Seite 89).

Ein böses Erlebnis aus den ersten Schuljahren wollte ein Schüler auf diese Art bewältigen: „Der Lehrer und der Schüler" (siehe Abb.). Nach jedem Schlag mit dem Stock zittert der Schüler – was die Gummischnur am Ende der Arme bewirkt. Die „hämmernden Schmiede" (Abb.) stammen aus

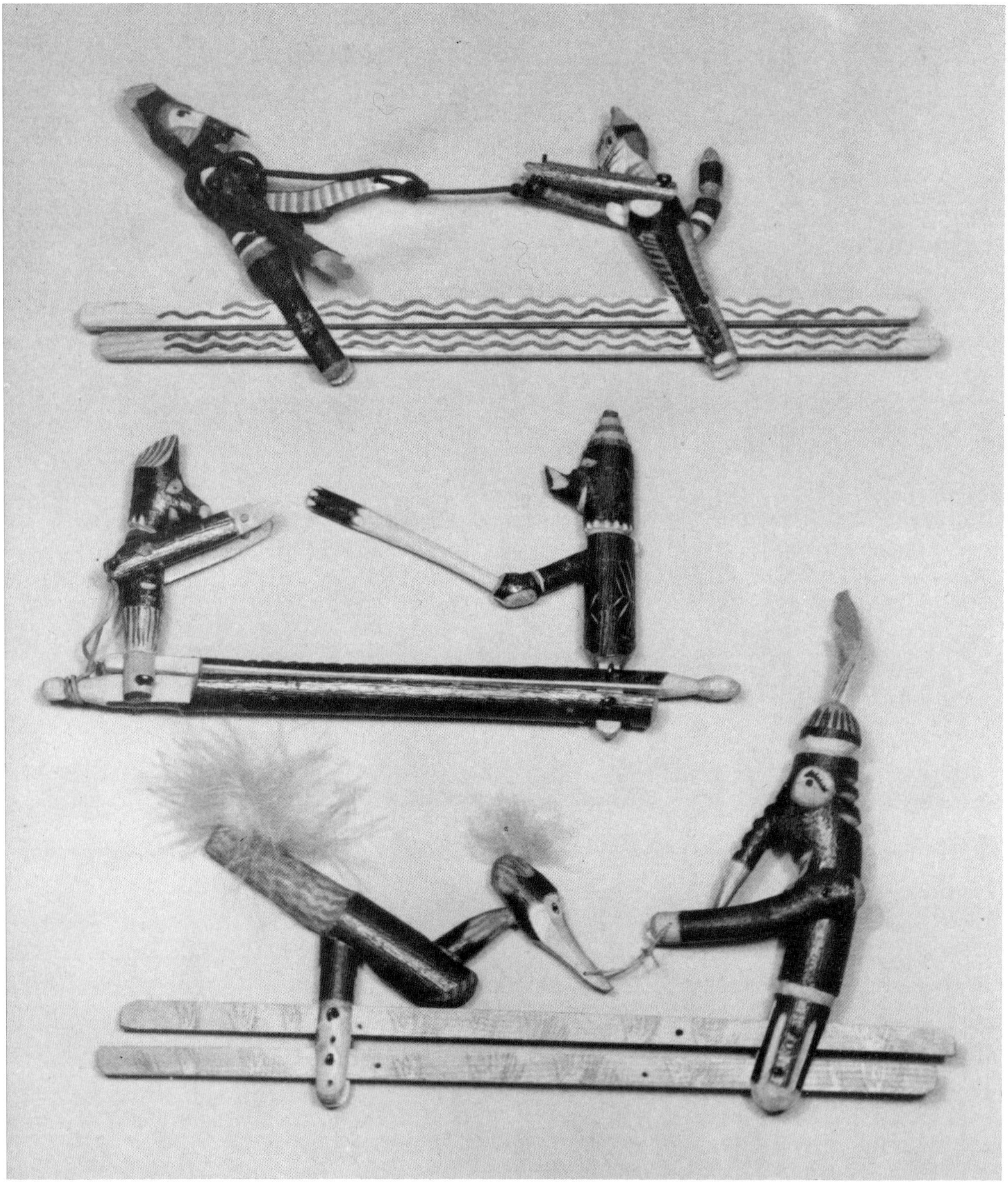

Der gestiefelte Kater (oben) — *Der Lehrer und der Schüler (Mitte)* — *Zwergnase (unten)*

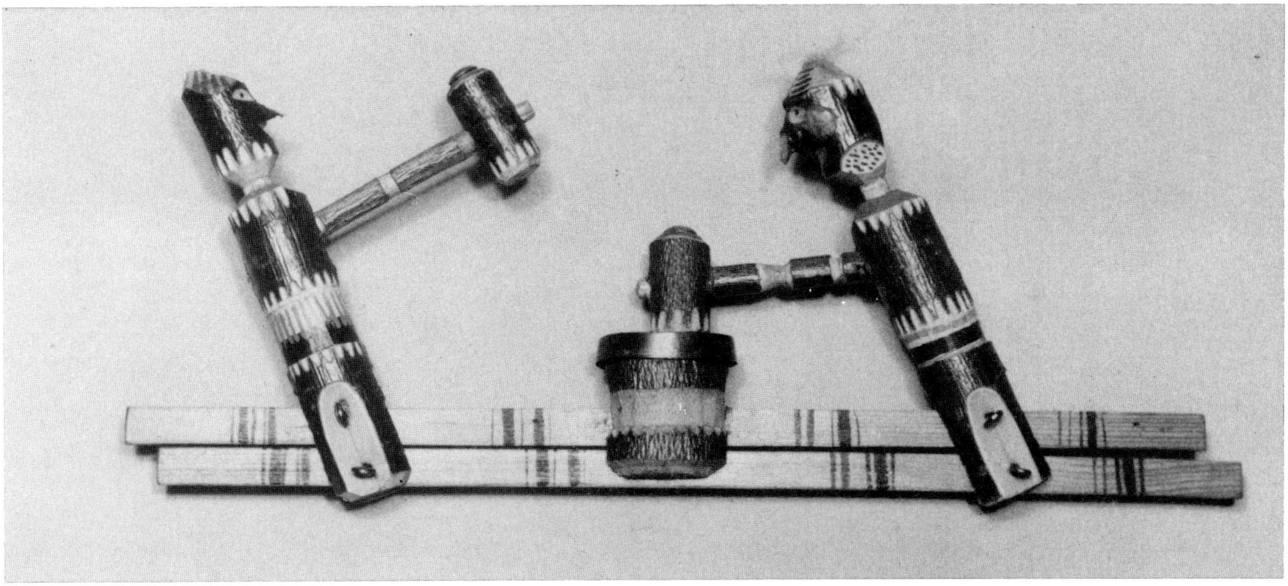

Hämmernde Schmiede

der Erinnerung eines Vaters.

Jedes gesunde Kind fühlt sich gedrängt, findig und schöpferisch zu sein, und der gute Werklehrer öffnet hiefür das Tor. Wieder sei darauf aufmerksam gemacht, welche Bewegungsvielfalten herausgeholt werden können. Jede Bewegung entzückt schon das kleinste Kind: der rollende Kreisel, oder das surrende Windrad. Leben ist Bewegung. Der 12jährige schämt sich keineswegs, mit dem von ihm gebauten Spielzeug immer wieder selbst zu spielen. Und wäre er es einmal satt, so würde er es an einen jüngeren Bruder oder Freund weitergeben – Geber- und Empfängerfreude fließen zusammen.

Zur Herstellung noch folgendes: Besteht das Spielzeug nur aus einer Figur, so wird dieses unten seitlich abgeflacht und in die Schlitze der zwei Leisten mittels zweier mit Augen versehener Drahtachsen eingesetzt. Die Schiebeleiste ist durch ihren Fingeransatz erkennbar. Ihr anderes Ende, zu einem Zapfen geformt, steckt locker in einem Klotz als Tisch, einem Holzstock oder einer Futterstelle für Vögel. Die Bodenleiste ist mit einem Ende am Klotz fixiert (Abb. Seite 122) Zweifigurige Spielzeuge läßt du besser gleich in ihren ausgesägten Schlitzen auf den zwei übereinanderliegenden Schiebeleisten reiten.

Wippfiguren

Diese Figuren überraschen durch ihre schwingenden und wippenden Bewegungen, selbst wenn diese nur mit einem Beine auf der Tischkante balancieren. Das Geheimnis liegt in dem schweren, meist nicht sichtbaren Gewicht, welches durch einen halbkreisförmig gebogenen Hartdraht mit der Figur verbunden ist. Die Herstellung wird durch die Abb. Seite 126 veranschaulicht. Nun haben bisher dem Kinde Schnurzüge, Spannungen, Kurbeln, Räder, Übertragungen, Hebelwirkungen, Zentrifugalkraft und in diesem Falle der elastische Hartdraht und das Gewicht so manches näher gebracht und verständlich gemacht, was für sein täglich Leben sehr wichtig ist.

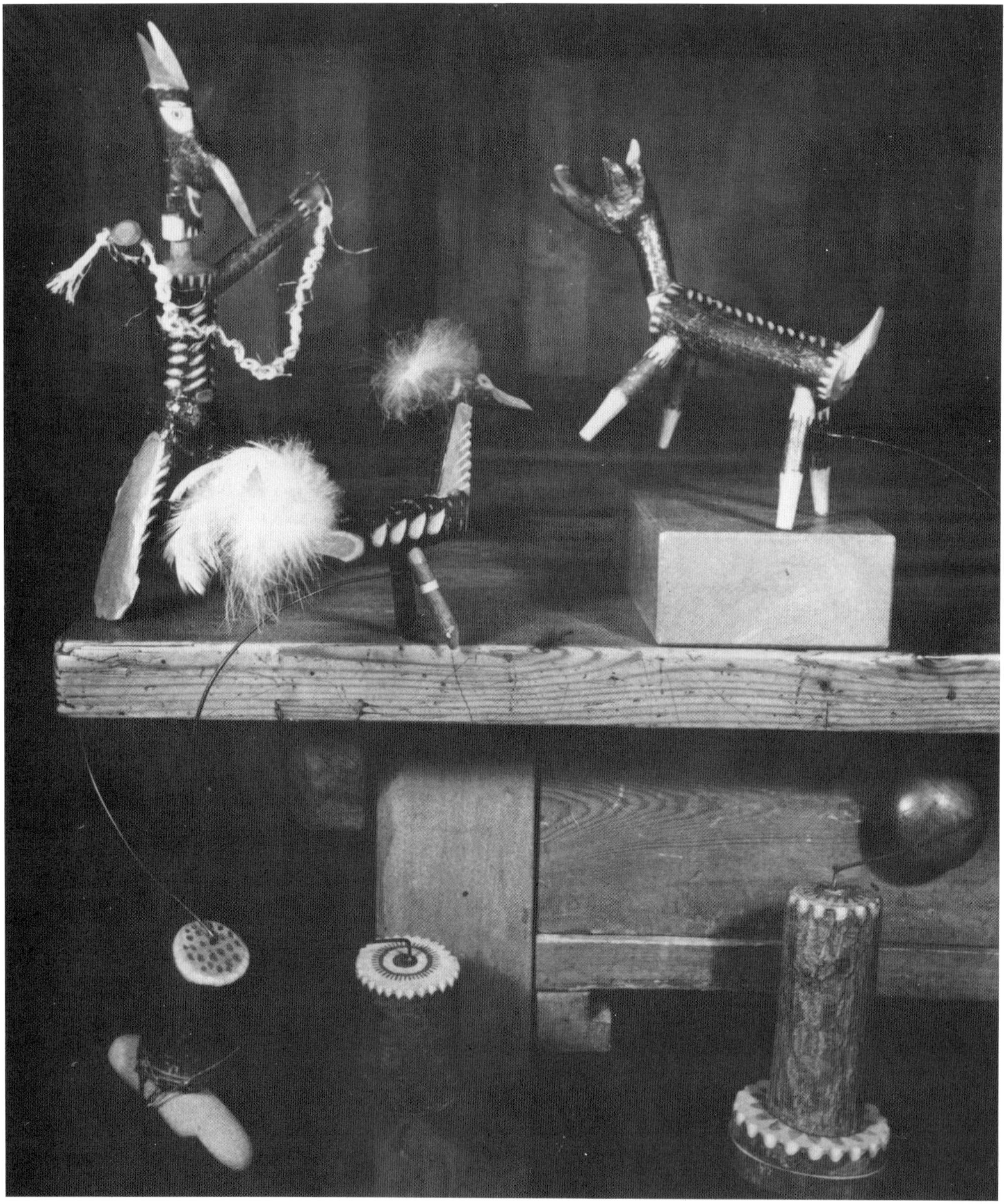

Wippfiguren

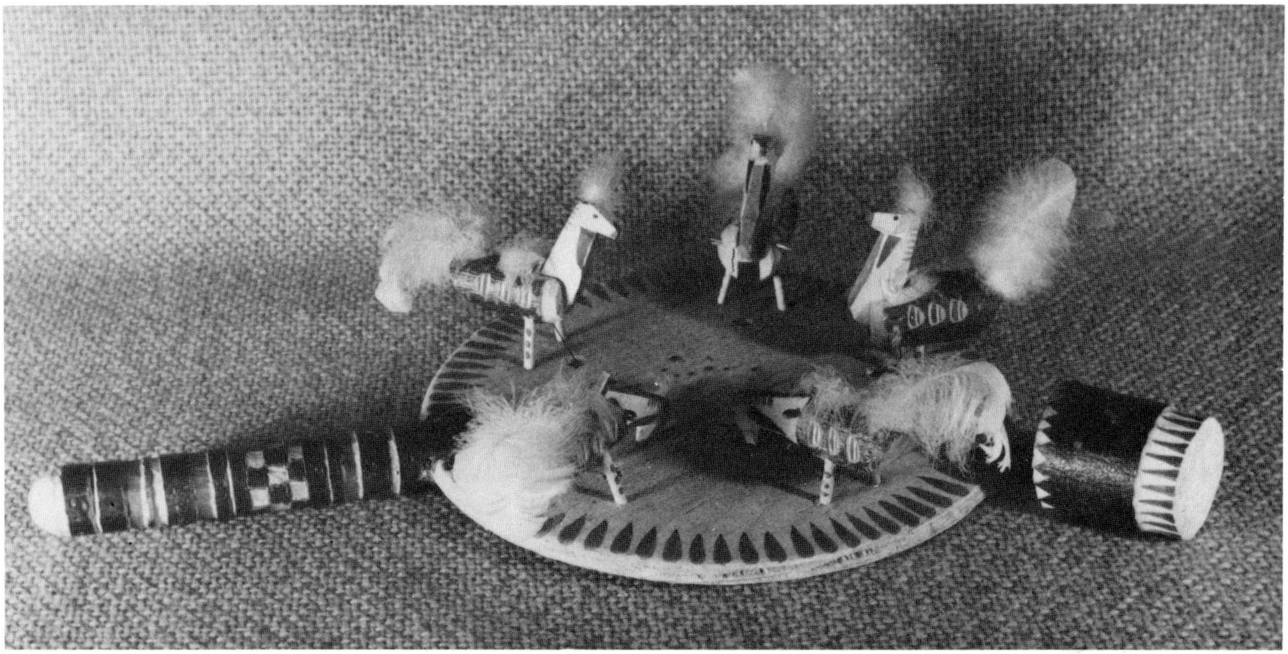

Pickende Hühner

Pendelspielzeuge

Allerseits bekannt sind die pickenden Hühner. Ihre Köpfe werden durch Drähte im Schlitz ihrer Körper locker gelagert. Vom Ende der Hälse ist je ein Faden durch die Löcher des Brettes zu einem Gewicht gezogen. Dieses, als Pendel geschwungen, bewirkt das so eifrige Picken der Hühner. Erprobe vorerst dieses Spielzeug mit einem einzigen Huhn oder einem anderen Vogel! Sieh die Abbildung des Straußes auf Seite 128. Sein schwerer Kopf und Schwanz erleichtern die Aufgabe. Wird eine Werkgruppe vor diese Aufgabe gestellt, so wähle jedes ein anderes Tier. Der Vierfüßler ist wieder mit zwei Beinen zufrieden. Lustig ist auch eine Frau mit dem Kochlöffel, ein Dirigent mit seinem Taktstock oder die zwei Kämpfenden.

Hampelmänner

Diese werden meist von Vorlagen gepaust und mit der Laubsäge ausgesägt. Sie haben nichts Körperhaftes, es fehlt die 3. Dimension die Dicke. Und gerade diese ist für das Kleinkind, das greifen und *begreifen* möchte, nötig. Wieder bietet sich das Jungholz als Helfer an. Wie mannigfach ergeben sich die Formen solcher Hampelmänner, welche im Werkunterricht hergestellt werden. Verteilt man die einzelnen Zugschnüre und verkeilt diese in ein Zugstäbchen, so ergeben sich schon die unterschiedlichen Bewegungen im Links- und Rechtszug (Abb. Seite 129). Was die Puppe für die Mädchen, ist der gute dreidimensionale Hampelmann für den Knaben. Er kann ihn auf sein Pferdchen setzen oder in seine Autos oder auf seinen Traktor. Er wird ihn *gern* haben!

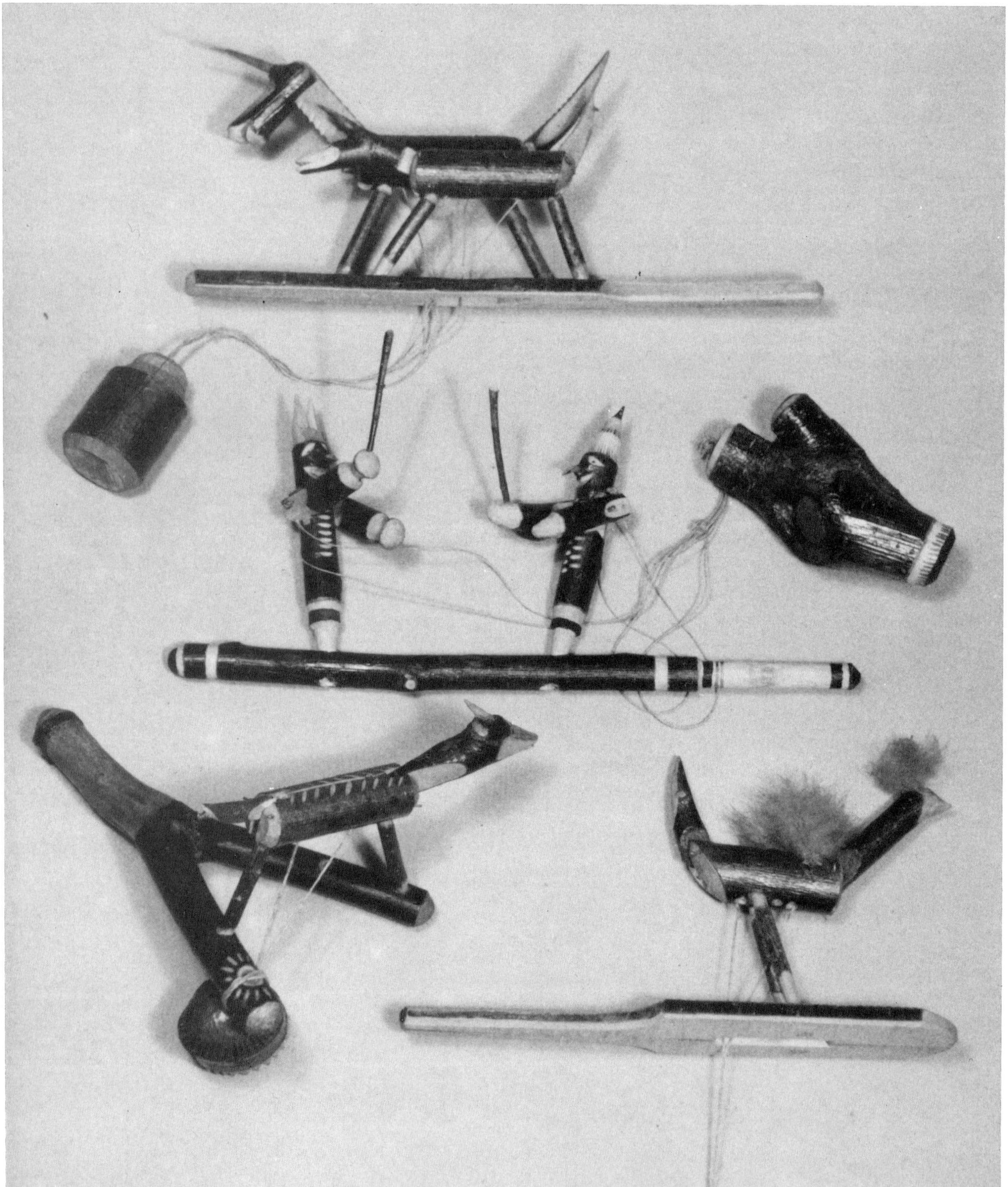

Pendelspielzeuge

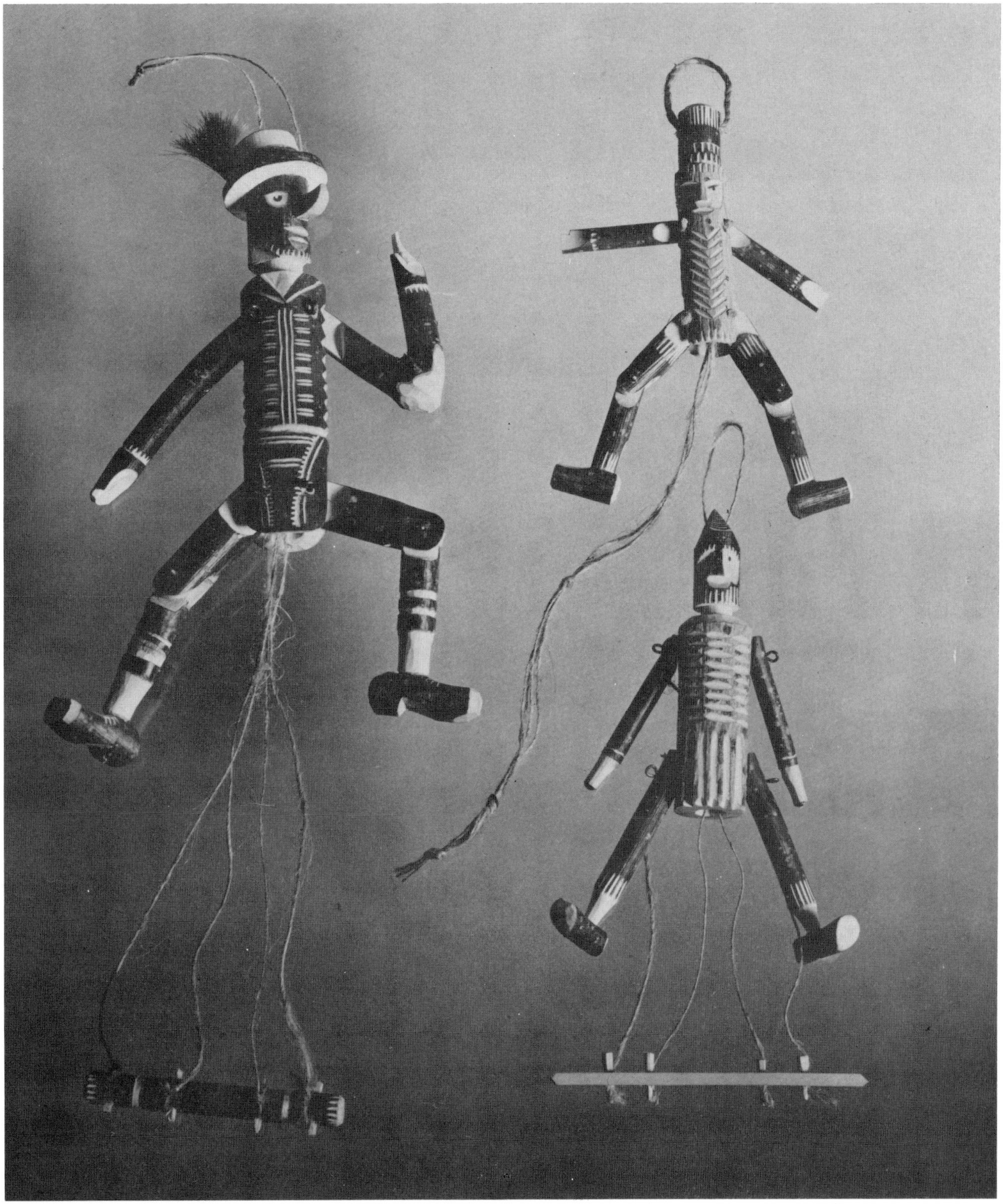

Hampelmänner

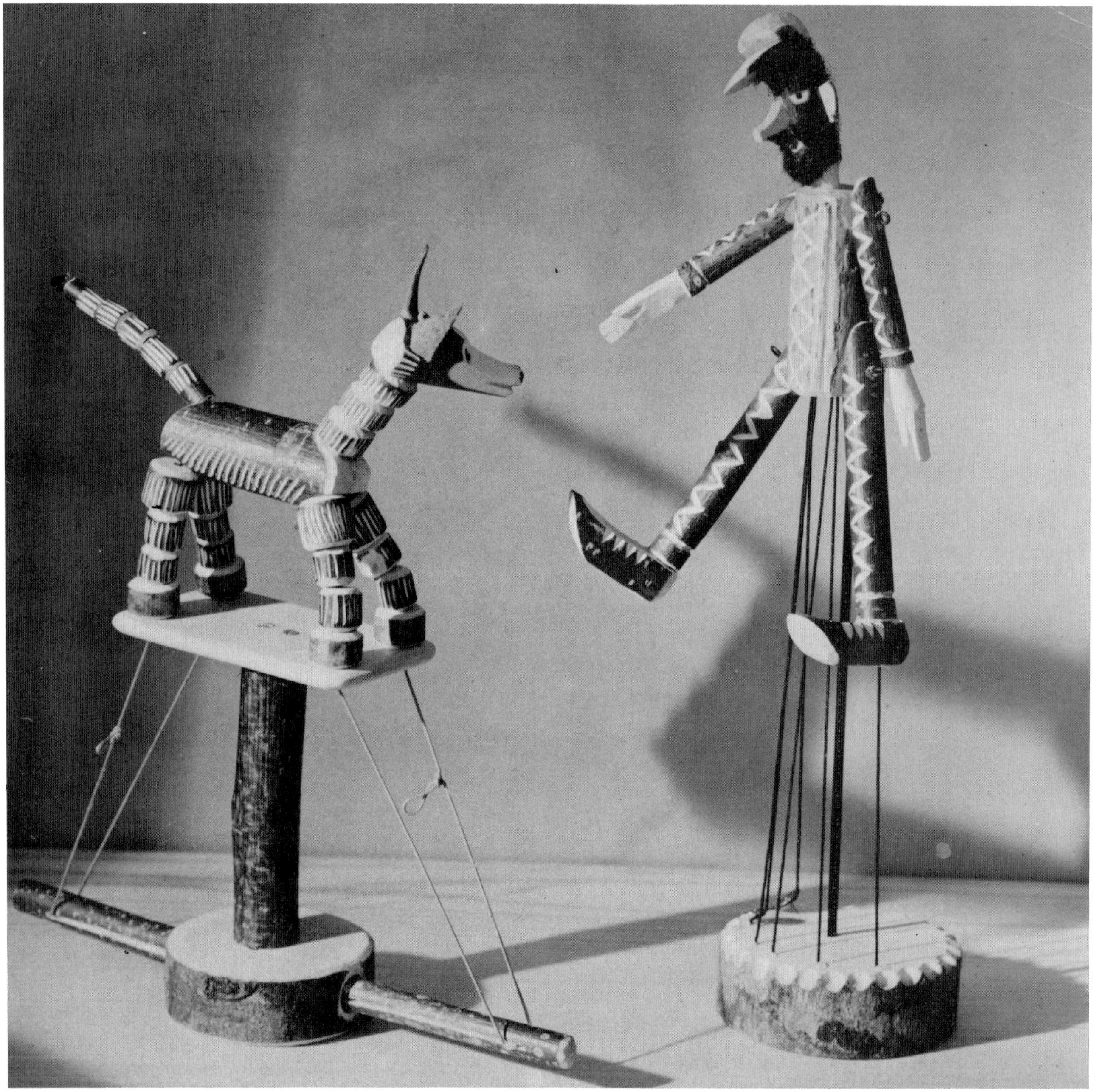

Marionetten und Handpuppen

Jäger und Wolf, vom Märchenspiel „Rotkäppchen", stellen sich vor: Die Zugschnüre der Glieder des Kopfes und des Schwanzes sind am Standbrett der Figuren getrennt fixiert, so daß die Finger nur jene Teile der Figuren bewegen, in welche zugeordnete Schnüre greifen. Durch die Verschiebung der Zugschnüre des Wolfes im aufgesägten Schlitz der untersten zwei Stäbe, können auch kauernde Lagen des Wolfes fixiert werden.

Die drei Handpuppen aus Jungholz; Kasperl, Geist und Räuber (Abb. Seite 38) wollen zur Herstellung ermuntern!

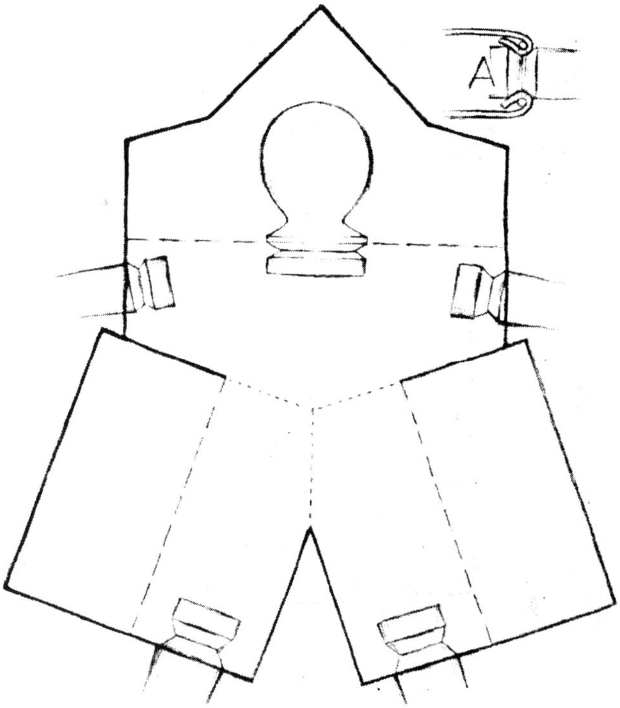

Puppen

Ohne gute Puppe keine Erziehung zur guten Mutter! Zum Mädchen gehört eine Puppe, die sie so richtig gernhaben kann. Dieses *Gernhaben* sitzt im Herzen! Fehlt die Puppe, so kann es ein Holzstückchen sein, das, in ein Fetzchen gehüllt, in ein Schachtelbettchen gelegt wird. Leider kaufen die Eltern oft jene Puppen, die *sie* gern *haben* möchten, weil diese imponieren, blenden, angeben, „süß" sind und schon trinken und sprechen können. Zumeist sind dies Eltern und Kinder, welche die Betonung aufs *Haben* legen.

Da ist der Vater mit dem Töchterchen und die Mutter mit dem Söhnchen (Abb. Seite 132) – alle aus Jungholz geschnitzt, leicht aus- und anziehbar, mit einem weichen beweglichen Körper, der mit Sägespänen gefüllt ist. Die Gesichter zeigen die Werkspur, die Hände sind ausdrucksvoll, Vater und Mutter können sogar stehen. Dagegen fehlen beim Mädchen Hände und Füße. Der Bruder, der diese Puppe machte, konnte diese noch nicht schnitzen. Doch sein Schwesterl, das er beschenkte, liebt deswegen ihre Gretl nicht weniger.

Wie wird nun eine Puppe hergestellt? Wie man Kopf, Hände und Füße macht, wurde bereits erklärt! Der Körper der Puppe wird günstig aus einem festen Mollino nach nebenstehendem Schnitt gemacht. Vergrößere diesen entsprechend, schneide ihn aus und hefte ihn auf den Stoff, der links und rechts eingeschnitten wird. Schlägst du den Mollino nach den drei punktierten Linien ein, so siehst du schon die Körperform der Puppe. Schnitze in die Enden des Kopfes, der Arme und Beine je eine Rille. In diese wird der Mollino mit einem starken Faden eingebunden. Sorge rechtzeitig, daß die fransenden Enden innen zu liegen kommen (Abb. A) kommst du nach einigen Überlegungen darauf, wie das zu machen ist, so kannst du mit deinem Hausverstand zufrieden sein. Nun nähe die Ärmel- und Hosenstümpfe zusammen, stopfe die Puppe mit Watte, zerkleinertem Schaumgummi oder mit Sägespäne aus und vernähe die noch offene Mitte. Auch Knaben sollten ihren Müttern zusehen, wie ein Kleid für die Puppe gemacht wird. Zuerst wird ein Schnitt aus Papier erprobt und dadurch auch das Verständnis für die Bekleidung des Menschen geweckt. Mädchen soll man anregen, weitere Kleidungsstücke für die nötige Garderobe auszudenken, aber auch dazu anhalten, der Mutter beim Schneidern mitzuhelfen, selbst wenn Schere und Nadel noch unbeholfen geführt werden: Früh übt sich, wer ein Meister werden will!

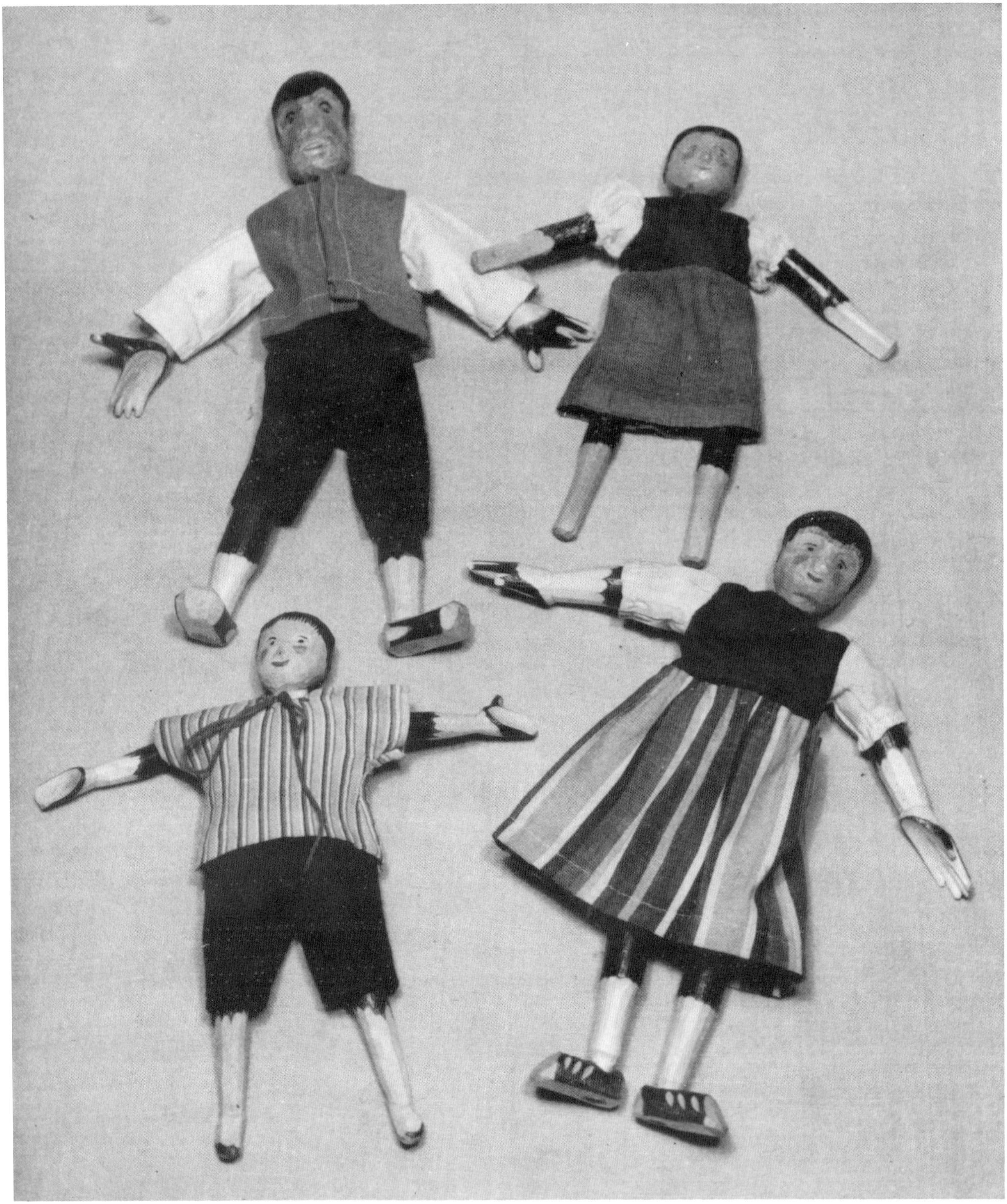

Puppen

Spiele

Was unterscheidet das Spielzeug vom Spiel? Ein Spielzeug wird erst dann zum Spiel, wenn eine Regel, eine Abmachung, zu Grunde gelegt wird. Es sei an das Beispiel Kreisel (Seite 101) erinnert: Das Kleinkind treibt den „Handkreisel“ mit beiden Händchen an – es spielt mit einem Spielzeug. Wird der Kreisel einer Regel unterstellt, so wie beim Zahlenkreisel, beim Spielkreisel oder der „Mariandl“, so bewirkt dies schon das Zusammenspiel mehrerer Kinder, das Reihen und Bewerten – das Spiel ist gegeben. Das Kind tritt gleichsam aus seiner Ichbeziehung heraus, es nimmt *teil*, es ordnet sich ein, es ist eingeordnet und einer Regel unterstellt, die meist gemeinsam gefunden und aufgestellt wurde. Es sei auch an die vergessene, so glückliche einstige Spielwelt des Kindes erinnert: Tempelhüpfen, Murmeln, Messerln, Staberlreißen, Sautreiben, Titschgerln, Ballestern u. a. m.

Das Spiel verbindet das Kind mit der Heimat, dem Elternhaus, und wenn dieses nicht gegeben sein sollte, so doch mit der Wohnung der Eltern im x-ten Stockwerk, mit dem Nest da oben und seiner Wärme. Richtiges Spielen bringt innere Wärme. Das Spiel verdichtet das Menschliche, hilft Beziehungen knüpfen, Freundschaften schließen, Freude schenken. Es bedeutet goldene Kindheit, wo Vater, Mutter und Geschwister bei gemeinsamem Spiel ihre Herzen verbinden. In welch groben Gegensatz gerät aber dieses stille Spielen, das immer mehr in Gewinn- und Rekordsucht gedrängt wird. Die auf Erfolgsdenken programmierten Erwachsenen geben schlechte Beispiele, sie sind schlechte Vorbilder! Was geht da nicht alles verloren: Wir werken nicht mehr, wir kaufen; wir spielen nicht mehr, wir gaffen; wir hungern nicht mehr, wir machen Abmagerungskuren; wir kennen unsere Heimat nicht mehr, aber die Pyramiden Ägyptens und das Tadsch Mahal! Besinnliche Stunden einer Innenschau sind uns fremd, wir schwätzen; wir können nicht mehr aus dem Geheimen schöpfen, wir pflegen in Museen die Tradition – nicht mehr verstehend, daß Tradition die Lebendigerhaltung einer sich ständig erneuernden Flamme ist, nicht aber das Weiterreichen verbrannter Asche!

Reifen und Fangstücke

Der Auffangstock ist einfach gemacht. Das Querstäbchen, das das Weitergleiten aufgefangener Reifen verhindert, wird in ein gebohrtes Loch geschoben und etwas verkeilt. Mehr Sorgfalt erfordern die Reifen. Einfachste Art: Eine Waldrebe (Clematis vitalba) wird in zweimaliger Drehung zum Reifen gebogen (d = 18–22 cm) und mit Blumendraht an mehreren Stellen zusammengebunden. Zweite Art: Eine Hasel- oder Weidenrute wird in heißes Wasser gesteckt, bis sie biegsam wird, dann in ein Gefäß mit dem Durchmesser 18 bis 22 cm rund umlaufend eingelegt und wenn nötig mit Stäbchen an die Wand gepreßt. Einige Tage läßt man die Reifen so trocknen, damit eine schöne Kreisform erhalten bleibt. Dann werden von einem Stückchen hohler Vorhangstange oder einer anderen Blechhülse etwa 2½ cm abgesägt oder abgefeilt. In dieses Hülsenstückchen werden dann je zur Hälfte die Enden der Ringe aneinandergestoßen. Jedes Ende wird mit einem Nägelchen, das durch das Blech geschlagen wird (mit größerem Nagel vorschlagen!) festgehalten. Nun muß das Spiel mit dem neuen Gerät gelernt werden: Werfen und Auffangen! Beachte die Abwurfhaltung! Stab und Ring in einer Ebene: Der

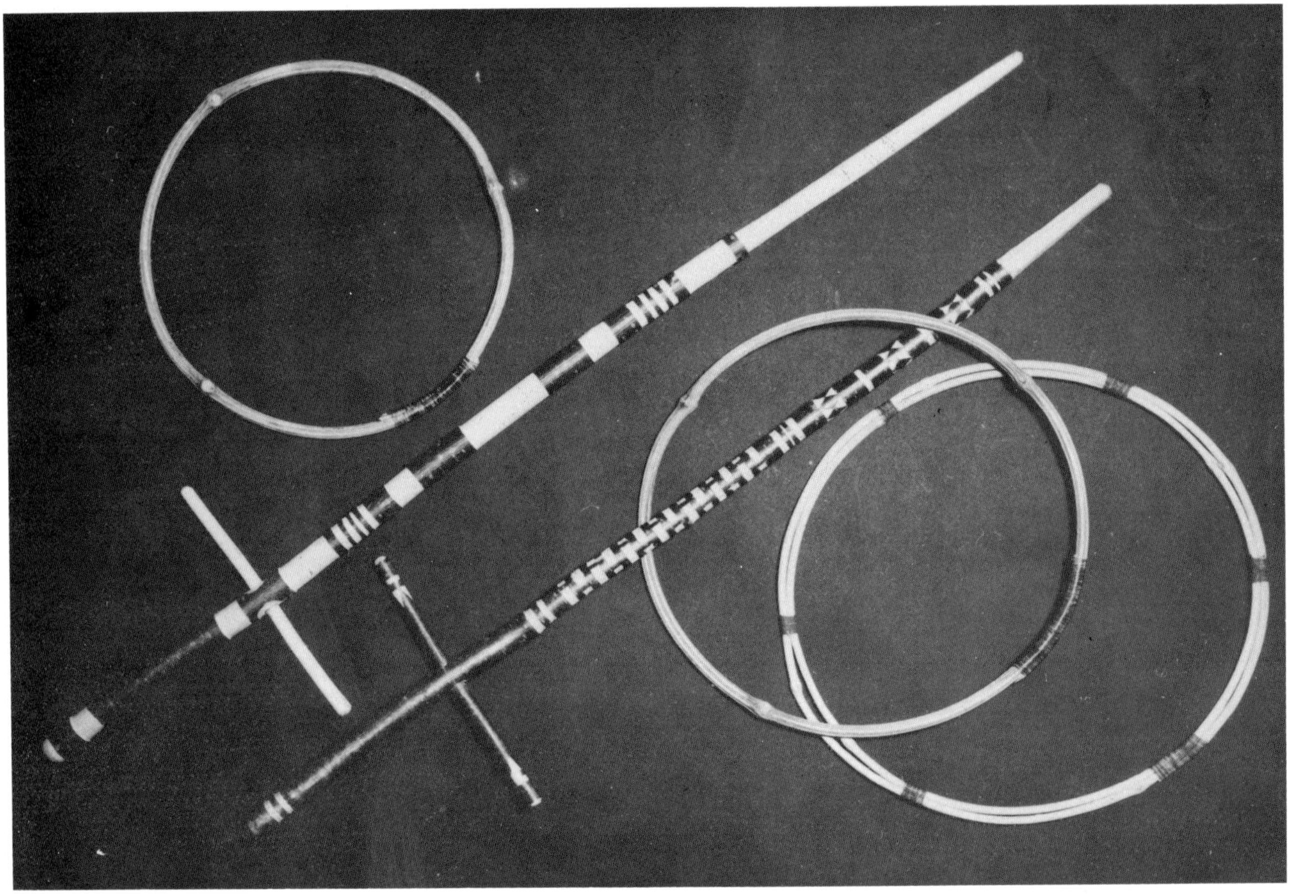

Reifen und Fangstöcke

Reifen muß federn. Übe vorerst Zielwerfen nur mit der Hand, den Reifenstock 3 m von dir in die Erde gesteckt. Mit wievielen deiner Reifen fängst du den Stab? Mit wievielen auf 4, 5, 6 m Entfernung? Mit dem Abwurfstabe ist es anfangs schwerer, doch erzielst du größere Weiten. Und dann kommen erst alle Abwandlungen des schönen Spiels. Beim Einzelspiel Hochwerfen und Auffangen! Bei zwei gegenüberstehenden Spielern Werfen und Auffangen zu gleichen Zeiten bei immer größer werdenden Abständen. Auch ein Hinausjagen und Besiegen ist möglich: Jeder der zwei Spieler muß seinen Abwurfort jeweils dort nehmen, wo der Reifen des anderen zu Boden fiel oder wo er entgegenlaufend den Reifen auffing. Ersinne neue Abwandlungen!

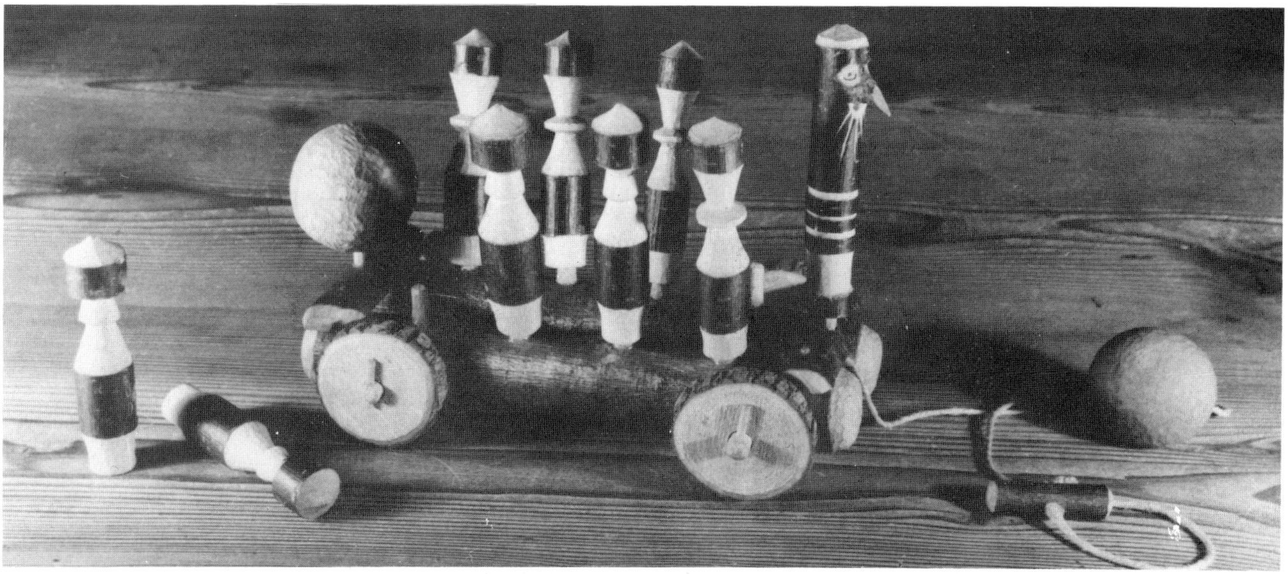

Kegelwagen

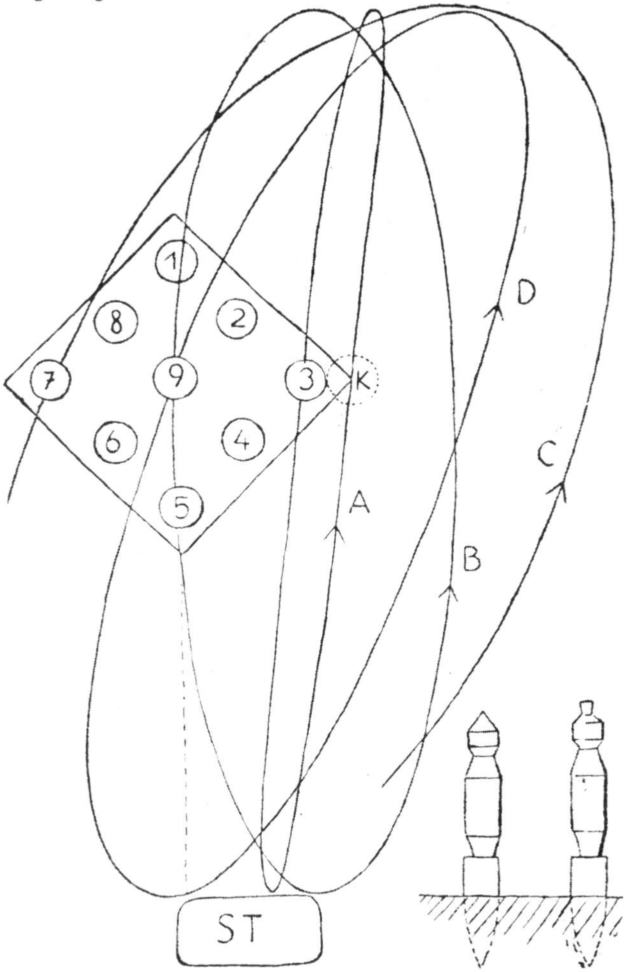

Kegelspiele

Die Gestaltung der Kegel zeigt Seite 72. Zur Herstellung einer Kugel für dein Kegelspiel verwendest du ein 5 bis 6 cm dickes Aststück. Damit die Kugel schön rund wird, mußt du sie nach einer Schablone arbeiten. Zeichne mit dem Zirkel auf ein Kartonstück einen Kreis und schneide ihn sorgfältig aus. Nun paßt du die Kugel in diese Schablone und beschnitzt sie so lange, bis sie in dem Kartonring gerade noch gedreht werden kann.

Das *Pendelkegelspiel* erfordert wenig Platz, wirbelt keinen Staub auf und kann sowohl im Zimmer wie im Freien gespielt werden. Daheim stelle die Kegel auf einen Tisch. Die Kegelfelder können mit Kreide gezogen werden. Die Kugel hängt an einer Schnur, die mit einer kleinen Schrauböse an der Decke befestigt wird. Das Pendelgewicht braucht keineswegs rund zu sein, es kann oval, muß jedoch schwer genug sein. Im Freien knüpfe die Schnur des Pendels an einen Baumast und schlage neun Pflöcke im entsprechendem Abstand in die Erde (Zeichnung). Im Ruhezustand muß die Kugel so hängen, daß sie den Kegel 3 gerade noch berührt (K). Die Kegel wieder müssen so weit auseinanderstehen, daß gerade noch „Löcher“ gespielt werden können. Z. B. Durchgang der Kugel zwischen den Kegeln 1, 9, 5 und 2, 4

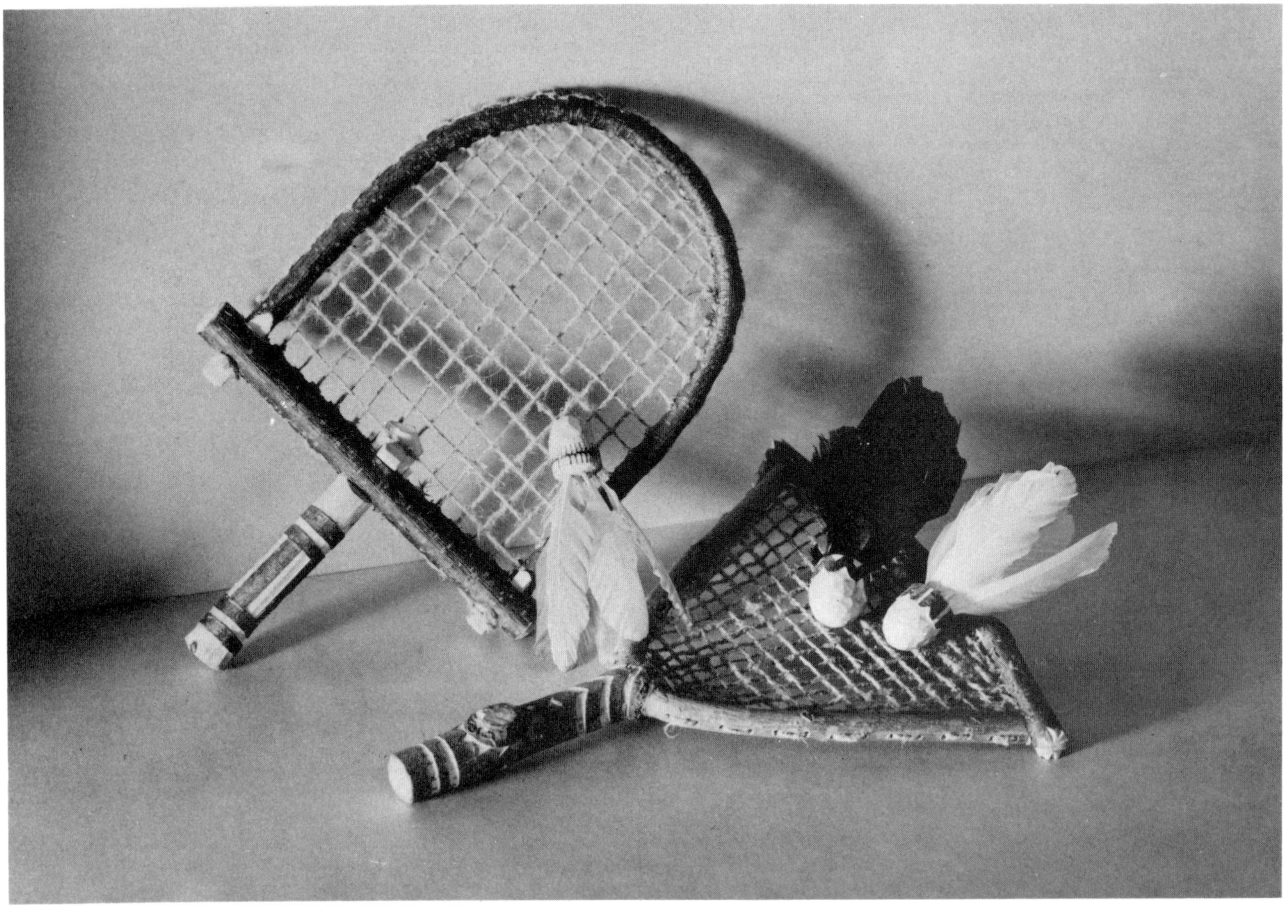

oder 6, 8 und 7. Grundbedingung bleibt, die Kugel darf nicht im direkten Wurf treffen, sondern erst bei ihrem Rückschwung (siehe Zeichnung). St ist der Stand des Spielers, die Ellipsen stellen die Flugwege der Kugel dar. Um den Kegel 3 zu treffen, muß die Kugel in Richtung Ellipse A geschwungen werden. Der Kegel 7 erfordert den Ellipsenweg C mit der größten Breite. Kegel 1, 9, 5 trifft der Flugweg B. Soll aber z. B. Kegel 9, der König, allein herausgeholt werden, so mußt du den Ellipsenweg D wählen.

Federball

Runde einen 2½ cm dicken Stab halbkugelig ab und schneide 3 cm von seinem Ende ab. In sechs zusammenlaufende Löcher wird je eine Feder eingeklebt. *Schläger:* Seine Konstruktion ist aus der Abbildung erkennbar. Für die netzartig gespannten Schnüre bohre mit dem 2 mm Bohrer in 1½ cm Abständen die nötigen Löcher.

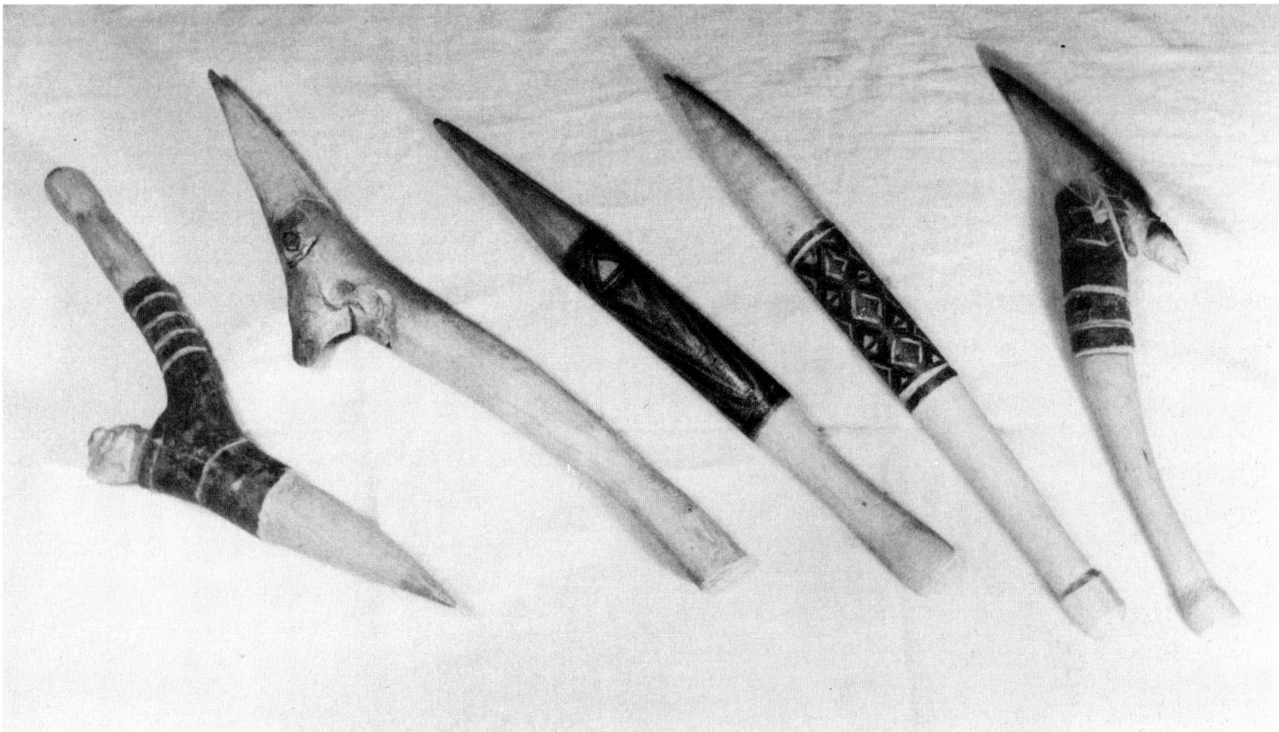

Spitzeln

Unter den verschiedensten Namen (Pflöckeln, Stümpfeln, Schmerpecken usf.) wurde dieses schöne Spiel in ganz Europa von jung und alt gespielt. Ein guter Spitzel muß schon eine gewisse Schwere haben und richtig geformt sein, 50 cm lang, 4 cm dick (Abbildung). Du kannst mit kürzeren und entsprechend dünneren (Durchmesser 2,5 cm) Spitzeln auch noch ganz gut schleudern. Krumme Spitzel aus gebogenen Ästen bieten besondere Vorteile. Die Spitze schnitze etwas außerhalb der Markröhre des Jungholzes. Für das Spiel gehst du mit deinen Kameraden am besten auf eine Wiese. Bald hast du das Spitzelschleudern heraußen. Der Spitzel muß 20 bis 30 cm vor dir fest im Boden stecken. Erst wenn alle Spitzel „stehen", beginnt das eigentliche Spiel. Die Reihenfolge wird ausgezählt, oder es spielt Gruppe gegen Gruppe.

Der Spielablauf: Du ziehst den eigenen Spitzel aus der Erde und schleuderst ihn so auf einen schwächer stehenden Spitzel, daß dieser umgeworfen wird, aber dein eigener wieder fest im Boden steht. Spieler, deren Spitzel durch eigene Unvorsichtigkeit oder durch den Wurf der Gegner fallen, scheiden aus. Sieger ist jener, dessen Spitzel als letzter steht.

Stöckereißen

Einige Stöcke, ungefähr 25 bis 35 cm lang, werden auf dem Spielplatz vorsichtig zur dreiekkigen Pyramide aufgestellt. Und nun schließt die Spielgruppe mit Handfassung den Kreis um die Pyramide und beginnt ihren tollen Tanz. Jeder versucht seinen Nachbarn so nahe zur Pyramide hin zu drängen, daß dieser sie mit dem Fuß umstoßen müßte. Durch einen geschickten Sprung kann man das meistens noch vermeiden, wer aber die Pyramide umstößt, scheidet bis zum nächsten Spiel aus dem Kreis. Wie lustig sind die Endkämpfe!

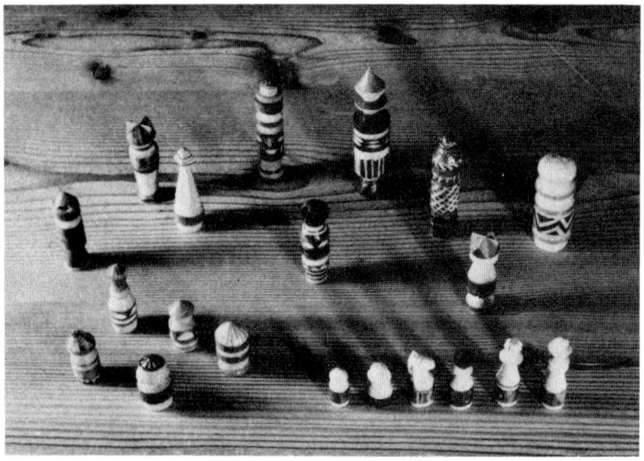

Spielfiguren

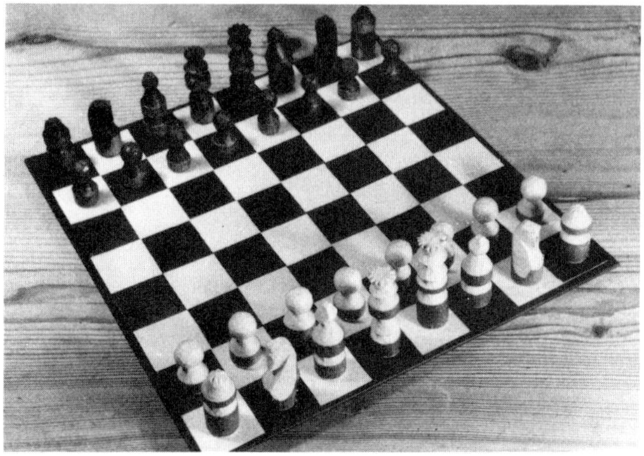

Schach

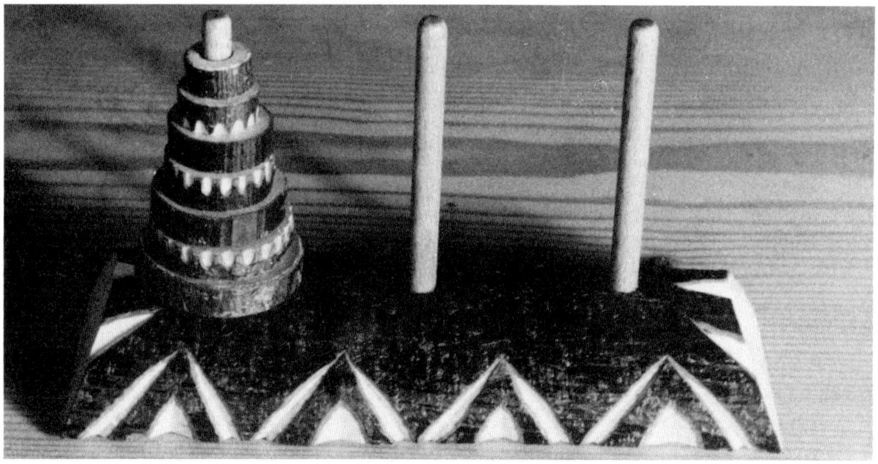

Die Türme von Hanoi

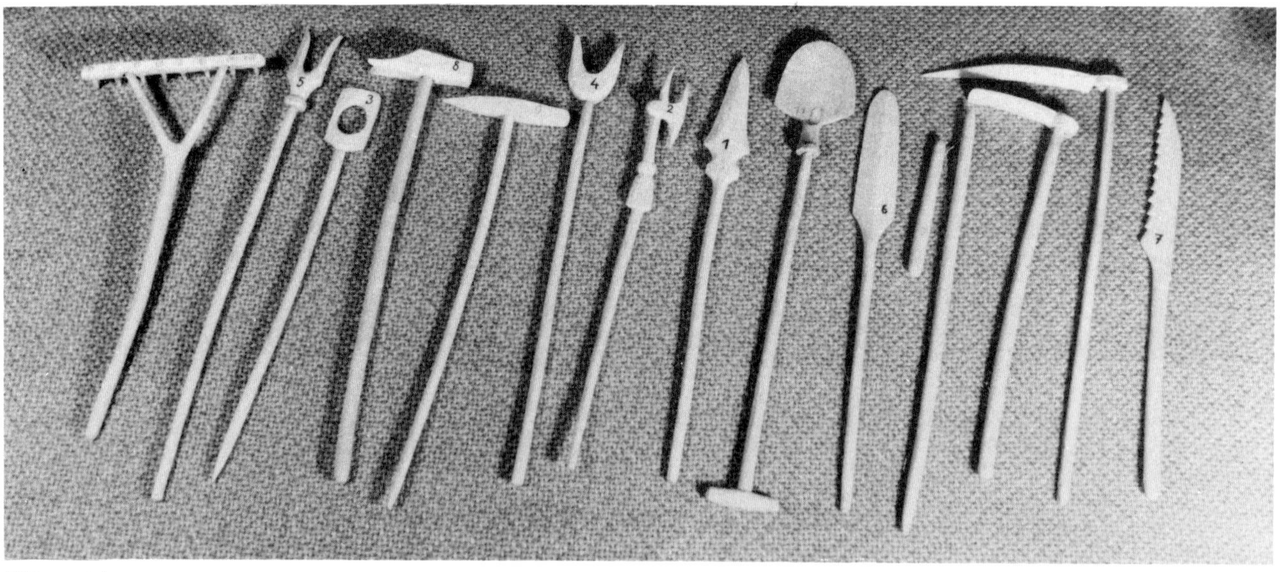

Zitterspiel

Brettspiele

Wie leicht Spielfiguren aus Jungholz herzustellen sind, zeigt schon Seite 21. Erst nach dem Schnitzen wird die Figur vom Stabe getrennt? Die Abbildungen zeigen die verschiedensten Spielsteine, wie sie zehnjährige Kinder formten. Benötigst du flache Steine, wie für *Mühle* und *Dame*, so schnitze in die Scheiben ein Rillenkreuz, gezähnte Ränder oder andere unterscheidende und schmückende Kerben. Das lockendste Spiel sowohl für das Schnitzen als auch in seinen Regeln bleibt wohl das Schach. Die Fundamente der Figuren eines Spieles müssen gleich geformt sein, als Zeichen der Zusammengehörigkeit. Die Größen sind leicht ansteigend, um im König die größte Höhe zu erreichen. Zur Herstellung eignen sich am besten 2 cm dicke Haselstäbe. Halte die Bauern etwas dünner und achte auf eine zarte Werkspur! Die eine Partei dieser Spielsteine färbe mit schwarzer Tusche!

Das Zitterspiel

Jeder kennt das von Japan stammende Spiel „Mikado". Daß es vor Zeiten auch bei uns ein auf gleichen Regeln fußendes Spiel gab, ist heute fast unbekannt. Wem würde es heute noch einfallen, die so verschiedenen 15 Geräte zu schnitzen? Wieder eine richtige Gruppenarbeit! Außer bei Säge, Ruder, Zweispieß, Hellebarde, Lanze, Broteinschieber und Dreschflegel bestehen diese Geräte aus zwei geschnitzten Teilen: HZ. Du kannst auch andere Arbeitsgeräte einfügen und mit Nummern bewerten. Leichter freizumachende Geräte aus dem geworfenen Haufen bewerte mit niederen Nummern. Gespielt wird wie beim Mikado. Eine Hand faßt alle Geräte an ihren Enden so zusammen, daß das Bündel senkrecht zur Tischfläche steht. Ein schnelles Öffnen der Hand und ihr ruckartiges Wegziehen läßt die Geräte günstig radial gestreut fallen. Wer dieses Spiel alleine schnitzt, wird Meister in der Messerführung!

Die Türme von Hanoi

Dieses Spiel „Pharaos Nadeln", besser bekannt unter dem Namen „Türme von Hanoi", stammt aus dem Mittleren Osten. Es wird erzählt, daß in der Nähe von der Stadt Hanoi eine Geheimgesellschaft von Mönchen lebte, welche dieses rätselhafte Spielproblem zu ergründen suchte: 64 durchbohrte goldene Platten unterschiedlicher Größe sind auf der linken der drei nadelförmigen Säulen nach ihren Größen zu einem kegeligen Turm gestaffelt. Dieser Turm soll nun mit Benützung der mittleren Säule zur rechten versetzt werden. Es darf aber immer nur *eine* Scheibe so versetzt werden, daß eine *kleinere auf einer größeren* zu liegen kommt. Die Legende besagt, daß eher die Welt unterginge, bevor dies gelinge. Zum besseren Verständnis: Wären nur 3 Scheiben von links nach rechts zu versetzen, so erfordert dies 7 Züge. Bei 5 Platten wären es schon 31 Züge, bei 7 Stück 127 Züge, was in zwei Minuten und sieben Sekunden zu bewältigen wäre, wenn für jeden Zug nur eine Sekunde benötigt würde. (Die Mönche würden für ihre 64 Scheiben, jede in einer Minute transportiert, ungefähr 35,000.000 Jahre benötigen).

Mit diesem letzten Spielbeispiel, welches heute der Computer blitzschnell löst, sei diesem gleichsam zum Abschluß freundschaftlich die Hand gereicht, damit er die blinde Menschheit nicht zu sehr von ihm abhängig mache und versklave. Sein so nötiges Gegengewicht liegt in vermehrter Pflege richtigen Werkens, damit die Handarbeit nicht noch mehr verkümmere.

Die Feste des Jahres

Sie liegen im rhythmischen Ablauf des Jahres, in einem organischen Zeitgeschehen. O selige Kindheit, in welcher noch jeder Tag *neu* ist und jede Jahreszeit erneut in ihrer Schönheit und Bedeutung empfunden wird! Wie kann sich ein Kind am Frühling erfreuen, der die Schmelzwässer der Bäche zum Brausen und die ersten Blumen an deren Ufern zum Blühen bringt! Ostern – so richtig eingebettet in die erwachende Natur, mit dem Nestchen unter einem Strauch und dem Ei darinnen, dem Symbol neuen, jungen Lebens. In jeder Jahreszeit wächst schon die Erwartungsfreude auf die nächste. Zum Sommer gehört das Baden, die Steine an einem Ufer zum Spielen und die Vogelspur im weichen Sand. Einmal auch ein Blitzen und Donnern und die Erlösung nachher, wenn die nackten Füßchen in den Regenpfützen patschen. Freudigst wird der Herbst empfangen mit seinen Früchten und Farben, mit seinen Ernten und seinem Gewirbel fallenden Laubes.

Winter ist Weihnachtszeit! Schnee, Schlittenfahren, Burgenbauen und Werken beim warmen Ofen, um zu geben und zu empfangen. Wie sehr muß sich der Mensch von diesem Kreislaufgeschehen lösen, wenn er zwischen hohen, grauen Mauern lebt. Aber auch dem Landbewohner wird allzubald das Leben grau – alltäglich. Gibt es doch so wenig Erfrischendes, weil man Wandlung und Erneuern kaum mehr kennt. Dieses an sich selbst zu vollziehen wird weder gelernt noch gelehrt. Die Feste des Jahres wollen aber gefeiert sein! Sie können wie Perlen aufleuchten, wenn nicht zu sehr ein berechnender, spekulierender Kopf, sondern das einfühlsame Herz diese Tage gestaltet! Nicht immer nur kaufen, sondern Selbstgemachtes schenken!

Es soll für die einzelnen Festtage erinnernd aufgezeigt werden, was dieses Buch hiefür anbietet.

Geburtstage

Wenn Eltern und Freunde der Familie Selbstgemachtes schenken, so beweisen sie ihre Zuneigung schon dadurch, weil sie auch die Zeit mitschenken, welche für ein Geburtstagsgeschenk aufgewendet werden muß. Bei gekauften Gaben soll bestes Werkgerät nicht fehlen. Aber auch ein Pack Jungholz als Werkstoff wird besonders den Stadtkindern willkommen sein. Die Jugend aber soll schon früh das Geben lernen. Vater, Mutter und Geschwister können ihre Geburtstagswünsche rechtzeitig erkennen lassen. Kann doch das schenkende Kind nur selten unbemerkt eine gute, längere Arbeit heimlich vollziehen. Suchst du Geschenke, so blättere in diesem Buch – es muß nicht eine vorgezeigte Arbeit sein –,
aber du wirst Anregung erhalten. Vergiß nicht die Meßlatte für ein Neugeborenes oder Kleinkind, sie kann ein Erinnerungsstück für Generationen werden.

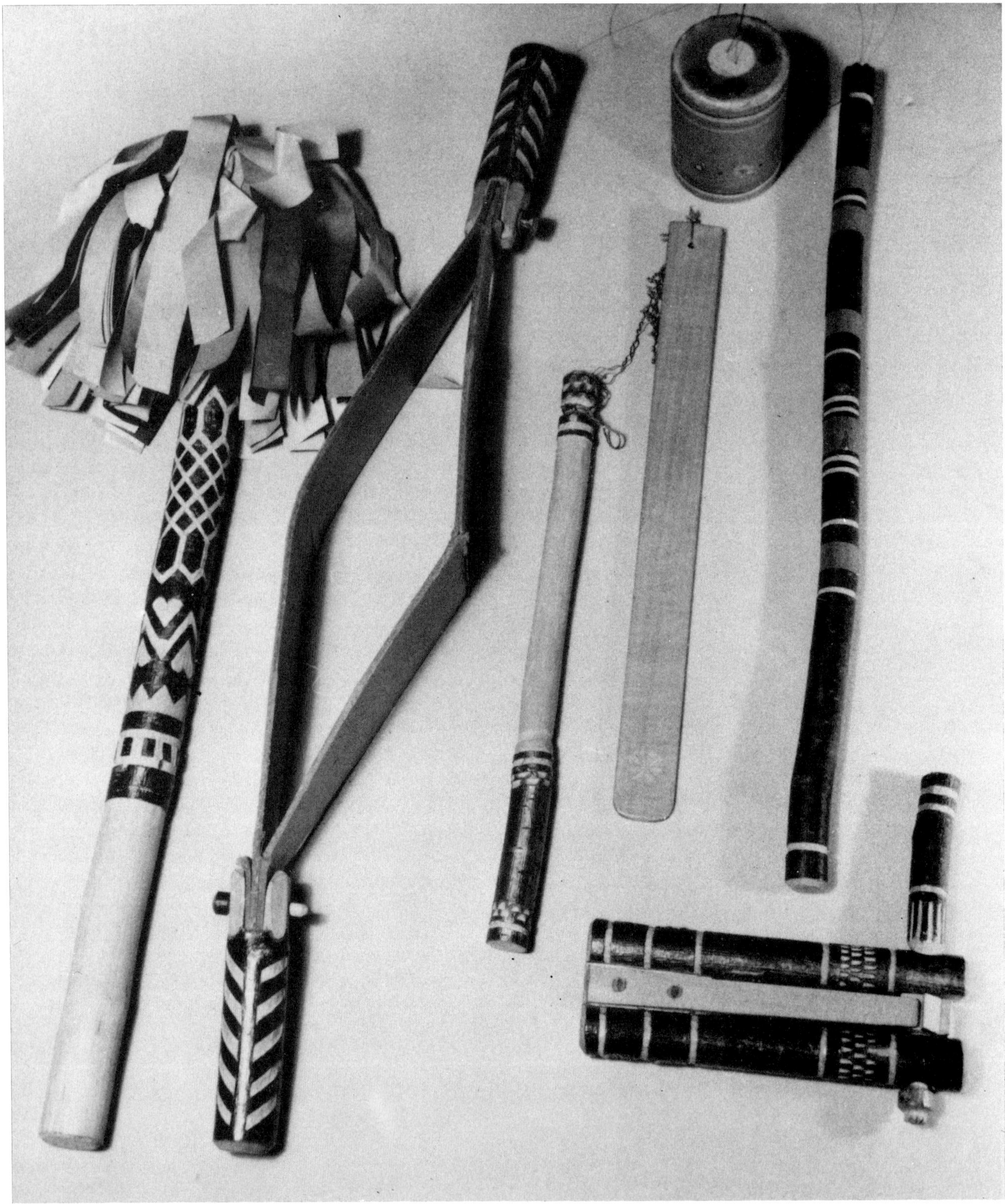

Wedelstab und Lärminstrumente

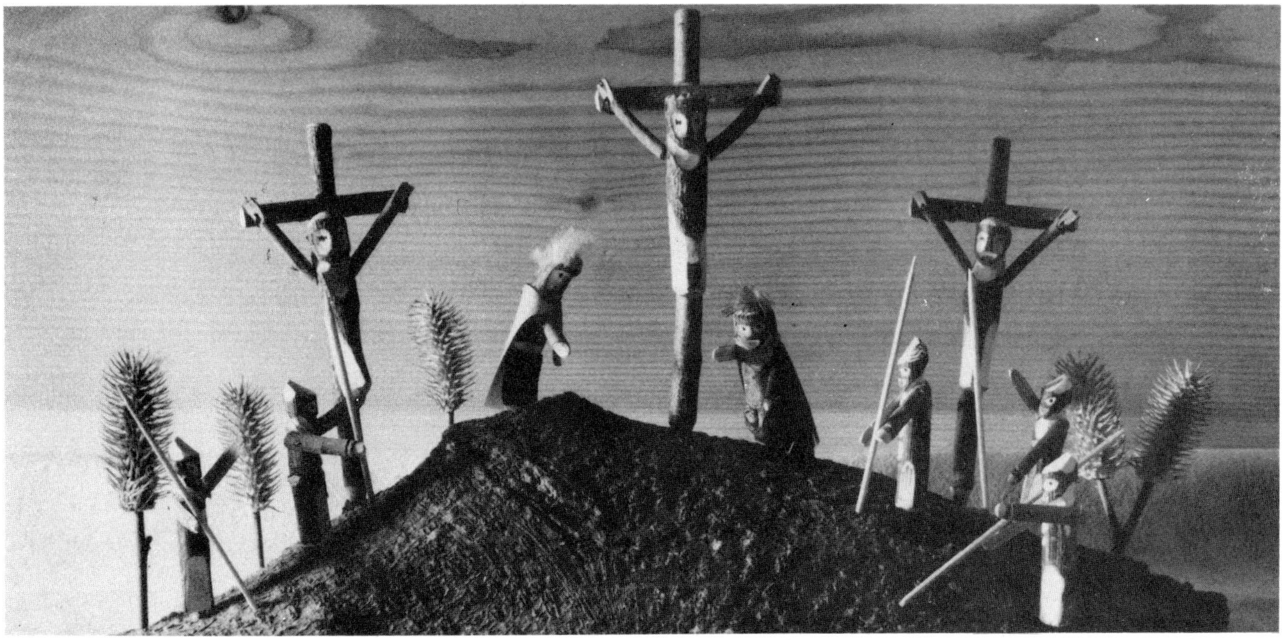

Golgotha

Fasching

Karnevalsumzüge sind bunt und lustig – aber auch laut! Der *Wedelstab* der Kleinsten hat farbige Papierstreifen mit Hilfe einer Beilagscheibe aus Karton aufgeschraubt. Die *Klesche* hat zwei Pappendeckelstreifen in die Schlitze ihrer Griffe eingedübelt. Am Stock des *Burrers* wird eine glatte Kerbe geschnitzt, in welche eine *gedrehte* Schnur locker gebunden wird. An deren anderes Ende ist ein linealartiges Brettchen zu knüpfen. Bringst du dieses durch kreisförmiges Drehen des Stabes in Schwingung, so hörst du das Sausen des Windes oder Sturmgebrause. Der *Waldteufel* heult durch die Schwingungen der gespannten Membrane auf einem aus Karton geformten Zylinder. Das Zahnrad der *Ratsche* spannt ihre Zunge zum geräuschvollen Rückschlag.

Ostern

Der Garten wird wieder zum erweiterten Lebensraum der Familie. Mache Geräte für diesen, die noch fehlen! Eierwülste (Seite 14), und die Ratsche (Seite 142) dürfen nicht vergessen werden. Wie sehr bietet sich der Kreuzweg und Golgatha für Gruppenarbeiten an!

Muttertag

Ein Danksagetag für alle Mühe und Arbeit: da muß schon mit besonderer Sorgfalt Passendes gewählt und mit Eifer und Gründlichkeit gearbeitet werden. Als erste Schnitzarbeit vielleicht ein Blumenstäbchen, ein Spießerl, dann die blühende Pelargonie am Gerüst, ein Trennmesserl oder mit Hilfe des Vaters ein Beleuchtungskörper für das Vorhaus? Von Seite 27–52 und noch weiter reicht die Auswahl.

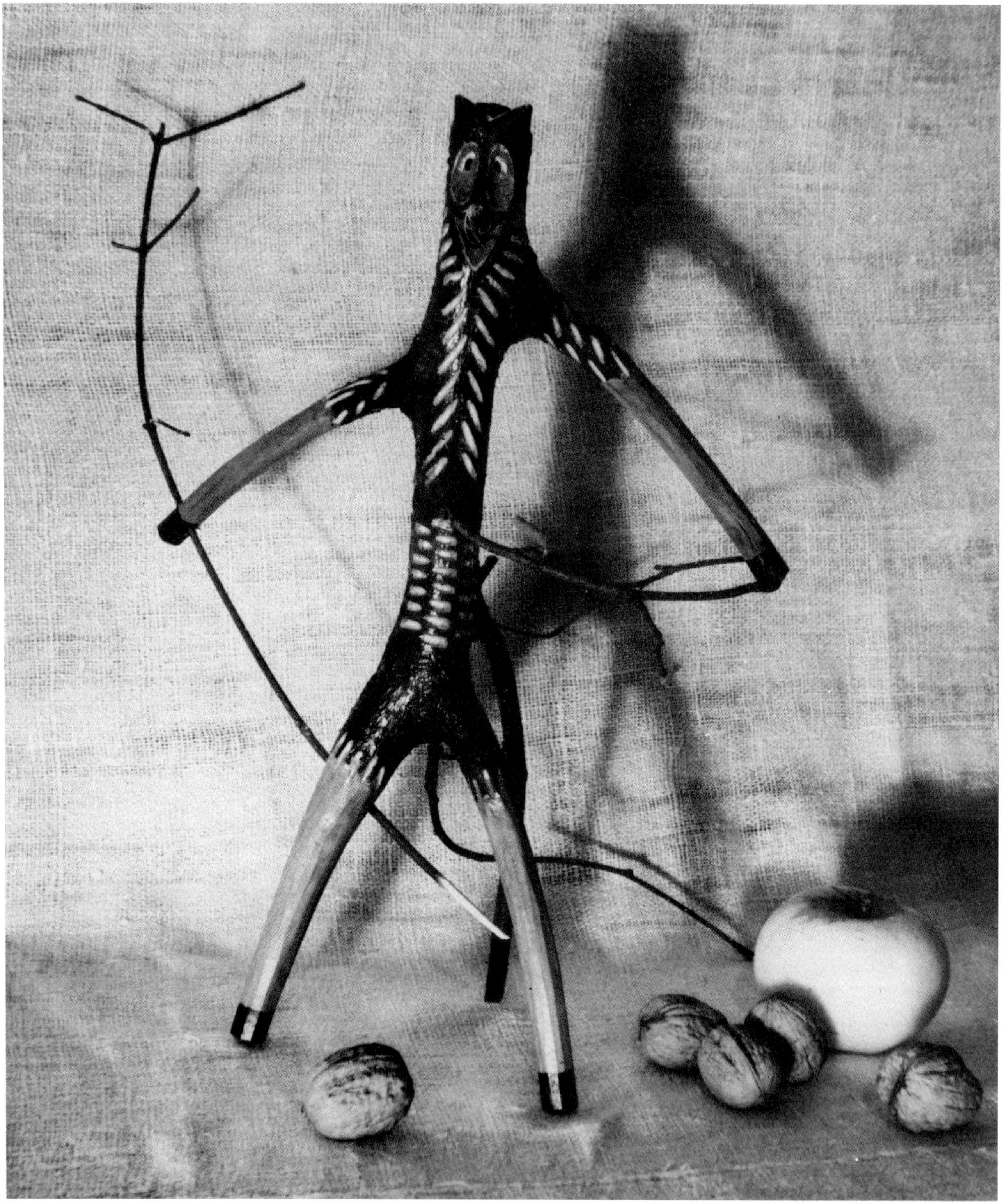

Krampus

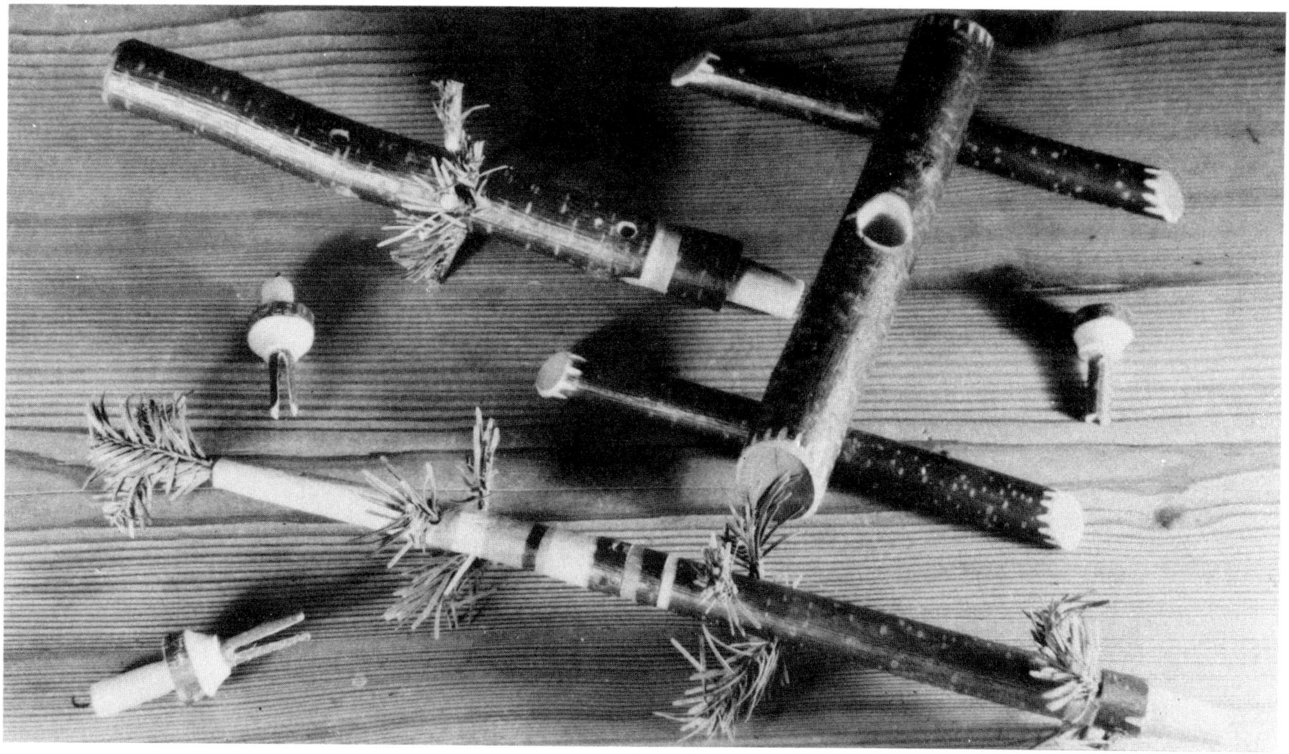

Zerlegte Christbaumgestell

Vatertag

Auch für ihn gibt's manch Brauchbares: Ein Kleideraufhänger für den Balkon, Brieföffner, Bildträger, Flaschenstöpsel, ein lustiges Tier für den Schreibtisch oder ein Schachspiel. Die größte Freude wird der Vater aber über die erreichte Handfertigkeit, die Sauberkeit der Arbeit und den Fleiß seines Kindes zeigen.

Advent

Schon im Advent leuchtet es vorweihnachtlich auf (Seite 14)! Stecke den Stab, der an vier Bändern den Kranz hält, in eine Astgabel, einen Klotz oder noch besser in den Ständer des Christbaumes (siehe Abb.). Mit Adventkreuzen kannst du die Großeltern erfreuen!

Nikolaus und Krampus

In diese Zeit fällt die günstigste Jungholzernte! Und dabei fallen dir die Krampusse aus einem einzigen Stück geradezu in die Hand (siehe Abb.). Schmücke sie sorgfältig und stelle sie am Abend in die Fenster für deine jüngeren Geschwister.

Weihnachten

Für das Fest der Feste ist wohl die Mehrzahl der Beispiele geeignet, welche dieses Werkbuch jung und alt anbietet. Hast du bemerkt, daß auch der Christbaum *gewerkt* ist? (Siehe S. 14) Die drei Teile, die zusammengesteckt werden, machen seinen Bau ersichtlich (siehe Abb.). Willst du einen höheren Baum, so füge noch einige Steckteile ein. Der zerlegte Baum (oben) zeigt aber auch in seinen abgeschnittenen Zweigen, wie diese spiralförmig eingesteckt waren. Würden die vier Bohrlöcher in gleicher Höhe gebohrt, so fänden die Äste zu wenig Halt. Der Kopf der leicht aufsteckbaren *Kerzenträger* verhindert das Sprengen seines konisch aufgeschlitzten Fußes. In einer Schachtel bewahrst du diese Teile fürs nächste Fest – so nimmst du auch nicht mehr teil am millionenfachen Sterben junger, schöner Waldbäume.

Zusammenfassung

„Eiserne Gesetze“ für Werkende und Werklehrer

1. Das Werkziel

Ohne rechte Planung kann wohl kein gutes Haus gebaut werden, wenn auch Werkstoff und Werkgerät vorhanden wären. Immerhin ist die Frage des „Was“ mit ruhiger Überlegung meist leicht zu lösen. Daß Bilderrähmchen mit aufgeklebten Muscheln oder Samen, kerbgeschnitzte oder bemalte Wandteller keine erstrebenswerten Werkziele sind, haben wir heute begriffen. Die in diesem Buche besprochenen Dinge werden hoffentlich ursprünglicher, zweckbedingter anmuten. Ob auf ein Osterei ein Gesicht oder ein in der Fläche bleibendes Muster gemalt wird, ob die Puppenstube mit „modernen“ Möbeln ausgestattet oder uns dafür ein einfacher Lebensraum Vorbild ist, sind uns ebenfalls keine beunruhigenden Fragen mehr. Ist aber das „Was“ gefunden, muß die ganze Aufmerksamkeit dem Gestalten, dem „Wie“, gelten.

2. Der Werkstoff

Wir ziehen ursprüngliche Werkstoffe vor und unterscheiden dem Rang nach zwischen Erdfarbe, Naturbeize und Anilinfarbe; zwischen Ton und Plastilin, zwischen Papier, Pappe und Lederit. Bei Holz geht die Reihenfolge: Jungholz, gespaltenes Holz, dann erst gesägtes Holz und ganz zuletzt Sperrholz und Furniere, wenn das unbedingt nötig wäre. Dann müssen wir dem Werkstoff gerecht werden, seinen Gesetzen mit Ehrfurcht gehorchen. Eine Holzlampe muß anders gestaltet werden als eine Metallampe; Granitquadern für einen Gewölbebogen verlangen eine andere Formung als ein Eisenbetonbalken. Ein Weidebogen wäre wohl biegsam, aber ohne Schnellkraft; Speer, Schi und Schaufelstiel erfordern Holz mit festem Längsgefüge, das aber für klotzige Formen weniger geeignet wäre.

3. Werkgerät

Wieder unterscheiden wir zwischen Pinsel und Spritzpistole, zwischen einem einfachen selbstgemachten Brandstempel und dem Platinstift der Brandmalerei, zwischen Webstuhl und Weberöllchen, zwischen Schweifsäge und Laubsäge, dann wieder verlangt eine Breitfeder andere Buchstabenformen als eine Spitzfeder oder eine Plattenfeder. Ein Hohlmesser formt anders als ein Kerbschnittmesser. Um Unterscheidungskraft geht es! Unterscheiden wir heute nicht auch zwischen Schwarz- und Weißbrot, zwischen Volkslied und Schlager, zwischen einfacher Sprache und einer mit Fremdwörtern gespickten, zwischen selbständigen Knaben und Muttersöhnchen?

4. Die Werkgesinnung

Beachtung und Befolgung des eben Gesagten ergibt die Werkgerechtigkeit. Werkgesinnung ist aber mehr als das! Sie heißt: von innen heraus, nicht von außen hinein; Selbständigkeit, Festigkeit, Rückgrat! Dazu gehört die Erkenntnis, daß die Natur anders baut als der Mensch, daß dieser wieder seine „Harmonielehre“ nicht nur für die Tongestaltung, sondern auch für sein Gestalten des Stoffes finden, erkennen und anwenden muß. Der schöpferische, selbständige, in sich gefestigte Mensch ist Erziehungsziel. Wir brauchen für die heutigen Aufgaben den ganzen Kerl.

5. Der Werkgang

Methodik heißt stufenweises Höhersteigen, von unten angefangen. Kann die nächste Stufe von den kurzen Kinderbeinen noch nicht genommen werden, so muß sie in zwei, drei oder mehr Zwischenstufen unterteilt, zerlegt werden. Steigt das Kind die Stufen mit Freude, dann bist du ein guter Werklehrer. Über unserer Türe steht: Gründlichkeit und Ordnung. Der böse Feind, der besiegt werden muß, heißt: Oberflächlichkeit, Ungeduld, Unklarheit, Schemadenken, Vermassung.

6. Die Vorbereitung

Alles, was du mit deinen Schülern machen willst, muß du als Werklehrer oder Leiter einer Werkgruppe (und sei es auch nur für eine Wochenendschulung) wenigstens in zwei verschiedenen Beispielen vorher selbst erproben. Überlegung, Einteilung, Aufteilung in einzelne durchdachte Arbeitsgänge müssen jedem Unterricht vorangehen.

7. Das Vorzeigen

Alle werklichen Handgriffe und überkommenen Kniffe zeige genau vor! Damit gibst du die Überlieferung lebendig weiter. Die Werkschaffenden schauen zu, werden so scharfe Beobachter. Wenig wird dabei gesprochen. Ein Mutiger wiederholt das Vorgezeigte. Alle beobachten, was er richtig und falsch macht und begründen ihr Urteil.

8. Das Erklären

Der Sprache ist soviel klare Verständlichkeit abzugewinnen, daß der zweckrichtige Formenbau aus der Wortschilderung allein schon faßbar wird. Besprich genau die gestellte Aufgabe, denke voraus und mache auf kommende Klippen aufmerksam. Lege Werkpläne und Zeichnungen zugrunde, wo die Sprache zur Erklärung nicht mehr eindeutig ausreicht oder versagt! Aber auch das Gezeichnete muß klar sein.

9. Die Stimmung

Für die Stunde jedes eigenen „Gestaltens" gilt: fremde Hand und störende Worte weg! Sonst wird Schöpferwille und Schöpferkraft des anderen beeinflußt – ein Abhängigwerden wäre die verderbliche Folge. Du darfst nur die „schöpferische Luft", die „Stimmung", bringen. Deine klar tönende Saite muß die anderen Saiten zum eigenen Tönen bringen, dann „stimmt" es, dann klingt die größte menschliche Freude auf, die Schöpferfreude. Ohne Begeisterung und Freude aber geht es nicht.

10. Verboten ist

Zu stehlen, blindlings nachzuahmen. Geistiger Diebstahl ist nicht weniger erbärmlich als jeder andere Diebstahl. Lerne aber die Grenzen erkennen. Zweck- und gebrauchsrichtige Formen sollen sogar streng nachgemacht werden. Es wäre nicht schöpferisch, dem Teller seine gute alte Form, dem Stuhl seine vernünftige Höhe, dem Tisch seine gekeilte, feste Holzverbindung immer wieder zu nehmen. Es wäre weiter falsch, den Sonnenwirbel nicht mehr zu schnitzen, den geschlitzten, aus dem Pinselzug entstandenen Blütenformen alter Bauernmalerei auszuweichen, um sich ja keines Diebstahls schuldig zu machen. So aber ist anzufangen: diese Schmuckformen in anderer Größe auf anderen Flächen neu zu gestalten. Wo das Stehlen anfängt, sagt das Gewissen.

11. Das Werkstück

Es sei vor allem zweckbestimmt. Es sei ernst und nicht verspielt, es sei vollendet! Selbst ein Bleistift kann vollendet gespitzt sein. Ein Hollerrohrpfeiferl oder ein anderes „nichtiges" Erzeugnis eines sechsjährigen Knaben kann schon die Züge der Vollendung aufweisen – ein großes Ölbild eines „Malers" kann aber Stümperei sein. Langsame kleine Schritte beim Kind – bringe wenig, dies aber gründlich! Das Spielzeug muß Herz haben und den Zauber der Jugend. Unser Werken, unsere Spiele müssen jahreszeitlich bedingt sein, sich dem großen Geschehen der Natur einordnen – das ist lebendig! Erdbeeren schmecken im Juni, Springerle zu Weihnachten, trockenes Brot nach getaner Arbeit, Wasser in der Wüste am besten.

12. Schutz dem Werk und den Werkmitteln

Betrachte das Werkgerät eines Handwerkers und du weißt, mit wem du es zu tun hast. Schaue aber auch auf den Werkstoff und seine Abfälle nach der Arbeit. Man kann nicht nur Lebewesen, sondern auch Werk und Gerät schinden. Geldgier und Neuerungssucht sind die Ursachen. Ein Fahrrad muß in zwei Jahren zu Tode geschunden werden, es wäre dann nicht mehr „modern". Aus dem gleichen Grund darf ein Kleid nur noch kürzere Lebensdauer haben. Wo sind die Lodenstoffe, die Geschlechter überdauern? Warum ist der Ahorntisch vom Urgroßvater weniger geachtet als der aus kaukasischer Nuß von gestern? Warum wird sooft meist nur herumversucht, entworfen, aber nicht ausgeführt? Auf jeder Altersstufe kann ein ihr entsprechendes Werkstück ernst und vollendet gemacht werden. Sind Handwerker im Haus, warum achtet der Maurer nicht die frisch gestrichenen Fenster und der Anstreicher nicht den neuen Parkettboden? Warum wird soviel kostbarste Menschenarbeit überall mißachtet? Weil den Kindern die wahre Andacht vor Arbeit und Werk nicht mehr gegeben wird. Wer könnte dies besser tun als der Werklehrer?

13. Erfolgshascherei

Sie verdirbt die Werkgesinnung! Dazu gehören jene Ausstellungen, die Eindruck schinden und durch „Aufmachung" etwas vortäuschen wollen, was noch nicht da ist. Dazu gehört die große Menge bei geringer Güte. Dazu gehören Schleuderpreise und Wuchergeist. Was kann nicht durch ein falsches Lob beim Kind verdorben, was nicht durch ein rechtes Lob angeeifert und angeregt werden! Kaum ist im Werken, an Lied, an Spiel etwas erarbeitet, und die Ausstellung, die Vorführung soll „starten"! Kaum ist ein wirklicher Grund gelegt (das geschieht ja nur ganz selten überlegt und bewußt), und schon soll das „hohe Können" in noch ungekonnten Beispielen gezeigt werden. Ein gesunder Werkbegriff ist mit billiger Erfolgssucht nicht vereinbar, er muß im Menschen lebendig werden. Der Baum sei Vorbild! Wenn der Stamm gesund ist, die Wurzeln breit und tief in das Erdreich dringen, dann wird es einmal gute Früchte geben. „An ihren Früchten sollt ihr sie erkennen."

14. Ausstrahlende Wirkung, der Erfolg im stillen

Der Knabe hat in der Werkstunde ein Gefäßkreuz angefertigt. Mit heimlichem Stolz bringt er es seiner lieben Mutter. Der Begonien- oder Pelargonienstock mit dem Blumengerüst steht im Straßenfenster. Auf der „Spielwiese" wird wieder mit Stelzen gelaufen, mit Reifen geworfen, werden die alten guten Volksspiele wieder gespielt. Das Windrad mit Wetterfahne läuft Tag und Nacht draußen am Fenster. In der Nähschachtel der Mutter liegen Hasperl, Garnwickler, Trennmesserl. In der Küche, im Garten, in der Wohnstube, überall zeigen sich unsere kleinen, leicht herzustellenden Jungholzarbeiten. Der Knabe bringt aus der Werkstunde ein Pendelkegelspiel heim. Der Bruder, der Vater, ja selbst die Mutter nehmen abends am lustigen Preisspiel teil. Wer könnte sich da ausschließen? Gib nur den richtigen Anstoß, deine Umgebung wird dir folgen!

15. Die Probe für unser Werken

Sieh dein Werkstück nach einem Jahre an, denn ein ganzes Jahr muß es in Gebrauch gewesen sein: Erfüllt es auch dann noch seinen Zweck und befriedigt das Auge, so war es ein gutes Werkstück.

„Sei stets im kleinen getreu, denn aus kleinen Steinen baut sich alles Große."

Ein ernstes Wort zu guter Letzt

Daß wir in einer Zeit der Krise leben und daß diese jedes unserer Lebensgebiete schwer belastet, soll nochmals betont werden. Ihre Ursachen zu erkennen und sie zu lösen ist auch die wichtigste Aufgabe jeder wahren Erziehung. Der Fortschrittsglaube, bedingt durch die weltumspannenden Erfindungen und Entdeckungen, ändert allzu schnell unser äußeres und inneres Leben. Alles drängt nach sitzenden Berufen, die Arbeit der Hände verliert an Wert und Verständnis. Nach der Maschine erobert nun der Computer die Welt. Was wird er bringen?

Das Auto als Beispiel: Wer dachte in der hoffnungsreichen Geburtsstunde dieser großartigen Erfindung an ihre negativen Auswirkungen? So machte das Auto in kurzer Zeit tausende und abertausende Hektar fruchtbaren Landes zur Kultursteppe. Es vernichtet Pflanzen, Tiere und Wälder, es tötet mehr Menschen als manch großer Krieg. Es dient diesem in grausamster Weise, ermöglicht schnellste Einbrüche in feindliche Länder und Städte, um zu zerstören. Es zerreißt geschlossene Dorfgemeinschaften durchs Pendlertum. Statt zum zeitsparenden Zeitbringer ist das Auto zum Zeitstehler geworden; denn für Besinnlichkeit, Alleinsein und Stille in Stunden inneren Wachsens ist keine Zeit mehr frei. Das Auto hat die Geh- und Wanderfreude gedrosselt, es brachte den Lärm, es füllt die Mülldeponie. Der Mensch ist Sklave des Autos, das nicht er, sondern das ihn beherrscht.

Wenn wir nicht vordenken und vorbeugen, wird die Abhängigkeit vom Computer noch bösere Folgen zeitigen – ganz abgesehen von der Arbeitslosigkeit, die sie unweigerlich bringen wird. Negative Auswirkungen dieser Errungenschaften kann die rechtzeitige Hinführung des Kindes zum Werken, zum richtigen Gebrauch seiner Hände, mildern; denn die Handarbeit weckt Verständnis für schöpferisches, beglückendes Tun.

Der Werkstoff „Jungholz“ verdrängt auch jeden süßlichen Naturalismus, so wie dies die alten Techniken taten: der Kreuzstich, der Kerbschnitt, die Hinterglasmalerei. Entziehen wir dem Kinde diese Erfahrungen, so kommt das kulturelle Fundament noch mehr ins Wanken. Alle Beispiele des Buches, die zum Großteil 10–12jährige Kinder werkten, können auch aus vorgearbeiteten Brettern, Vierkantstäben, Leisten und Klötzen gemachte werden. Auch anderen Werkstoffen wird ein gut geschultes Kind in seinem späteren Leben gerecht werden. Es hat früh gelernt, seine Sinne zu schärfen, eindringlich zu beobachten, selbständig zu denken und zu handeln, den Werkstoff sparsam zu gebrauchen und ein Werk zu schonen. Bis ins höchste Alter wird Freizeit vernünftig genützt werden – es gibt keine Langeweile.

Ordnungssinn, Übersicht und Einfühlen werden durch dieses so wichtige Erziehungsmittel in einer Zeit gestärkt, wo „Erziehung“ nicht mehr groß geschrieben wird, wo die Gehirne auf Erfolg und Rekord programmiert und auf Schemadenken dressiert werden.

Könnte man das vorliegende Buch fragen, was es sein möchte – vielleicht ein Bilderbuch? – ein Rezeptbuch? – müßte es mißmutig seine Blätter schütteln. Ein Haus- oder Schulbuch? Seine Daseinsberechtigung sähe es als Erziehungshilfe und Mahner. Es möchte nicht zur Seite gelegt werden. Es wäre zufrieden nur eine kleine Lücke zu sein, durch die man zu einem frohen, schöpferischen Leben schlüpfen könnte, das Befriedigung, Genugtuung bringt und die Freude an der vom Geist durchdrungenen Arbeit der Hände.